国家级职业教育规划教材
人力资源和社会保障部职业能力建设司推荐
高等职业技术院校文秘专业任务驱动型教材

秘书心理学及应用

MiShu XinLiXue Ji YingYong

张居玲 编著

中国劳动社会保障出版社

图书在版编目(CIP)数据

秘书心理学及应用/张居玲编著. —北京：中国劳动社会保障出版社，2013
高等职业技术院校文秘专业任务驱动型教材
ISBN 978-7-5167-0669-5

Ⅰ.①秘… Ⅱ.①张… Ⅲ.①秘书-心理学-高等职业教育-教材 Ⅳ.①C931.46

中国版本图书馆 CIP 数据核字(2013)第 243274 号

中国劳动社会保障出版社出版发行

(北京市惠新东街 1 号　邮政编码：100029)

*

北京谊兴印刷有限公司印刷装订　新华书店经销

787 毫米×1092 毫米　16 开本　10.75 印张　247 千字

2013 年 10 月第 1 版　　2013 年 10 月第 1 次印刷

定价：22.00 元

读者服务部电话：(010) 64929211/64921644/84643933

发行部电话：(010) 64961894

出版社网址：http://www.class.com.cn

前　言

为了满足高等职业技术院校文秘专业教学改革的需要，人力资源和社会保障部教材办公室组织一批教学经验丰富、实践能力强的教师与行业、企业的专家，在充分调研、讨论专业设置和课程教学方案的基础上，编写了国内首套任务驱动型的高等职业技术院校文秘专业教材：《秘书写作》《秘书实务》《秘书礼仪》《文书与档案管理》《办公自动化实务》《办公室事务管理》《会议组织与管理》《秘书心理学及应用》等。

这套教材具有以下几个方面的特点：

第一，根据企业秘书的工作实际，以《秘书》国家职业标准中对于办文、办事、办会等秘书基本工作的相关要求为核心，合理选择教学内容，并设计和确定典型的工作项目，其目的是通过这些项目的教学，使学生掌握相关的理论知识和操作技能，以满足企业的实际需要和便于学校“双证书”制度的贯彻与落实。

第二，吸纳全国高等职业技术院校的教改成果，按照“学以致用”的原则，将与秘书实际工作有关的文件写作、文书处理、办公室事务处理、会议组织、办公自动化等理论知识和技能恰当安排到各个工作项目中，并采用任务驱动的编写思路，设计教学过程，不但有利于激发学生的学习积极性，更有利于学生学习成就感的形成。

第三，在教材的表现形式上，采用“以图代文、以表代文”的表现形式，增强教材的形象性，降低了学习难度，有利于激发学生的学习兴趣。

在本套教材的编写过程中，得到有关省市教育部门、人力资源和社会保障部门以及一批高等职业技术院校的大力支持，教材的主编、参编、主审等有关人员做了大量的工作，在此，我们表示衷心的感谢！同时，恳切希望广大读者对教材提出宝贵的意见和建议，以便修订时加以完善。

人力资源和社会保障部教材办公室

2011年8月

简　　介

本书为国家级职业教育规划教材。本书以心理学的基础理论为基石，结合秘书工作的基本特征与秘书的心理活动规律构建教学内容，主要包括六个项目：秘书的角色管理、秘书的知识与能力管理、秘书的个性管理、秘书的工作激励、秘书的人际关系管理、秘书的心理健康管理。

本书以提高文秘学生的社会适应性和职业化水平为宗旨，以项目教学法为主导，依据“案例导入（提出问题）—相关知识（解决问题）—分析·训练（强化能力）—课后阅读（深化知识）”的形式编写而成，突出并利于实现学生的职业化心理素质培养。可作为提高文秘学生社会适应性及职业化水平的整体解决方案。

本书由张居玲编著。

目　录

项目一

秘书的角色管理

项目框架

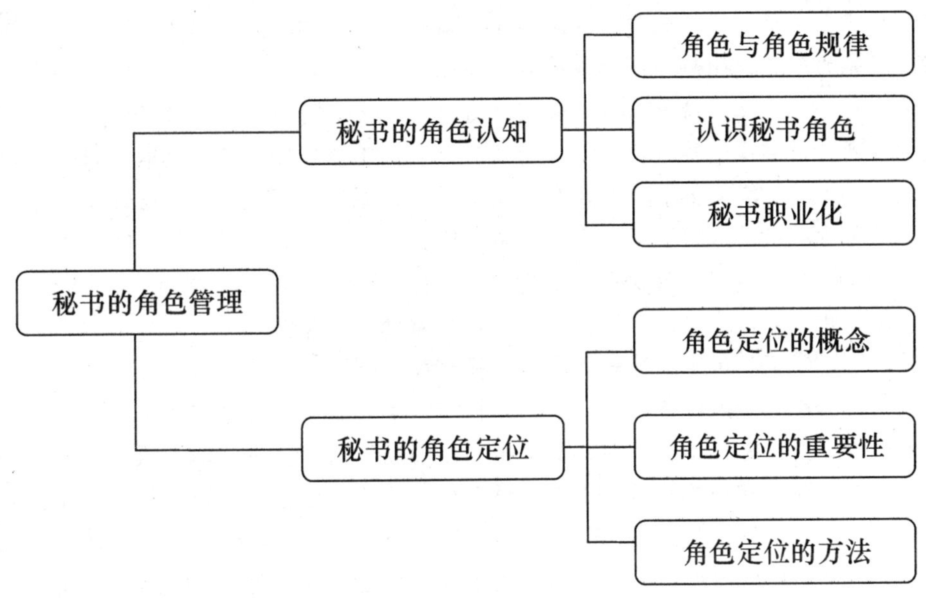

项目导言

在社会生活中，每个人都承担着诸多社会角色，职业角色是其中尤为重要的一个，因其直接关联着个体与组织的生存与发展。个体借由角色扮演发挥岗位效用，为组织做出贡献，组织则依据个体的角色发挥对其岗位价值形成评判。因此，无论对于组织还是个体，角色的发挥都承载着价值实现的功能。而角色作用的发挥取决于角色认知水平和角色定位的合理程度。秘书的角色管理，就是要让秘书遵循角色规律，科学的认知和准确的定位秘书角色，使秘书能高效发挥角色作用，促进秘书的职业化水平。

课题一　秘书的角色认知

学习目标

- 掌握角色的概念和角色规律
- 能科学认识秘书角色
- 理解秘书角色认知对于秘书职业化的意义

案例导入

张娜毕业于一所著名的大学，并在英国进修过两年，回国后被国内某世界500强企业聘为秘书。因能力较强，张娜颇得领导的赏识与信任。

一天上午，总裁让张娜通知行政部门准备好龙井茶，下午2：00时他有重要客人来访。张娜打电话到行政部没人接，便亲自去行政部通知。下午客人走后，总裁把张娜叫到办公室责问道："为什么给客人准备的不是龙井而是普通的袋装茶。"张娜说她到行政部时没有人在，她就给负责接待的人留了张字条。总裁又问："负责接待的人不在，你为什么不亲自准备呢？"张娜脱口而出："我是秘书，不是泡茶的！"不久，张娜被解雇了。

想一想：张娜为什么会被解雇？如果你是张娜你会怎样做？

评析：张娜既接受过中国的高等教育，又有在英国进修过的经历，在中英文化的融通及语言方面具有明显的个人优势，同时还具有较强的个人能力，可是这些条件却不能改变张娜被解雇的命运。其根源在于张娜对其所承担的秘书角色缺乏科学合理的认知与定位，也就是脱离企业的用人需求和角色界定，主观地感知和判定这一角色。一句"我是秘书，不是泡茶的"，反映出张娜对自身角色的认知与定位及必然的行为反应：秘书不是泡茶的，我是秘书，所以我不会泡茶。由此可见，职业行为取决于职业认知，角色作用的发挥始于角色的认知。因此，高效的角色行为离不开科学合理的角色认知。

相关知识

一、角色及角色规律

1. 角色与社会角色

"角色"的概念源于戏剧，指演员在戏剧中依据剧本所扮演的某一特定的剧中人物。社会学家在分析社会互动的过程中发现，社会舞台与戏剧舞台具有某些相似之处，于是把戏剧中的"角色"概念借用到社会心理学和社会学中，产生了"角色"和"社会角色"的概念。

依据社会心理学家扎宾的观点："角色是在互动的情境中，行动者按照他人的期望来实施的模式化行动"。以秘书为例，借由与组织环境（如人、事、物等）的互动，秘书在角色扮演中遵循组织或领导的期望也就具有相应的一套行动。由此可见，角色是特定环境下的角色，角色行为不能脱离环境的内在要求或期望。

社会学对社会角色的界定为：社会角色是指一个人在给定情景或小组发挥作用时，人们期待他做出的一套由社会界定的行为模式。该定义同样界定了角色作用的发挥是借由一定的行为模式，而行为模式应依据环境的要求与期待而不能脱离情景或环境。在导入案例中，总裁交代张娜通知行政部准备龙井茶的情景，总裁对张娜应发挥的角色作用及行为模式是有所界定的。但张娜错误地认为“我是秘书，不是泡茶的”，从根本上违背了总裁期待张娜将龙井茶一事稳妥落实的要求。

情境或情景，行为模式或模式化行动，是与角色紧密相关，同时也是决定角色作用发挥的两个关键内容。角色作用的充分发挥离不开对情境与特定情境下行为模式也就是行为规则的掌握。

2. 角色相关规律

（1）角色平衡规律。角色是特定情境下的角色，角色的行为模式必须吻合情境的需要而不能脱离情境，才能发挥应有的作用。而吻合情境需要的角色行为模式就是角色平衡规律，即角色的平衡取决于角色对角色情境和角色规则的平衡。

小案例

失意的秘书

王强35岁不到，已是一家大型企业的行政总监，可谓事业有成。然而说起家庭生活王强就直叹气：回到家往往三句话不到就会和妻子冲撞，妻子责备他专横霸道，不体贴，不懂爱；8岁的女儿也常避开他，因为动不动就会挨批受骂。王强很失意也很纳闷：一个大型公司管理起来都没问题，怎么这么个小家就搞不定呢？

王玲则有不同的失意。王玲家庭和谐美满，在某公司工作六年了。身为秘书，王玲六年来踏踏实实、勤勤恳恳，一心要把工作做好，待同事也如待家人般亲切宽厚，和大伙儿的关系处得很不错。然而一起来的同事，甚至后面来的更年轻的同事都先后升职了，提拔却总没有她的份儿。王玲很失落，可是原因到底出在哪里呢？

王强和王玲一个失意于家庭，一个失意于工作，看起来问题不同，实际上却相同。这就是他们都模糊了家庭和工作的情境界限，混淆了家庭和工作中不同的角色规则。

在不同的关系和不同的环境中，人们扮演着种种不同的角色。从血缘关系的父母、儿女、兄弟姐妹等，到社会关系的爱人、朋友、同学、同事、邻里等，一个人往往同时扮演多个不同的角色。这些角色其实是不同关系与不同环境所赋予的，而不同的角色又赋予人们不同的责任、权利与义务，从而形成了一定的角色规则：角色规范与角色要求。因此，需要根据特定环境的要求来扮演和规范角色，以扮演好不同的角色。

王强的行为符合工作情境的需要，因此其领导者的角色得以成功地扮演，然而家庭是完全不同于工作的另一种情境，丈夫、父亲也是完全不同于领导的角色，如果不顾情境与角色的不同继续延用工作中的角色规则，家庭角色的扮演自然就会失败。同理，王玲的性格与行为方式很适合家庭角色的发挥，放到崇尚强者的工作环境却恰恰成为她角色发展的羁绊。

由此可见，不同的情境需要不同的角色，不同的角色具有不同的责权义，相对于不同的角色期待而产生不同的角色规则，角色的平衡必须在掌握情境需要的基础上，通过融合角色规则的行为模式来实现。如图 1—1—1 所示。

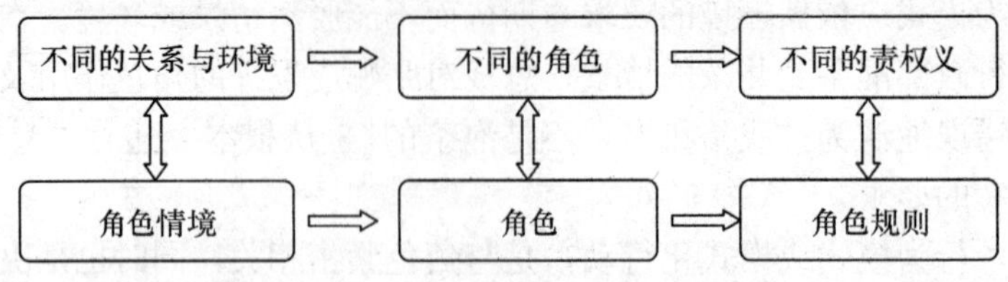

图 1—1—1　情境、角色、规则关系图

因此，角色情境与角色规则是担当好角色必须把握的两个环节。角色作用的有效发挥要求对角色情境的特殊性加以分析，要求对特定的角色规则加以理解与运用。角色情境指向关系、环境或任务背景，把握角色情境就是要具体分析何种关系、什么环境，以及任务的具体情景。角色规则是特定情境对角色的要求，指向行为规范。任何角色都意味着一定的角色规则：既有外显的，也有内隐的。有些规则以外显的方式表述在相关符号里，或者借助教育传授，容易习得；有些规则却是内隐的——需借助特定情境与他人交往来习得。往往有识别上的困难。要扮演好相应的角色，必然懂得掌握和应用这些规则。

（2）角色认知规律。人们对于所扮演角色的认知通常存在自觉与不自觉两种心理状态。自觉的角色状态是指人们在承担特定角色时，意识到组织或群体规定着自己的角色职责与规范，因而努力结合工作情境来扮演自己的角色。简言之，就是对所承担的角色能够有意识地去感知与把握。王强作为行政总监的角色与王玲作为妻子、母亲的角色就是自觉的角色状态。

不自觉的角色状态，指人们虽然承担了某一角色，却不了解承担这个角色意味着什么，没有意识到特定角色对自身行为的规定与要求，只按习惯的思维或行为去实践角色。王强作为丈夫、父亲的角色，王玲作为职员的角色就是不自觉的角色状态。在实际的工作生活中，对所承担的角色缺乏自觉并不鲜见，这种不自觉源于角色的无意识，表现为凭主观感觉、直觉行动或依赖其他情境的习惯行为。王强和王玲就是没有意识到情境的特殊性，而将自己习惯的思维与行为应用到不同情境的角色上，而导致角色失败。

角色的认知状态影响着角色行为，角色认知规律包含如下含义：

第一，角色的认知状态包含不自觉与自觉两种形态，对角色的认知通常要经历从不自觉到自觉、从无意识到有意识的过程；

第二，行为受意识主宰，角色认知的关键就在于变不自觉、无意识为自觉、有意识，从而形成角色知觉，自觉地对角色进行把握，启动符合情境需要的行为模式。

实践指南

◆ 不熟悉线路、不了解路况，再好的驾驶技术也难以发挥。分析、掌握情境是角色扮演的前提——这种意识你具备了吗？

◆“四问”掌握工作情境：什么人或什么关系、什么环境（如行业、组织、发展阶段等），什么任务、什么背景？

- 通过“情境”确定角色规则：秘书的责权义、秘书的行为规范。
- 经常向自己提问，用自我提醒来实现角色的自知自觉。
- 重视情境变化，注意情境变化带来的角色与角色规则的变化。

二、秘书角色

1. 秘书的角色内涵

“秘书”既指秘书这一职业，也指从事这个职业的人，即秘书角色。那么何为秘书？把握秘书的内涵需要从职业和角色两个层面进行。

从职业的层面看，秘书的职业内涵不是一成不变的，而是随着时代的发展、科学的进步不断发展变化着。例如，工作内容的变化与拓展：传统的办文工作指写作收、发文处理与纸质文档管理，现代的文书工作则包括速录、电子文档管理等。即便同样是写作，传统的办文条件与现代的办文条件差异很大，对秘书相应的办公自动化操作能力的要求也完全不同。再如，现代秘书的工作职责已不再是从前较为单一的“三办”，即办文、办会、办事，信息工作、调查研究、企业文化传播、沟通与协调、参谋、公关、谈判、网站建立与维护等也逐步发展成为秘书的职责要务。

从角色的层面看，秘书的工作内容虽琐碎繁杂，但目标却较为单一，即以辅助的方式推动领导或组织的决策与目标顺利进展，秘书就是管理着庞杂的枝叶让主干得以顺畅延伸的人员。因此，结合当前秘书的职业情况及发展趋势，对秘书的内涵可做如下解读：秘书是为组织或领导提供辅助与综合服务，使组织或领导有效控制、高效运作的助手或管理人员。

2. 秘书的角色地位

（1）从属地位。秘书工作从属于组织和领导的管理活动，私人秘书的工作则从属于其服务对象（领导）的事务管理需要。无论何种秘书其工作都不可能脱离组织或领导而单独存在。

（2）辅助地位。秘书辅助组织或领导工作，协助组织或领导达成有效控制、高效运作。秘书的辅助地位与其从属地位是相辅相成的。

（3）服务地位。秘书的工作内容具有极强的服务性，如接待服务、会议服务、差旅服务、信息服务等，其所有工作活动都服务于组织或领导的活动内容。

实践指南

秘书的从属、辅助、服务地位揭示出秘书应重视把握情境，随时掌握组织或领导工作的重心或走向，随时明确不同阶段组织或领导实现有效控制和高效运作对秘书工作内容与工作反应的不同要求，从而提高秘书辅助与服务的效率。

3. 秘书的角色作用

（1）枢纽作用。秘书在组织结构中所处的位置，通常都介于领导组织之下与各职能部门之间，是组织和领导进行管理的桥梁和中枢，具有沟通上下左右，联络四面八方的作用。秘书借助这种枢纽作用平衡内外，协调上下左右，使组织或领导的工作进展顺畅。

（2）参谋助手作用。领导的主要职责在于决策和管理，作为领导的助手，秘书为领导的决策和管理提供辅助与综合服务，具体体现为决策上的参谋，事务上的助手。

（3）窗口作用。秘书的枢纽位置决定其在工作中常需联络内外，在协调、谈判、公关、接待、会务管理、调研等大量工作中秘书的外在形象与内在素养的展示都是在塑造、代表组织形象，成为展示组织形象的重要窗口。

（4）创造时间的作用。现代秘书的设置主要是基于管理者的时间成本较高，通过秘书参与事务管理、参谋咨询以及大量的沟通协调工作等帮助管理者脱身于繁杂琐碎的具体事务，直抵决策与管理的工作要害。节约时间其实也降低了成本，秘书以特有的方式为管理者创造着时间财富，当管理者因此而实现了短平快的时候也为组织创造了巨大的财富。

小资料

杰克·韦尔奇的秘密武器

通用电气（GE）前董事长兼CEO杰克·韦尔奇，这位商界传奇人物，在短短20年间，使GE的市场资本增长30多倍，排名从世界第10提升到第1。《纽约周刊》称辅助他的秘书为“杰克·韦尔奇的秘密武器”。

有最伟大秘书之誉的罗塞娜·博得斯基在提到这个赞美时却说：就我而言，少数不是什么大秘密的事情之一就是我知道如何创造时间。……我猜想近15年来我给杰克·韦尔奇节省了额外的两万小时。这相当于每周增加了一天的时间。

杰克·韦尔奇则说：秘书对于我的工作而言，有时不亚于一位副总裁的重要性！因为她的存在，才使我专注于思考和决策变得可能。有人说我事半功倍，那么至少一半是我的秘书的贡献。

4. 秘书的多重角色

秘书的工作繁多，职责多样，这决定了秘书职业角色所具有的多重性。我国现代秘书主要的职业角色有以下七种：

（1）助手角色。秘书工作的从属性、辅助性决定了秘书首先是组织或领导的助手，在日常工作活动中全面地协助组织或领导进行管理。

（2）参谋角色。秘书的参谋角色围绕着领导的工作需要，渗透在秘书工作中的各个方面。秘书需要对组织或领导某一阶段内的重要工作或重大活动制定方案以供领导参考；秘书常常协助领导制定各种工作规划、工作计划及政策、法规；秘书需要收集、整合各种信息，为领导的决策提供依据；对于领导需要批示的文件，秘书也要事先提出一种或几种处理意见，供领导选择；对于一些待办的重要事项，秘书也常常要提出几种办理方案，供领导定夺。

（3）写手角色。现代组织的管理活动始终贯穿着文书处理工作的内容。无论是制定政策法令，进行规划与总结，还是为解决客观实际问题，都离不开文书的撰写，文书成为组织管理的一个重要工具。大量的文书撰写任务自然由担负“办文”工作的秘书所承担。“写手”是组织管理的客观需要，也是秘书职能的重要体现。

（4）公关角色。现代秘书在工作中不仅担负维护领导和组织形象的使命，还需要协助组织或领导制订、开发、维护并实施各类公关活动。秘书的公关职能通常体现在：协助领导设计、开展有效的公共关系活动，拓展并维护与政府、客户、相关上级部门、新闻媒体及人员之间良好的工作关系，配合领导接待、安排组织的重要客人，协助领导进行政府事务协调、招商引资的公关及对外的谈判，塑造、宣传并维护领导或组织的社会形象等。

（5）管理角色。秘书在协助组织和领导进行管理时，就已被赋予了管理者的角色。从秘书的具体工作来看，大量的办公室日常事务：如办公环境管理、印信管理、办公室零用现金管理、资料与档案管理都体现了秘书作为管理人员的作用。当秘书放下这些具体事务，为领导的决策提供参谋、协助领导进行沟通与协调、在职权范围内或在组织和领导的授权下实施相关活动时又无不要求秘书具有管理者的眼光和思维，从全局出发，从组织管理的需要出发。

（6）服务角色。服务地位是秘书的核心地位之一，服务地位决定了秘书的服务角色。秘书在接待、会议、差旅、信息等工作中如若不能认识并端正其服务角色，并具备相应的服务意识就不可能做好其本职工作。

（7）保密角色。秘书与保密工作有着密切的联系，在保密工作中承担着重要的角色。无论是重大的战略决策还是具体的人事问题，秘书的位置决定了他能够便捷与翔实地掌握组织信息，因此秘书必须充分认识自身所肩负的保密角色，具备强烈的保密意识才能成为令人信赖、放心的优秀秘书。

三、秘书职业化

1. 秘书职业化的概念

秘书职业化就是秘书按照职业的规范化、标准化、制度化来要求自己，能以合适的方式，说合适的话、做合适的事，从而表现出训练有素、专业，且不可替代的职业风貌。总的来说，职业化其实是秘书在知识、技能、观念、思维、态度、心理、形象、行为上与职业规范和职业标准相契合的一种工作状态。包含职业化素养、职业化知识与技能、职业化行为规范三部分内容。职业化被视为国际化的职场准则，作为职业的最高准则，它也是角色作用得以充分发挥的最有力的保障。要想参与并决胜于职场竞争，就必须懂得和坚守职业化的职场准则。

2. 秘书角色认知与秘书职业化的关系

秘书的知识、技能、观念、思维、态度、心理、形象、行为等无不决定着秘书的职业化程度。科学合理的职业角色认知是主导这一切因素的基础。行为决定效率，行为又源于认知，就如张娜不泡茶是因为她认为秘书不是泡茶的。职业行为源于职业认知，而秘书的职业化水准又集中反映在秘书的职业行为上，所以说，秘书的角色认知程度深刻地影响着秘书职业化的水平。作为秘书行为的源头，秘书的职业角色认知是秘书职业化的基础内容。推进秘书职业化，必须加强秘书职业认知教育。

分析·训练

一、案例分析

比尔·盖茨和露宝

比尔·盖茨曾说：我和微软的成功都因为有露宝。这是因为在微软公司最艰难的创业阶段，露宝作为盖茨的秘书曾发挥其特有的作用，使公司的员工们能全力以赴地投入到自己的专业领域。

创业之初，微软公司基本上都是年轻人，他们或擅长专业或擅长推销，对内务、管理方面的杂事既外行又缺乏耐心。那时微软连间正式的办公室也没有，为了接待惠普公司人员的来访，盖茨在亚帕克基市中心租了一套办公室，并动员大家连夜寻来办公用品，自己则亲手安装终端设备。大家忙成一团之际，盖茨的第一任秘书，一个年轻的女大学生，却对这一切不闻不问，似乎这些并不是她分内的工作。

21 岁的盖茨深切地感到，不能总让这方面的事分大家的心，应该有一位热心肠的、把后勤工作无论巨细都能承揽下来的总管式女秘书。负责招聘的伍德一连递交了几个年轻女性的应聘资料，盖茨看后都摇头。伍德又犹豫地拿出一份资料递给盖茨："这位女士做过文秘、档案管理和会计员等不少后勤工作，只是她年纪太大，又有家庭拖累，恐怕……"不等伍德说完，盖茨已看完了这份应聘资料，丢下句"就是她了"。就这样，盖茨的第二任女秘书——42 岁的露宝上任了。

上任后的露宝感叹董事长如此年轻，还领导着同样年轻的一群人之时，不禁暗自思量自己今后在"娃娃公司"应尽的责任与义务。

一些日子后，露宝发现盖茨和艾伦行为颇异于常人。

他们通常是中午到公司上班，一直工作到深夜。假如要在第二天早上会客，他们就在办公室睡到天亮。盖茨睡觉从不在床上，累了，只要拉过一条毛毯盖在头上，不管何时也不管环境如何喧闹，总能马上进入梦乡。细心的露宝就适时为他准备毛毯，特别是出差的时候，无论时间多紧张，盖茨想睡觉时总能随手拉出毛毯。

就这样，露宝以一个成熟女性特有的缜密与周到照顾着大伙儿的起居饮食，把公司里里外外打理得妥妥帖帖。大家因这种母性的关怀和温暖，减少了远离家庭带来的种种不适。此外，露宝还负责发放工资、记账、接订单、采购、打印文件等，所担负的职能远远不止是一位总裁秘书的工作。大家对露宝都产生了很强的依赖心理。当微软公司决定迁往西雅图，而露宝因为丈夫在亚帕克基有自己的事业不能离开时，盖茨对她依依不舍，留恋不已。临别时盖茨握住露宝的手动情地说："微软公司为你留着空位，随时欢迎你来！"

分组讨论，各小组代表分别作答：

1. 为什么比尔·盖茨对其秘书露宝的工作如此满意？

2. 分析露宝为什么能够出色地扮演好秘书角色？

3. 这个故事带给你怎样的启示？

二、角色认知活动

活动目标：通过游戏活动体验行为规范的掌握程度决定着行为效率，而角色认知与角色定位又决定着行为规范及角色规范。

活动提示：角色认知作为一个体系较为抽象，该活动可让学生直观地感受角色效率与角色行为规范、角色认知之间的关系，从而让学生深入地体验角色认知与工作的关系。（该活动也可安排在本课题内容正式学习前进行，对学生的理解与学习会大有促动。）

活动步骤：

1. 现场招募游戏参与者，8～12 人，确定其中一名为裁判员，剩余的学生为啦啦队兼观察员。

2. 每个参与者选用一个星球名称来代表自己（所选名称不能与其他成员的重复），并将星球名称写于纸上，固定在衣领处；

3. 教师讲解游戏规则。假设第一个开始的是金星，金星要说："开呀开呀开飞船，金星的飞船就要开。"然后啦啦队的学生一起问："往哪儿开？"金星说："往木星开。"木星马上就要说："木星的飞船就要开。"啦啦队的学生又问："往哪儿开？"木星又选择其他的星球，说："往某某星球开。"依此循环。

4. 每个参与者的反应时间不能超过 3 秒。裁判员注意掌握每个组员的反应情况。超时者写入名单，并予以提示。

5. 游戏开始……

6. 游戏结束，分享与感悟：

（1）教师提问超时者：为什么反应慢了？说明什么？

（2）教师提问大家：角色认知与团队成员的反应意识及团队协作能力有关系吗？有何关系？

课后阅读

【阅读资料一】

你认识人的行为吗？

人的行为是有两元性的，即由"独立行为"和"角色行为"这两部分组成。中国文化巧妙地把"我"分为"自我"和以角色出现的"我"，也就是人的行为的两元性："独立行为"和"角色行为"。

人的行为又具有两重性，即有意识行为和无意识行为。有意识行为是指主动的、有预谋的、经过深思熟虑的行为，无意识行为是指下意识的、没有预谋的、本能的行为。两者最根本区别在于：有意识行为具有明确的目的，并有计划去达到它；无意识行为也可能带有潜在的目的，但它却没有计划和步骤，也没有预计到行动的结果。

根据人的行为的两元性和两重性，将其交叉可得四个区间，形成四种行为模式，见表1—1—1。

表 1—1—1　　人的行为两元性与两重性的交叉图解

行为两元 行为两重	角色行为	独立行为
有意识行为	第三区：角色—有意识行为 确认行为	第四区：独立—有意识行为 自主行为
无意识行为	第二区：角色—无意识行为 习惯行为	第一区：独立—无意识行为 直觉行为

第 1 区为“直觉行为”，即独立—无意识行为。这是指那些正常的、可理解的、几乎是“本能”的反应。也就是说，那些无角色意识的、无预谋的、没有经过深思熟虑的行为。例如，学生在课堂上说话，在很多情况下这可能是无预谋的、没有经过深思熟虑的，并且没有考虑到“学生”这个角色的行为规范的行为。

第 2 区为“习惯行为”，即角色—无意识行为。这是一种内在的、无意识的、无预谋的、不需经过深思熟虑的角色行为。例如，很多学生在发现自己的想法或答案与教师不一致时，在“教师总是对的”或“学生必须遵从教师”等观念的指导下，连想都不想就放弃了自己的想法或答案去认同教师的想法，或接受教师的答案。

第 3 区为“确认行为”，即角色—有意识行为。这是一种基于自己的角色地位的社会确认行为，即经过深思熟虑的、有预谋的、有明确的目的性，并有计划去达到该目标的角色行为。

第 4 区为“自主行为”，即独立—有意识行为。这是一种不被角色规范所约束的独立的超然行为。

【阅读资料二】

秘书是什么

面试时，老板问：“你认为作为一名秘书，最重要的是什么？”我答：“秘书像一座桥梁，是老板和员工之间进行有效沟通的媒介。”他说：“不，秘书就是要保密。”

工作一段时间后，我觉得老板真是小题大做，这公司哪有什么秘密可保？在我眼中的鸡毛蒜皮小事，在老板眼中又是另一番景象，每件小事都要认真对待。

有一次，竞争对手派了几名代表来公司参观学习，因为这是我第一次接待来访者，总想“新秘书上任，狂烧三把火”，务求每项工作都做细致。结果，老板巡视了会议室后，指着桌上的公司简介对我说：“把它们收起来。我们不需要准备任何书面材料。”接着，他冲着我挂满问号的脸说：“白纸黑字，是铁证如山。有些竞争对手专门收集资料，从中筛选有用信息，找到攻击对手的最佳方案，令人防不胜防。”我这才明白接待客户、供应商和竞争对手，要采取不同的接待方案，进行不同程度的“泄密”，如果“一刀切”，那是行不通的。

这下我可不敢大意，收起散漫之心，时刻将“保密”二字放在心上。作为总经理秘书，我被同事戏称为“一人之下，千人之上”的高级女佣。我多与经理层打交道，接触的工作是综合管理全公司性质，和一般的部门工作不一样，了解的信息更丰富、更快捷、更准确。所以，我这里有可以八卦的充分资源，人人都想来打探点什么内幕。另外，经常有员工给老板写匿名信，揭发某些部门某些人的劣行，无论真假，“空穴来风，必定有因”，而我通常是这些匿名信的第一位读者。一方面，我要对公司的战略决策、经营方针守口如瓶，决不能在公司的正式文件下发之前散播出去；另一方面，对于各种小道消息，我也要听过就忘，不能成为添油加醋的帮凶，努力成为“谣言止于我处的智者”。

可是，大道理谁都会讲，真正实践起来却有难度。毕竟，人是比较感性的动物，理智有时候爱玩失踪的游戏。有一次，和 Ann 谈起薪水问题。明知这是个忌讳话题，仍忍不住好奇之心，想和别人攀比。一问之下，她的工资级别低我二级，薪水却比我多了八百元，这下我心里严重不平衡，影响工作积极性。后来我无意中看到她的工资，发现她比我还低了五百，难道是她在套我的话？最后，辗转得知，她曾对经理抱怨我：“她刚进公司就拿这么高的薪水，我在公司工作了七八年竟然不如一个刚毕业的大学生？”这件事影响很坏，老板狠狠批评了我，让我以后谈薪色变，要么装聋作哑，要么一问三不知。

关于保密技巧，这要靠实践来积累，每个秘书都应“好好学习，天天保密”。

课题二 秘书的角色定位

学习目标

- ◆ 掌握秘书角色定位的概念及其重要性
- ◆ 掌握科学定位秘书角色的方法和策略
- ◆ 认识并能规避角色定位中的常见问题

案例导入

李华大学毕业后，应聘到一家大型公司的广州分公司工作。李华聪明能干且工作积极进取，很快得到分公司张经理的器重，调任经理助理。

最近总公司的孟副总要来广州分公司视察工作，张经理考虑到李华工作出色，人也机灵，就让李华随同他一起向孟副总汇报工作。李华很兴奋，决心充分准备，好好表现，不让张经理失望。

孟副总视察那天，李华总是抢着回答孟副总的问题，从公司经营现状到未来发展规划，从具体工作到宏观把控，俨然一副当家人的模样。孟副总在传达意见布置任务时，李华也一一应诺着。送走孟副总，李华对自己的表现沾沾自喜，张经理的脸色却不太好看。几天后，李华拿到一纸调令，到销售部做业务员去了。

想一想：李华为什么被调离秘书岗位？作为助理，他的行为有何不妥？

评析：李华先是因为工作中展示出较强的综合素质，被张经理选任经理助理，又因为在秘书岗位上出色的工作表现，被张经理点名随同其一道接待总公司前来视察的孟副总。初入职场就备受重视，李华的职业前景令人乐观。可乐观的形势为什么在接待孟副总后发生了逆变呢？原因在于在接待孟副总的过程中李华角色定位不准确，角色扮演偏离助手角色出现角色越位，给张经理留下了不好的印象。

角色定位是角色扮演的依据，因而对秘书角色的界定直接影响着秘书角色扮演的内容和职场表现，对其职业生活有重要意义。为此，将在后续的相关知识中学习什么是角色定位，作为秘书如何才能准确定位，从而更好地实现职业价值。

相关知识

一、秘书角色定位的概念

秘书角色定位是秘书基于角色知觉对其在社会组织中扮演角色的衡量和确定。秘书角色定位因指向不同包括两方面的内容：一是个体自身的角色定位，如案例导入中李华在执行陪同张经理接待孟副总这一具体工作任务时，他“决心充分准备，好好表现，不让张经理失望。”当中就包含了他自己对接待情景中自身角色的衡量和确定。二是组织或领导对秘书角色的定位，这种定位以他人的角色期待和组织固化的角色规范呈现。在案例导入中，张经理在点名让李华陪同他接待孟副总时，是出于对他机灵机变的需要，这个需要包含了张经理对李华承担这个任务时的角色期待或角色定位。秘书自身的角色定位与组织或领导对秘书的角色定位相吻合才能达成最为理想的工作状态。

秘书角色定位的概念反映出秘书角色定位具有状态性、情境性、过程性。首先，秘书角色定位反映的是一种状态。就个体而言，不同的秘书因角色知觉的不同而有不同的角色衡量和确定；即使是同一个秘书在不同的情境或相同环境下不同的阶段也有不同的表现。就组织而言，不同的组织对秘书有不同的角色需求与角色规定，即使是同一个组织在不同的历史阶段对秘书的角色也有不同的需求与规定。其次，秘书角色定位是具体情境下的角色定位，与角色情境息息相关，需要不断地衡量情境加以确定。同时，秘书角色定位也是一个过程，随着情境的变化而变化，随着秘书角色知觉的动态发展而发展，组织和秘书必须把握这个过程，对秘书角色进行准确定位。

二、秘书角色定位的过程

秘书的角色定位是一个动态发展的过程。随着秘书角色的持续扮演，在秘书与角色情境不断碰撞与互动的过程中，秘书通常要经历角色知觉、角色初定位、角色冲突、角色再知觉、角色再定位等反复循环的五个环节。如图 1—2—1 所示。

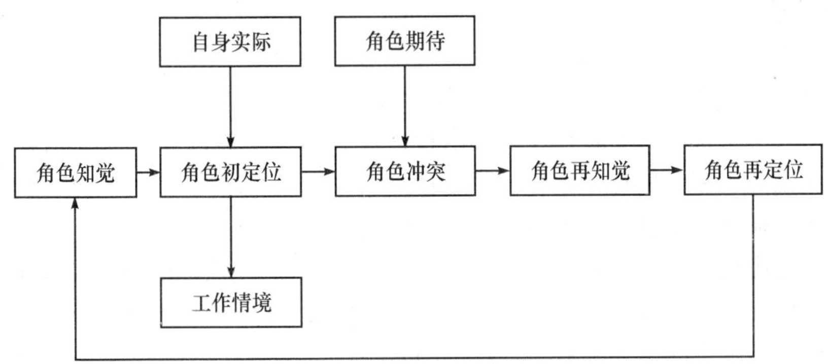

图 1—2—1 秘书角色定位过程

1. 秘书的角色知觉

秘书的角色知觉指的是秘书对其承担角色在组织中所处的位置、社会地位以及由此规定的职责的认识和判断。

秘书的角色知觉不只作用于秘书对规定性内容的认识，如在进入组织担当这一角色时，秘书会思考这些问题：组织或领导需要我做什么，角色赋予我什么，我在组织中处于怎样的位置、占有怎样的地位，我应该做什么等；还作用于特定情境中秘书对具体扮演角色的认识，如张经理点名让李华随同其一道向前来视察的孟副总汇报工作，在这个特定情境中，基于李华之前的表现，尤其是灵活的特点，张经理对李华在这次接待任务中的角色是有所期待的，这种期待源于他对李华在这个情境中承担角色的认识和判断。李华对自己的情境角色却另有认识，他“决心充分准备，好好表现，不让张经理失望”时，以“自我表现”为核心的角色知觉已与张经理的期待背道而驰。

在常规的工作任务及相对单纯的工作环境中，李华可以抓住张经理对下属肯干能干的工作需求，通过自我表现突出个人能力来获得张经理的信任与器重，但在协同张经理接待张经理的直接上司孟副总这一特殊情境与任务下，李华的角色作用重在服务与帮衬，突出的应该是部门或部门经理。

对秘书规范性内容的思考和具体化情境角色的认识构成了秘书对自身角色的知觉。作为角色认知的一个核心部分，角色知觉具有鲜明的主观性，起着驾驭心理活动的特殊功能，直接影响秘书在社会组织中的角色定位。

实践指南

切忌惯性思维与惯性行为

在实际工作中，人们对特定任务及情境的角色知觉往往容易被常规工作中形成的惯性思维所驱使，角色行为也往往表现为惯性使然的行为，从而导致角色偏离。因此在特定任务及情境下，对秘书角色加以衡量与确定时一定要注意防止惯性思维与惯性行为，具体问题具体分析，区别对待。

2. 秘书的角色初定位

秘书的角色初定位，是秘书基于初步的角色认知，结合组织常规的工作情境，对其承担角色的组织地位、职责内容、行为规范等基本内容的初步确定。

刚毕业的大学生初入职场时往往都怕出错，因而渴望了解自身的角色职责与行为规范，有的便通过积极获取相关信息并结合自身对秘书工作现有的认知对承担的角色加以确定，这个过程其实就是秘书的角色初定位。

角色定位是由秘书的角色知觉、秘书自身实际、秘书工作情境三个因素共同决定的。其中角色知觉是核心因素，其核心地位在上一个任务秘书角色认知部分有所涉及，此处不再赘述。下面主要介绍其他两个方面对角色定位的影响。

（1）秘书自身实际对秘书角色定位的影响主要体现在以下几个方面：

第一，不同的秘书具有不同的个性特点，不同的个性特点决定了秘书对工作不同的适配与选择。如：外向型的人适合做公关秘书，也容易倾向选择做与其个性相适的公关秘书，而不太可能选择做机要秘书。

第二，不同的秘书具备不同的知识能力素养。人具有趋利避害的本能，这种本能在工作上反映为人们都倾向于做自己能力所及的事情，那么知识能力不同的人自然选择和定位也不相同。因此有的人定位自己为专业性极强的专才型秘书，如翻译秘书、文字秘书；有的人定位自己为通才型秘书，扮演高层领导的左右手；有的人定位自己为前台秘书，有的人定位自己为文字秘书等。当然，无论怎样定位，秘书的角色定位都不是静止不变的，而是在运动变化之中。秘书工作者也会随着自身能力的不断拓展与完善，对自身角色进行重新的权衡与确定。

第三，不同的秘书具有不同的兴趣爱好和职业理想。有的秘书致力于进军外企，有的秘书只选择国有企业；有的秘书一心想成为高层领导的左右手，有的秘书在翻译、公关、接待等岗位津津乐道，无有它想。这很大程度上是受兴趣爱好与职业理想的影响。

综上所述，自身实际既包括秘书的个性特征、知识能力素养，又包含秘书自身的兴趣爱好与职业理想，这些内容具有鲜明的个体差异性，所以自身实际对秘书的角色定位切实存在重要的影响。

(2) 工作情境对秘书角色定位的影响主要体现在：

第一，秘书的角色定位最终体现在秘书对自身职责与行为规范的确定，而组织对这些内容也有相关规定。秘书的角色定位不能脱离组织管理的客观需要。张娜认定自己是秘书不是泡茶的，其实已完全置组织管理的客观需要于不顾，一个不注重组织管理需要的员工，组织又怎么会注重你！

第二，秘书在不同工作关系中，如对内与对外，对待领导、同事或客户，因关系的不同其角色规定与角色模式绝不一样。关系是情境中的另一个重要内容，不同关系中秘书的角色规范与角色内容不同，秘书的角色定位不能脱离对特定关系的分析。李华在随张经理接待孟副总时自以为是的表现，是不恰当的，原因就在于他没有准确地把握三者不同的位置与关系。在他们三个人中显然张经理对孟副总负责，李华是对张经理负责，李华向孟副总汇报并应诺孟副总的指示打乱了特定关系的角色规范，也犯了职场大忌。

第三，不同的工作任务有不同的角色规定。同一个秘书在进行公关、接待、写作、谈判等不同工作时，其角色定位因工作内容的不同而有较大的差异。

第四，不同的组织氛围对秘书角色定位的影响也很大。不同文化氛围的组织对秘书的角色期待不同，秘书因而被赋予不同的代称，有的是“左右手”、有的是“笔杆子”、有的是“勤杂工”、有的是“花瓶”等等。被赋予高期待的秘书其角色定位通常也高，被赋予低期望的秘书其角色定位通常也低。

小资料

罗森塔尔效应

1968 年，美国心理学家罗森塔尔与一位名叫雅各布森的小学校长合作进行了罗森塔尔实验。实验中：罗森塔尔和其助手到一所小学，声称要进行一个“未来发展趋势测验”，并以无比赞赏的口吻，将一份“最有发展前途者”的名单交给了校长和相关教师，叮嘱他们务必要保密，以免影响实验的正确性。其实名单上的学生是随机挑选出来的。然而，8 个月后，奇迹出现了，凡是名单上的学生，个个成绩都有较大的进步；相比未被选中的学生，他们自信心更强，求知欲更旺盛。这充分说明期待对人的行为会产生效应，这就是罗森塔尔效应又称“期待效应”。

罗森塔尔效应说明赞美、信任、期待是一种能量，能改变人的行为，当一个人获得他人尤其是权威者的信任、赞美、期待时，他便获得一种积极向上的动力，从而增强自我价值，变得自信、自尊，并尽力按对方的期待去思考与行动，从而达到对方的期待。

期待对个体的自我评价与自我定位也同时具备了该效应。

3. **秘书的角色冲突**

秘书的自我定位与组织或领导对秘书角色的定位在工作实践中必然会相互作用、相互影响。从适应的角度看，秘书与组织或领导在首度接触时就表现出定位契合、相处和谐的情况几乎是不可能发生的。当二者出现矛盾时，角色冲突随之产生。

角色冲突是指当一个人扮演一个角色或同时扮演几个不同的角色时，内心产生的矛盾与冲突。角色冲突大体可以分为两类：角色间冲突和角色内冲突。角色间冲突是指一个人所担任的不同角色之间发生的冲突。角色内冲突，是指同一个角色，由于社会上人们对其期望与要求的不一致，或者角色承担者本人对这个角色理解的不一致，使其内心产生的一种矛盾。秘书角色冲突兼有角色内冲突与角色间冲突，主要表现为如下三种类型：

（1）秘书自我定位与角色期待者对秘书定位或期待之间的冲突。对刚刚踏上工作岗位的秘书来说，这是较为常见的一种角色内冲突。小吴是一位政府机关的秘书，踏上秘书岗位不久的她，却一点都不开心。原来，参加工作不久她就沮丧地发现她的一项常规工作竟然是打扫卫生，还需要随时给领导整理书架和办公桌，把领导用过的东西放回原处。最初，她只知整理自己的办公桌，为此还被领导批评过。直到现在小吴想起打扫卫生这件事还是耿耿于怀，难以接受。现实生活中像小吴这样对事业满怀憧憬，面对的却是领导安排的大量琐碎事务的秘书大有人在，秘书遭遇这种角色冲突是非常普遍的。

（2）秘书自我定位与自身能力的冲突。这是秘书角色内冲突的另一种常见表现。如，有的秘书对工作怀有与自身能力不相匹配的过高期望，导致所扮演的角色表现不佳，引发角色冲突。又如，有的秘书进入到对行业知识有一定要求的组织从事秘书工作，在工作中就要承担较大的压力来快速学习与适应，这个过程也会引发秘书自我定位与自身能力的冲突。

（3）秘书自我定位与秘书自身多重身份的冲突。其中既有角色内冲突也有角色间冲突。单就“秘书”身份而言，在不同情境中秘书所扮演的角色都是有差异的。例如，对于所协助的领导而言秘书是“助手”；作为被授权的“代言人”，秘书又相对具有一定的领导性；面对客户，秘书又成为代表和维护组织利益与形象的载体等等。因情境的不同秘书的身份呈现出多重要求，这些不同的要求统一集中于一体，对秘书的角色转换是一大考验，若有不慎或不适都会引发角色冲突。此外，除了秘书这一社会角色外，秘书同时还承担了多种其他社会角色，如爱人、父母、子女、朋友等，这些构成了秘书的个人角色集合。秘书若不能处理好与各角色的关系，整个角色集合系统可能呈现混乱、无序的状态，角色间冲突也随之产生。

4. **秘书的角色再知觉**

秘书的角色再知觉指的是秘书来到组织，通过一定时间的角色互动后，对其承担角色进一步的认识和判断。秘书的角色再知觉包含以下三个重要因素：

（1）秘书角色再知觉的时间因素。秘书的角色再知觉反映了知觉的运动变化，是以秘书之前的角色知觉为基础而产生的。角色再知觉实质上就是秘书在角色互动中对之前具有的角色知觉的进一步修改。这种“运动变化”“之前”“当下”反映了影响秘书角色再知觉的时间因素。

（2）秘书角色再知觉的情境因素。秘书的角色再知觉是借助角色互动来完成的，因为进行互动也就往往引发进一步的角色知觉。角色互动与其相关联的情境是影响秘书角色再知觉的情境因素。

（3）秘书角色再知觉的个体因素。因为个体差异，秘书角色再知觉的变化可能是进步而趋于合理化，也可能是退步而趋向不合理化。个体差异就是影响秘书角色再知觉的个体因素。

可见，秘书的角色再知觉受时间阶段、情境、个体主导的影响，是个体对不同阶段情境下角色的认识和判断。

5. 秘书的角色再定位

秘书的角色再定位是秘书角色再知觉的必然结果。经过对秘书角色认识与判断的进一步调整，秘书重新确定自己在组织中的位置、应发挥的作用和工作的职责等，从而完成秘书角色的再一次定位。

秘书的角色定位源于角色知觉，因为不能保证秘书的角色再知觉一定比之前的角色知觉更合理，所以秘书的角色再定位并非一定优于之前的角色定位。秘书角色的准确定位必须经历一个循环反复的过程，对角色进行科学定位，则必须掌握一定的策略。

三、秘书角色科学定位策略

1. 定位过程掌控策略

角色定位是一个动态发展的过程，也是体现不同阶段不同发展任务的过程，而不同阶段角色定位的任务也不同。定位过程掌控策略就是将秘书角色定位过程划分为不同阶段，区别对待各个阶段的角色任务并以此为依据定位秘书角色，从而掌控定位过程的策略。

根据秘书角色定位过程和秘书的成长过程，可将秘书角色定位过程划分为四个阶段：角色准备阶段、角色初始阶段、角色成长阶段、角色成熟阶段。掌控定位过程就是确定自己所处的角色阶段，确立该阶段角色定位任务的重心，从而有的放矢。

（1）角色准备阶段。角色准备阶段是指那些已选择秘书专业或打算从事秘书工作的人员通过专业学习或专业培训等方式获取专业知识、技能和素养，对秘书角色形成初步知觉的阶段。各高校文秘专业及文秘学校的学生、社会上参加文秘专业自学考试的人员、积极备战以获取秘书职业资格证的非专业人员等，可以称其为准秘书，都处于角色准备阶段。

该阶段以学习为核心内容，表现为通过学习夯实秘书基础，获取秘书专业知识与技能，具备一定的秘书素养。因此本阶段的角色特点为学习，角色任务为通过学习在知识与技能上进行必要的角色储备，认知上形成一定的角色轮廓，技能上掌握秘书工作的操作规范。

（2）角色初始阶段。角色初始阶段是指个体正式走向秘书岗位，开始并逐步适应秘书工作的阶段。从学生或准秘书成长为符合角色要求的秘书，秘书角色在这个过程中具有质的飞跃，是对环境的适应，也是对角色的跨越。跨越与工作环境所不同的学习环境，跨越与职业角色所不同的学习者角色。新环境新角色，“新”成为该阶段的重要特征。快速地适应以期很好地立足单位是秘书的当务之急。反映在角色定位上，秘书在该阶段的核心任务是尽快熟悉工作环境，明确角色位置与角色规定。

实际上，秘书在该阶段的任务就是确立自身的行为参照系统，并能对照参照系统的要求与标准开展工作。这个参照系统通过如下命题来建立：什么组织？有何特点？要我做什么？怎样做符合？我能做什么？该阶段，由于秘书重在努力使自身所扮演的角色符合参照源（组织要求），角色实践中的关注点更多集中于事，即熟悉并确立参照系指标，按参照系行事。因而在处理工作事务中自发的、灵活的、富于情感与思维的人为因素较少体现，也就是在工作过程中更多地以事为主导，而不是以身为秘书的自我为主导。

（3）角色成长阶段。在熟悉组织环境，充分掌握自身的角色职责与角色规范后，秘书进入到角色成长阶段。该阶段，秘书的角色实践与认知逐步深入到角色的规定外范围。如果说角色初始阶段秘书对角色的把握主要在于对工作职责与工作规范等规定性内容的认识与行为参照，那么该阶段秘书则逐步能够用自我的眼光审视问题，开始具有解决问题的思路和形成一定的工作思维，工作中逐步具有自发性、灵活性和情感与思维因素。该阶段秘书能够关注的不再只是组织要我做什么、我怎样做才符合要求，而变化为我要在组织做什么，怎样做才更好，对秘书工作具有更鲜明的觉悟和更强思维。也从关注外在工作行为的符合，开始过渡到工作对角色内在要求的吻合。

（4）角色成熟阶段。成熟阶段的秘书，其认知模式、思维模式、行为模式和谐统一，角色行为发乎于角色内在系统，即认知系统，而不是机械的角色规定。工作上展现出从容不迫与游刃有余，与所扮演的角色呈现出契合的状态。该阶段的角色任务无论对自己还是对组织都更多地凝集为价值最大化的诉求。

不同阶段秘书的角色内容比较见表1—2—1。

表1—2—1　　不同阶段秘书的角色内容比较

角色发展阶段	阶段特点	角色定位任务	角色目标	认知与行为特征
准备阶段	积累期：学习积累（被动性）	初步形成角色知觉；储备相关角色工作的操作规范	立足社会	认知有限，工作行为匮乏
初始阶段	适应期：跨越与全新（被动性）	行为上符合角色规定；角色扮演初步适应角色环境	立足单位	知觉有一定差距，行为在跟进
成长阶段	吻合期：自发深入地角色探索与挖掘，外在角色要求与内在角色规范相结合	在与组织规范要求相吻合的基础上开始形成自己独到的秘书角色规则	获得发展	行为能力有限，知道未必做到
成熟阶段	契合期：对角色形成独到的理解，具有独特并富于效能的工作思维与工作风格	内化组织角色规定，形成自己科学的角色规则；自己的角色规则对组织产生良性作用与影响	角色价值最大化	知行合一

掌控秘书角色定位所处的阶段对秘书角色科学定位及秘书的角色成长有重要意义。秘书可根据不同阶段的特点，确立不同的角色任务及角色定位内容，使秘书的角色定位具有鲜明的方向。

2. 情境掌控策略

情境对角色定位起着重要的作用，情境掌控策略就是通过对情境的掌控来促使秘书的角色定位更加科学、准确。具体方法如下：

（1）分析常规环境，定位角色。就是通过对秘书所服务的特定组织及其具体工作环境进行分析，把握环境对秘书的角色规定，从而定位角色。

（2）分析特定关系，定位角色。同一个角色在不同的关系中具有不同的角色要求。分析关系，定位角色，就是区分不同关系，确定秘书在特定关系中特定的角色位置，从而启用符合这个角色位置的行为模式。

如情景案例中李华不当的角色表现，就是因为缺乏对孟副总、张经理与他两两之间关系的分析，导致角色位置严重偏离。他们三人的关系由上至下为“孟副总→张经理→李华”，在这个关系中直接对孟副总负责的是张经理而不是李华，李华越过张经理在孟副总面前极尽表现，显然是喧宾夺主、越级行事了。

（3）分析任务情景，明确角色任务。就是通过对时间、地点、事件的特殊性进行分析，把握特定任务情景下自身的角色职责与角色规范。忽略特定的情景也就是忽略情景任务的特殊性，而以常规的认知与行为去完成非常规的任务，往往导致工作失误。

如张娜泡茶一事，从职业分工来说接待确实是接待秘书的事，但其前提是正常情况下也就是接待秘书在岗的情况下，当情景发生变化，即接待秘书不在而接待任务紧迫时，张娜在这种非常规情景下却仍按常规思考与行动：泡茶是接待秘书的职责，与我无关，也不管她回不回来，留个字条传话就走了。就是因为张娜未对特殊情景作必要的分析，因而未对任务过程中所扮演的角色进行准确定位。

3. 自我修炼策略

自身实际是对角色定位具有重要作用的另一个因素。自我修炼策略就是通过对自身认知、能力、行为模式的检视与调整，使秘书在角色意识、角色能力、角色行为模式方面都更吻合角色的内在要求。具体如下：

（1）不断深化角色认知，使角色定位科学合理化。意识先行，想到位才能做到位，但秘书对角色的认知往往需要随着工作与角色的不断深入而不断深化。如何才能深化角色认知呢？当工作群体对秘书的工作要求、期待与秘书自身的理解不符或产生冲突时，秘书一定要有意识地检视、思考并判断这种冲突是否源于自身对秘书角色认知的局限，或是秘书角色内容与行为规范扮演的不到位，学会从工作的角度来分析把握问题。

（2）提升角色能力，使角色定位目标现实化。角色认知到位，但角色能力不够时同样会影响角色作用的发挥。修炼角色能力，使自己具备与特定环境下秘书角色相匹配的能力，既是组织对秘书的角色要求，也是秘书个人的角色成长目标。比如，随着信息革命对组织工作的不断渗透，无纸化办公渐成趋势，客观上就要求秘书具有文档一体化管理能力，以及使用文档管理软件管理文档的能力。一样的工作职能，全新的工作手段必然要求秘书提升职业能力，才能高效履行工作职能。

（3）不断修养个性，使角色定位方向多元化。个性是个体复杂的心理特征，它往往决定个体能做什么不能做什么。不断完善个性，使个性具有更大的包容性和弹性，个体才能具备更多的角色能力，拥有更多的角色方向。如果一个秘书只能服务于一种个性特质的领导，这本身就是充满局限的。提高个性修养，首先要了解自身的个性特点，分析个性特点对工作的利弊及影响，然后在实际工作中注意扬长避短，以自制的精神逐步克服负面个性及其带来的影响，从而修养个性。

四、秘书角色到位

角色到位就是指角色知觉合理、角色行为符合角色规范、角色扮演契合角色的角色状态。角色到位是角色实践的根本目标，只有到位的角色发挥才能成就角色的价值。相应地，秘书角色到位就是指秘书角色知觉合理、秘书角色行为符合秘书规范、秘书的角色扮演契合秘书角色的角色状态。秘书角色到位是秘书工作质量与效益的客观要求，是秘书实践角色的根本目标。

1. 秘书角色到位与秘书角色定位的联系

秘书角色到位作为一种状态有程度的区别。秘书到位的程度是秘书角色定位的客观结果，也就是说秘书角色定位对秘书角色到位有重要意义。秘书角色定位客观上决定秘书角色到位的状态：到位还是不到位；到位的程度如何。如果说秘书角色到位是目的，秘书角色定位就是秘书角色到位的必然手段，秘书角色定位是秘书角色到位的必经环节。

准确的秘书角色定位要经历一个反复循环的定位过程，秘书角色的到位也随之经历一个长期的发展过程。

2. 秘书角色到位须避免的错误

作为领导的参谋与助手，秘书在组织活动中有着特殊的地位。这就要求秘书准确认知角色，恰如其分地发挥角色作用。但实际工作中，秘书容易偏离其角色位置，不但给工作带来不良影响，还危及自身发展。要使秘书角色到位，必须避免以下几种错误的角色位置。

（1）角色缺位。角色缺位就是对所扮演角色职权范围内的事不过问，无作为。简单地说就是该做的不做。张娜不泡茶就是弃秘书角色服务职能于不顾，属于角色缺位。角色缺位往往源于角色不清，即是指角色扮演者对于其角色的行为标准不清楚，不知道这一角色应该做什么，不应该做什么和怎样去做。缺乏角色知觉而未能对角色加以准确的定位是根源。

（2）角色越位。角色越位就是超越自己的地位与职权范围做事。角色越位通常包括工作越位、表态越位、社交越位三种形态。工作越位就是对自己的职责范围做事；表态越位就是逾越与个人身份或权力不相匹配的事发表看法或见解；社交越位是指在社交活动中不适宜地处处表现自己，喧宾夺主。李华在陪同接待孟副总视察的情景中角色越位突出，包含了这三种形态。角色越位往往源于强烈的表现欲或不纯的个人动机，极容易引起领导或群众的反感，导致领导打压、群众排斥，形成不良的人际关系，对自身的职业发展十分不利，应重视此类问题，避免其发生。

（3）角色离位。角色离位就是偏离自己的职权范围做事。例如有关订购询价的业务电话，通常需转业务部门处理，秘书却在电话里与对方具体地讨论起来，这就是典型的角色离位。偏离秘书的职权范围做销售部业务员的事，容易因拿捏不到要害或掌握不好分寸使公司丢失订单或蒙受亏损，其不专业的表现往往还会损害公司形象。像这样不论职权范围做事的行为还会导致组织的管理系统混乱无序，好比在足球场上，前锋去踢后卫的位置，后卫又踢前锋的位置，会是怎样的混乱！其危害是显然的，要注意避免。

角色位置偏离如上所述要么该做的不做，要么不该做的做了，都是缺乏准确的角色定位而偏离了正常的角色轨道，可见角色的到位必须先要对角色进行准确定位。认识到位则能准确定位，能力到位则能付定位于实践，行动到位则能付实践于效能，效能充分实现则秘书的角色作用得以出色地发挥，秘书的角色也就到位了。

分析·训练

一、案例分析

杂志派送争端

有个杂志社给一家企业的老总何先生作专访。新一期的杂志出刊后，给何先生寄赠了一本。因为专访写得好，图片和编排也很讲究，何先生想多要两本杂志送给朋友。于是打电话给杂志社主编，想请她多给自己两本。主编不在，电话是办公室的女秘书接的。

麻烦你转告主编，我希望多要两本这期的杂志。何先生说。

没问题！您派个人过来拿就成了。秘书爽快地说。

何先生于是立刻派人把杂志拿了回去。

但紧接着何先生就接到主编的电话："对不起！何先生，您来电话的时候我不在，杂志收到了吗？我特别多送了两本，一共四本。"何先生说收到了，并表示感谢。主编又说："可是，对不起啊！能告诉我是我们公司哪一位说您可以立刻派人过来拿的吗？"

何先生愣了一下，说："有问题吗？"

"当然没问题，您要十本都没问题，我只是对工作表现进行考核。"

何先生没有告诉主编是谁说的，但她还是专门查了一下，并对这位秘书作了处分。

1. 秘书为什么被处分？
2. 主编是小题大做吗？
3. 从这个故事中你得到哪些启示？

二、角色定位与角色扮演活动

1. 活动情境

情境一：李华、张经理等一行人随孟副总视察工作，视察结束后一行人到酒店吃饭……模拟孟副总视察工作过程以及用餐过程各主要人物的表现。

情境二：小陈作为新来的办公室文员头一天到公司上班，走进办公室发现自己是第一个到的，办公桌比较凌乱……请模拟小陈到办公室后的工作情景，必须包含有意了解自身工作角色的过程。

2. 活动准备

将全班分成6组，1、3、5组模拟演练情境一，2、4、6组模拟演练情境二。各组之间两两匹配，相互点评。如1—2组匹配，第1组演示第2组点评，然后第2组演示第1组点评，以此类推。

3. 活动步骤

(1) 请小组依据所给情境设计相应的情节和台词，并撰拟演出脚本；

(2) 小组模拟演练，演练完毕后陈述角色设计思路（注：可设计正确或错误的角色行为来体现角色扮演；在演练结束后，利用角色认知与定位的相关原理，指正各个角色的角色行为，并分析主要角色较好或较差扮演角色的原因）；

（3）匹配组成员对演示小组的表现进行点评、提问或纠错；

（4）依据对角色把握的准确度，评选出最佳表现团队及最佳表现个人。

课后阅读

到位不越位：别做自己不该做的事

孔子的弟子子路是一个非常豪爽和正直的人，也是孔子最喜欢的弟子。因为他天真直率，虽然经常顶撞孔子，可是内心一直非常尊重自己的老师。

子路曾经做过“蒲”这个地方的“宰”，就是行政长官。有一年夏天，雨水很多，子路担心洪水暴发不能及时下泻，造成水患，就带领当地的民众疏浚河道，修理沟渠。他看到民众夏天还要从事繁重的劳动，非常辛苦，就拿自己的俸禄，给大家弄点吃的。

孔子听说了，赶快派子贡去制止他。

子路大为生气，怒气冲冲地去见孔子，说：“我因为天降大雨，恐怕会有水灾，所以才搞这些水利工程；又看到他们非常劳苦，有的饥饿不堪，才给他们弄点粥喝。您让子贡制止我，那不是制止我做仁德的事情吗？您平时总是教我们仁啊仁的，现在却不让我实行，我再不听你的了！”

孔子说：“你要是真可怜老百姓，怕他们挨饿，为什么不禀告国君，用官府的粮食赈济他们呢？现在你把自己的粮食分给大家，不等于告诉大家国君对百姓没有恩惠，而你自己却是个大大的好人吗？你要是赶紧停止还来得及，要不然，一定会被国君治罪的！”

一千九百年以后，朱元璋建立明朝，是为明太祖。这一年，明太祖想要修建首都南京的城墙，江南巨富沈万三主动报效，承担了三分之一城墙的花费，同时还献给皇帝白银二千锭，黄金两百斤，花费巨资在南京建了一些酒楼和廊庑等。作为回报，朱元璋封了他两个儿子的官。

修完城墙，沈万三又主动献媚，要求犒赏三军，朱元璋大怒：“一个匹夫，就想犒劳天子的军队，这不是乱民又是什么！”立刻命令将其斩首。幸有马皇后劝谏说：“这样的不祥之民，自有上天惩罚他，何必污了陛下的手呢！”朱元璋余怒未消，将沈万三发配云南，他的第二个女婿余十舍也被流放潮州。

这还不算完。洪武十九年，沈万三的两个孙子沈至、沈庄又为田赋坐了牢，沈庄当年就死在牢中。洪武三十一年，沈万三的女婿顾学文被牵扯到了蓝玉谋反一案，诏捕严讯，顾学文一家及沈家六口，包括沈万三的曾孙沈德全，近八十余人全都被凌迟处死，田地也尽数没收，被称作“财神爷”的一代巨商沈家，就这样灰飞烟灭了。

子路和沈万三，一远一近，一官一商，一贤一愚，却都犯了同一个错误：越位。不同的仅仅在于，子路有个好老师，在关键时候制止了他，才没有铸成大错；而沈万三则无人指点，结果落得个家破人亡。

项目二

秘书的知识与能力管理

项目框架

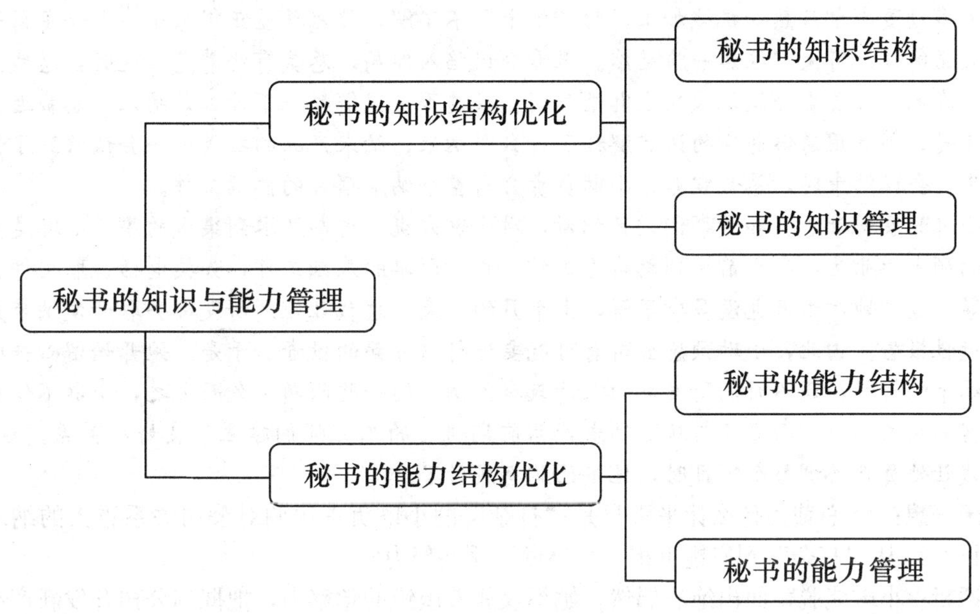

项目导言

知识和能力是人们顺利开展工作的基本条件，也是人们发挥工作效用的前提。从事什么样的工作相应的就应具备什么样的知识与能力，在岗位上有何种程度的作用发挥往往也取决于具有何等水平的知识与能力。秘书人员的知识与能力优化必须以组织需求为导向，以更好地构建秘书人员的知识与能力结构从而发挥工作效用为目标。知识与能力素养的优化因此成为秘书应用心理实务中必不可少的一项内容。

课题一　秘书的知识结构优化

学习目标

- 了解知识结构的含义及秘书知识结构的构成
- 懂得如何优化秘书的知识结构

案例导入

北京××机械股份有限公司正在召开临时董事会，专题讨论投资纳米产品项目的问题。由于大多数董事都只熟知机械加工，对“纳米”不了解，技术总监正用原子、电子负荷等理论向大家解释，可大家依然一脸茫然。眼看会议陷入僵局，总裁有些着急。这时，总裁办秘书，坐在他身后负责会议记录的小琳悄声问：我是否可以解释一下什么是纳米。总裁连忙应允。于是，小琳用通俗易懂的语言解释了什么叫纳米、纳米产品的功效……会议收到了预期的效果。会议结束时，总裁宣布让小琳负责公司整个纳米项目的协调工作。

小琳的表现让总裁和董事们刮目相看，对小琳来说，这却是水到渠成的事。小琳是英语专业的硕士毕业生，半年前才到总裁办工作，负责简单的基础工作，如接电话、取文件、写通知等。过去她对纳米也没多少了解，上个月的一天，总裁让她到研发部去取开发纳米产品的可行性报告。由此，小琳预感公司有可能要进行这方面的投资。于是，她开始留心并收集有关纳米的材料，还不时向研发部的人请教有关纳米的一些问题。久而久之，小琳不仅积累了丰富的纳米知识，而且还与从事纳米产品前期研发的工程师们建立了良好的关系。这样，当总裁让她负责协调整个项目时，她早已胸有成竹了。

想一想：1. 总裁为什么让平素只是“打杂”的小琳负责协调对公司关系重大的纳米投资项目？2. 从“打杂”到肩挑重担，小琳做了哪些努力？

评析：小琳能脱颖而出绝非偶然。她不仅凭着敏锐的觉察力，把握到公司开发新产品的方向，更能处处留心注意累积与纳米产品相关的新知识，使自己的知识构架与组织发展需求相适宜，从而能在组织更好地发挥效用。优化知识结构对于个体职业发展的重要性由此可见。

相关知识

一、秘书的知识结构

知识结构即知识构成，是指各类知识相互影响在个体头脑中所形成的知识框架以及各类知识的比重。各类知识的比重与交互结合的程度决定着知识结构的合理性，建立合理的知识结构是现代人才所必须追求的目标。

1. 秘书知识结构的概念

秘书知识结构是指秘书在一定时间内对所有与秘书相关或不相关的知识进行学习后，在自己头脑中形成的具有一定层次的互相协调的知识系统。简言之，秘书知识结构就是秘书人员在从事特定工作时头脑中既有的知识构成。合理的知识结构是衡量秘书人才的重要标尺，完善秘书知识结构是秘书人才化的必由之路。

2. 秘书知识结构的特点

秘书知识结构具有广博性、专业性、发展变化性等特点。

（1）广博性。秘书工作具有综合性强、涉及面广的特点，因此如果不具备宽广的知识准备是难以在秘书岗位上发挥重要作用的，这就要求秘书的知识结构具有广博性。

（2）专业性。秘书工作繁杂多样，如果知识储备缺乏专业性，秘书就不能在工作中高效地发挥、参谋以及时间管理的作用。因此，秘书在其特定的领域及相应的事务方面，必须体现出专业的特点，通过深厚的专业知识和出色的专业技能满足组织管理活动的需要，保证工作效率。

（3）发展变化性。秘书知识结构的变化性是秘书对自身职业的发展变化、工作内容的动态变化、组织的动态变化所做出的合理反应。职业角色的发展变化首先带来了其工作内容的变化，工作内容的变化又决定了其知识要求的变化，顺应这一职业变化，知识结构也要相应产生变化。案例导入中的北京××机械股份有限公司这样的组织就处于动态变化之中，小琳正是顺应组织的这种变化，合理地发展其知识结构，才使自己的角色作用得以高效地发挥。

由此可见，秘书在组织中要能发挥举足轻重的作用，就必须使自己的知识储备与其角色、工作内容及组织要求相吻合并随之变化而变化。

3. 秘书知识结构的构成

秘书工作具体繁杂而富于变化的特点决定了秘书在知识储备上应广博而精深，也决定了秘书要承担“通才”与“杂家”的角色。秘书知识结构的构成呈“金字塔”形，分为基础知识、专业知识、相关知识三个层次，如图 2—1—1 所示。

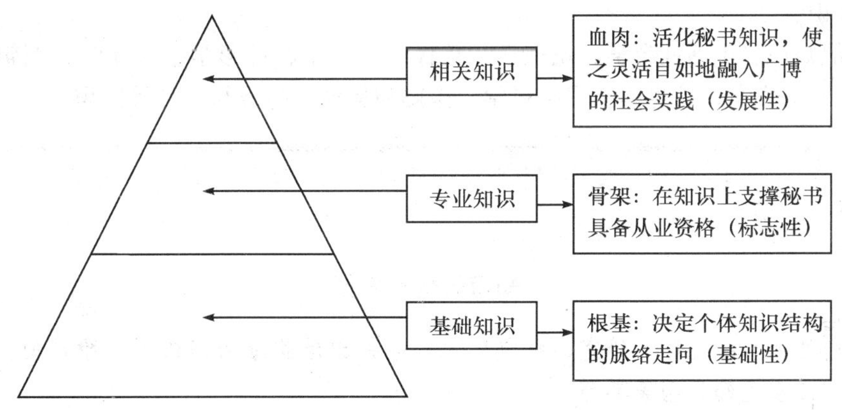

图 2—1—1　秘书知识结构示意图

（1）基础知识。基础知识是最一般的规律，是人们得以认识世界最基本的知识，是秘书知识结构的根基。基础知识包括三个方面的内容。

1）科学文化基础知识。研究社会发展基本规律，提供人类生存与发展的基础学科内容。涵盖数学、物理、化学、天文、地理、生物、文学、历史、哲学及社科知识等。

2）法律基础知识。国家的宪法、国家现行方针政策以及民法、经济法、诉讼法、刑法等法律法规的基本内容。

3）日常生活知识。关于衣、食、住、行、健康等方面生活知识的积累。

（2）专业知识。专业知识是直指文秘专业方向的特定知识，与秘书的工作性质、专业要求密切相关。专业知识居于秘书工作者知识结构的核心，在秘书工作中发挥着主体作用，决定着秘书是否具备从业资格。专业知识包括三个方面的内容。

1）秘书的理论知识。包括秘书学及秘书心理学、秘书美学、秘书实务、文书工作与档案管理、秘书礼仪等基础理论知识。

2）秘书的业务知识。贯穿秘书工作各个环节的秘书实务知识。包括：秘书写作、秘书礼仪实操、文书处理、档案管理、会务管理、接待工作、拨打电话、英语会话或翻译、速记、办公自动化应用等。

3）秘书所属行业的相关专业知识。秘书人员分布在各行各业，不同行业对秘书的要求不同，秘书工作内容的侧重点也有所不同，这种差异由行业自身的特点所决定，因此掌握一定的行业知识也成为秘书做好本行业秘书工作的必要条件。

（3）相关知识。相关知识是指独立于文秘专业知识之外，但又与文秘专业知识密切关联，有助于秘书工作开展、提升秘书工作层次的知识。它决定着秘书工作成效的高低，以及秘书的发展层次。相关知识包括四个方面的内容。

1）管理知识。包括企业管理、行政管理、经济管理、公共关系管理以及行为学、系统论、决策学、运筹学、咨询学等管理方面的知识。

2）心理学知识。包括普通心理学、社会心理学、管理心理学、领导心理学、公关心理学、健康心理学等心理学知识。

3）营销与策划方面的知识。包括市场营销、广告策划与设计、消费心理学、市场调查与研究等知识。

4）其他知识。包括社会学、伦理学、教育学、美学、色彩学、人才学、编辑学、新闻学、传播学、语言学、信息学、思维科学、摄影与摄像、财务与会计等知识。

小资料

知识结构的类型

国内外专家经过深入研究，将现代人才的知识结构分为网络型、帷幕型、⊥型、飞机型、安东尼知识型等类型。

◆ 网络型知识结构。这种结构是以所学的专业知识作为网络的核心，把其他与该专业相关的知识作为网络的外围，相互联合而形成适应性强、能够在较大空间发挥作用的知识结构。这种知识结构类型侧重专业知识的核心地位和相关知识的相互连接，使知识广度与深度统一，具有一定的弹性。

◆ 帷幕型知识结构。这种结构是指一个具体的社会组织对其组织成员在知识结构上有一个总体的要求，而作为该组织的个体成员，由于工作岗位和工作职责范围不同，在知识结构的要求上也就存在着一些差异。这种知识结构强调个体知识结构与整体知识结构的有机组合。

◆ ⊥型知识结构。在这种知识结构中，横杠是指一般知识和基础理论知识，竖杠是指专业知识。这种知识结构强调在一定基础知识之上，选准主攻专业方向，使专业知识与实践知识有机地结合在一起。

◆ 飞机型知识结构。这种知识结构强调，作为一个优秀的管理人才，知识结构应是“飞机”型的。机头部分是宏观经济理论，机身部分是丰富的宏观经济和微观经济的实践经验，机尾部分是微观经济理论，两翅是外语和数学。

◆ 安东尼知识型结构。这种知识结构类型是由美国斯隆管理学院提出的，其特点是将任何一个部门或系统的人才分为三大类：战略人才、亚战略人才和战术人才。人才类别不同，他们的知识结构也不相同。

二、秘书的知识管理

合理的、不断优化的知识结构是推动秘书职业发展的一个原动力。因此，秘书科学认识知识管理，有意识地管理、优化秘书知识结构意义重大。

1. 知识管理的含义

通常所说的知识管理是指组织层面的知识管理。知识管理简单地说是人们对组织管理运行过程中所涉及的显性知识和隐性知识的管理，主要涉及人工智能、计算机数据库和网络技术以及在公共网络平台的基础上进行人机对话的技术，强调知识的识别、存储、传播和共享，解决知识的时空界限。知识管理是知识经济时代的必然产物，是组织提升核心竞争力的必要举措与管理趋势。

个人知识管理是相对于组织知识管理的概念提出来的，一般指个人通过工具建立知识体系并不断完善，进行知识的收集、消化吸收和创新的过程。其实质在于整合信息资源，提高工作效率，提升个人竞争力，是个体在知识经济时代提升个人能力的一种学习知识、掌握知识和运用知识的有效管理方法。

实践指南

不同发展时期知识管理的任务

◆ 职场适应期。重在环境中学习，夯实职业基础。初来乍到，必有所学。在新环境中积极了解与熟悉组织环境无论是组织结构、各部门职能、企业文化、人际关系还是相关本职工作的工作特点、工作规范、人际规则、处事规则等对工作都大有裨益。

◆ 谋求发展期。积极关注组织动向及相应的工作需求，由此确定自己的知识增长点。其中“动向”与“需求”的判断是关键，并随时以“动向”与“需求”为导向建构与完善自身的知识体系。

◆ 职业成熟期。知识的管理重在提炼与整合，使知识结构系统化。

2. 秘书知识管理的方法

（1）建立信息网络。知识管理是知识经济时代、信息时代的特有衍生物，以知识信息的运转为中心。因此必须建立必要的信息网络，使知识信息畅通无阻。人际网络、媒体网络、互联网络是主要的三种信息网络。

1）人际网络。人际网络是一种无形的网络，也是个人学习知识的一个重要途径。人际网络的建立和维持不容易，但一旦建立，往往成为可以获得最直接最深入信息的来源。

秘书在组织中处于人际关系的枢纽地位，本身具有建立和维护人际网络的优势。人际交往中可以学到很多书本上、学习软件中学不到的知识——隐性知识。人际圈子越广，交往的人员素质越高，可以学到的知识越多。因此，要扩大自己的交往圈子，多与朋友交流、沟通和讨论，提高自己。

2）媒体网络。媒体是一种实时与广泛的信息来源，通过电视、广播、杂志与报纸等媒体，往往可以获得最新的讯息与来自不同角落的新闻。秘书应结合自身学习、工作的需要，将经常用到的媒体信息进行分类、鉴别；对那些主要的媒体长期密切关注，让信息的收集成为系统的而非随机性的行为，使主要媒体来源的数据讯息及时到达自己的工作桌前，促进自己知识结构的良性发展。

3）互联网络。互联网具有丰富的资源，是现代人进行学习的重要工具。利用互联网进行学习，必须善用搜索引擎工具，充分利用网络浏览器的收藏夹，定期备份信息。此外，网络日志、微博等网络工具也已经被越来越多的人作为个人知识管理系统所使用。有效地建立网络资源清单，熟悉相关资源所在，将大大提升工作效率。

（2）完善个人的知识结构，使之系统化。知识结构系统化，有助于知识信息的有效储存和快速提取。具体方法如下：

1）对所需管理的知识进行分类。秘书工作需要管理的知识资源包括：人际交往资源（如联系人的通讯录、每个人的特点与特长等）、通讯管理（如书信、电子信件、传真等）、个人时间管理工具（如事务提醒、待办事宜、个人备忘录等）、网络资源管理（如网站管理与链接）、文件档案管理等。

2）选择合适的知识管理工具。对个人来说，针对不同的信息可以采用不同的工具，不需要采用统一的入口，只要简单易用，适合自己就行。例如，邮件管理、通讯录管理、文件阅读与共享软件等就是常见的个人知识管理工具。

3）建立个人知识库。选择有效的个人知识管理工具，对所有资源进行分类、命名以后，就可以将知识分批放入个人知识库。随着知识的不断丰富和能力的增强，要持续不断对个人知识库进行维护和管理。一般而言，个人应主要做好以下工作：增添新的学习资源和知识类别；删除、修改和更新知识；协作学习以交流和共享知识；在知识管理的实践过程中，逐步完善个人的知识结构。

4）应用已有的知识。在个人知识管理上，既要关注知识积累，更要注重知识能量的释放。知识学习和积累的出发点就是对知识的使用，并在知识的利用、交流中创造新的知识。秘书要想在知识经济时代里搏风击浪，需要不断地主动进行自我超越的修炼，实现终身学习；要掌握个人知识管理技巧，建立和不断完善知识结构，从而获得生存和发展的能力。

实践指南

知识管理的“六以”

- 以组织需求为导向，把握组织需求动向，以组织需求为依据确定知识增长点；
- 以自身发展为导向，明晰发展目标，以发展目标为依据确定知识增长点；
- 以工作需求为导向，把握工作发展趋势，以高效工作为目标；
- 以“他山之石，可以攻玉”为理念，求取知识的广博，成就通才；
- 以“专业精进”为精神，求取知识的专深，成为专才；
- 以勤于学习为根本大法，拓展事业天地。

分析·训练

一、案例分析

穿山甲与狐狸

下午，孔琴到家里来还书，就是上次她参加秘书招聘前借的那几本书。看到我书架上的书，她像发现了什么新大陆似地大叫起来：

“你怎么还看这样的书？罗素的，霍金的，还有《论语》……你是不是想变成出土文物？”

我解释说这些书大都是从我爸爸的书架上“偷”来的，并没有全读，也只是偶尔翻翻。用我爸爸的话说，是学陶渊明，好读书，不求甚解。

“于雪，我当秘书也快一个月了，你知道我快变成什么了吗？”孔琴喝着可乐问我。

“白雪公主呗。”我笑着说。

“什么白雪公主！我整个儿变成了一只穿山甲。”

“穿山甲是什么意思？”

我第一次听到这么一种比喻，一时不明白是什么意思。在我的印象中，穿山甲是一种非常丑陋的动物。

“穿山甲是什么意思？穿山甲就是一天到晚躲在地底下，埋头打洞穿山，外面的事一概不管。这也是我前几天从一本台湾漫画上看到的，我觉得我现在忒像是一只穿山甲。你想想，我现在每天天不亮就起床，急急忙忙出门挤公共汽车，换地铁，九点之前必须到办公室，一进办公室，不是打字就是抄信封，一整天就像个陀螺一样连轴转，六点下班，天都快黑了，而且还经常要加班加点，八九点钟能到家就算不错了。我们的写字楼外面看起来挺豪华气派，可是，在我看来就像个山洞，我就是山洞里的穿山甲。”

孔琴的脸上的确没有上次应聘前的那种朝气神采。

“又想炒老板的鱿鱼了?”我问。

“那倒不至于。”孔琴无奈地摇摇头。“我只是羡慕你。我一天到晚累得贼死，到家就想睡觉，可你现在还有心思来看这些乱七八糟的书。”

我又气又想笑：“什么叫乱七八糟的书?”

“当秘书，不就是打打字，接接电话吗?一天到晚累都累不过来，你怎么还想起看这些?”

“孔琴，我觉得这只是一个个人自我调节的问题。”我说，“你上班的地方也可能离你家太远了一点。”

“于雪，如果我是只穿山甲的话，我觉得你倒像条狐狸。你一天到晚脑子里老是想这想那的，就像条狐狸整夜蹲在山顶上，望着天上的月亮，想着怎么啃一块下来。”

我忍不住笑起来。

孔琴将我比作狐狸，尽管不是很恰当，但用穿山甲和狐狸这两种动物来比喻两种不同状态的秘书，非常有意思，也非常耐人寻味。（资料来源：谭一平，《一个外企女秘书的日记》）

分组讨论，并请小组代表作答：

1. 作为两种不同状态的秘书的比喻，请比较穿山甲和狐狸各有什么不同。

2. 阅读完材料想一想，我们应该做哪一种秘书？为什么?

3. 谈谈这则案例对你的启示。

二、实务活动：找到你的金钥匙

活动步骤：

1. 各组成员围坐在一起（每组 6～8 人）。

2. 各自独立思考：即将踏上社会的我，现在拥有哪些资源和知识、能力，也就是金钥匙，能开启未来之门？记录下自己探索所得。

3. 小组分享：组员依次分享自己写好的内容，分享完毕，形成对该问题小组的汇报纲要（本环节，各小组同时进行）。

4. 小组代表参与全班交流：我们的金钥匙。

5. 全班各自完成：

(1) 秘书应有的知识和能力是：________________________________

____

____

____

(2) 我的知识和能力优势是：________________________________

____

____

(3) 秘书应有的综合素质：________________________________

（4）我的综合素质优势在于：

（5）我应努力拓展的方向：

（6）我的拓展方案：

课后阅读

【阅读资料一】

你的知识需要管理

大学毕业 10 年后同学聚会，当初在同一起跑线的人，往往各自境遇相差很大。很多人说是机遇。不排除机遇对人巨大的改变，但是，一定要正视一点：低概率事件，不能作为判断事情的因素。

在家园 7 年（注：家园为一个知识论坛），看了成千上万的失败者、成功者，导致成功失败的常规因素，我归结为一个缩写，叫作“PKM”。中文的意思是：个人知识管理。自从关注这个领域之后，我愈发地感觉到 PKM 对于人生的长远影响如此深刻。

个人知识管理（以下简称 PKM）的难与易

难，在于长久地坚持。易，在于法门极其简单。

麦肯锡之所以在管理咨询领域十分强大，在于其核心竞争力为有效的知识管理与卓越的学习机制。如果我们把麦肯锡看成是一个人，像我们一样的人，那么，这就是个人知识管理重要性的体现，这是作为一个职场人，核心竞争力到底在哪里的最佳解释。

PKM 有 5 个核心环节：学习—保存—共享—使用—创新。

学习。越来越多的人追求高效的学习以及苦恼于该学什么。其实，即便你解决了这个疑问，也仅仅是走出了 PKM 的第一步，这在人生中的影响，看起来很重要，实质很有限。譬如家园中爱读书者众多，就算你一年读了 50 本书，就算你学习了各种领域，那么，很多人或许感觉到，自己的知识杂乱无章毫无系统，仅仅是聊天谈话的时候，仿佛无所不知，是个健谈者，但对于工作而言，有多大的用处呢？所以，我们需要——

保存。很幸福，我们处在计算机普及的时代。那么，无论是家园的思维导图爱好者，还是用纸质笔记本记录者，还是用电子文档记录者，我们都意识到了我们的知识需要保存，需要我们随时调用。那么，起到随时调动的目的，才是我们保存的目的。为了复习而保存？别逗了，信息爆炸的时代，有几个人真的可以去复习？这不是简单的毅力问题，而是如何对待知识的问题。家园中下载资料的，我相信，95%的人下载的资料，大多没看。换个角度去看，假如这个下载的成果，成为你的知识库的一个索引呢？

共享。家园的名角们，尤其是专业类型的，你们为什么写原创写专栏写博客？你们为什么不去一个小不点论坛写原创？很简单，写出来的原创东西，我们需要有人看，这个精神叫作共享精神，对他人很有益。但是共享同时也是利己的，作为 PKM 的重要环节，我们仅聊聊利己性。就我所知的，家园中暗流涌动，好的专业原创写手，常常会收到优秀公司老板或者老总的邀请，也常常会遇到共同创业的邀请。田志刚（知识管理中心创始人，著有《你的知识需要管理》）说得很精辟：要让别人知道你知道。这种共享，尤其是原创的共享，就直接显示出利己的重要性了。

使用。有句老话不太准确，叫作百无一用是书生。还有的满腹经纶的失败者告慰自己：天生我材必有用。在 PKM 中，有三个重要的问题，那就是：你所拥有的知识够专么？你所拥有的知识够独特么？你在自己的专业知识领域拥有个人品牌么？如果没有，你怎么用？只有返回前三个环节再次耕耘吧，抱怨无用。

创新。大学生创业的失败统计数字是 99%。恐怕败就败在创新二字。PKM 中谈的创新，是你拥有了自己专业领域的知识足够多的时候，再去在此基础上推陈出新而超越，这才是本质的创新竞争力。而不是琢磨一个好点子，而这个点子是撞大运，撞上了很牛（低概率事件），撞不上说这是风险。

如何开始走上 PKM 之路

长话短说，首先去分析自己该学什么，自己的知识结构，自己可以有效利用的学习工具（最好是各类数码终端以及各种优秀软件）。然后长期应用 ONENOTE（或 EVERNOTE）、思维导图软件、OUTLOOK、TOTALCOMMANDER。再去分类并且限制自己的互联网应用，这是最好的共享渠道，做有益自己共享、利人利己的事情。应用的时候也同时是再次根据弱点学习的时候。至于创新，因人而异，人生已经走向高手之路。

让自己不再迷惑关于知识的思考

2007 年本人出版小说之后，收到最多的读者邮件，都是关于大学生走向社会如何迷茫，未来如何，走了弯路之类的。这里根据 PKM 的思想，再次强调一句：人生没有捷径，机遇或许找你，或许不搭理你，但自己好好学习天天向上，随时等待迎接机遇，这才是王道。

【阅读资料二】

如何管理碎片化知识

在一个讲究快速阅读的速食文化时代，长篇大论已经越来越不受欢迎，短小的、精悍的、有趣的、充满娱乐性的短篇内容往往大受欢迎，有些人看到大部头的书，会本能地感觉恐惧，曾经有人对我说，只要看到文档超过 20 页，就没有耐心读下去。

时代特性如此，知识的获取越来越容易，可以说垂手可及，因为有搜索引擎，愿意花时间在思考、记忆方面的人越来越少。固然，死记硬背不可取，但是，遇到问题就百度一下，是否是好习惯呢？

网络如水，能够载舟，也能覆舟。如果有一天，我们面临封网、断电，那时候，我们将如何应对?

即使搜索引擎如此发达，我们也必须承认一个事实：系统化的完整知识，往往还是存在于书本（含纸书、电子书等介质）、体系化的网页专题或各类文档（如 DOC、PPT、EXCEL 等）之中，如果我们习惯于通过一篇篇独立的博文（可能来自同一作者，也可能来自不同作者），习惯于微博化的 140 字内方式，习惯于小段子，那对于我们的知识吸收来讲，未必有益，反而可能有害。当然，这里面有一个前提，就是：虽然知识是以碎片化形式被提供给我们的，但我们能够把碎片化的知识进行系统性整理，使之完整。

管理碎片化知识，Office OneNote 是一个常用工具。首先我会在 OneNote 中设定好分类，如 01. 精彩句子；02. 广告图片收集；03. 软件网络应用；04. 精品网站收集；05. 网络营销行文参考；06. 书籍收藏；07. 其他等。当我看到一些值得保存的碎片化知识时，会把这些文章或句子按不同类别存放进分区内，有些句子不好归类，也会统一放进“精彩句子”这一分区。当然，不是把这些知识存放在内就可以，还要进行检视，定期或不定期，看个人习惯。有些人是习惯于收藏，但往往忘记复习，这样，即使收藏了，作用也不是很大。

如果说，碎片化的知识只是积木，那么，要想用之搭建起高楼大厦，那还是需要进行结构化、系统化，要吸收，要应用。

课题二　秘书的能力结构优化

学习目标

- ◆ 了解能力结构的含义及秘书能力结构的构成
- ◆ 懂得如何优化秘书的能力结构

案例导入

张彤大学毕业后到单位搞财务工作，一干就是三年。她不喜交往，一心专注于工作，因过硬的业务能力与显著的工作成绩，先后两次被评为单位先进工作者，还被作为业务骨干加以培养。张彤平时喜欢看书、写文章，总经理经常在报刊上看到她的文字，认为她写作能力强又认真肯干，在秘书岗位应该能有优异的表现，便将她调到总经理办公室当秘书。然而，张彤作为秘书的工作表现却屡屡让总经理感到失望。一次，总经理正与来访的老同学交谈时，一个十分重要的客户来访。张彤见总经理有客人也不问究竟，就径直将客户带到休息室等候，然后忙自己的去了。直到客户等得不耐烦，直接打电话给总经理，才知道总经理其实一直就在等候他。还有一次，总经理需临时召开一个重要会议，让张彤负责落实 15：00 时开会，眼看 15：00 时就要到了还不见张彤回来汇报，总经理压住性子出去一看，原来营销部原定 15 时 30 分也要用会议室，张彤正在跟营销部的员工说明此事。诸如此类的事时有发生，半年多过去了，张彤感觉自己在秘书岗位上干得很不顺手，领导和同事们对她的工作也很不满意。

想一想：1. 单位领导为什么将张彤调来做秘书？2. 张彤在秘书岗位上为什么表现不好？

评析：张彤在财务工作中表现优异，得益于她一心扑在工作上的专注，具有了过硬的业务能力，这些能力适宜她作为财务管理人员的需要。然而她并不具备与秘书工作要求相适宜的能力。秘书工作综合性强，单一的写作能力显然不足以让张彤在秘书岗位上大展拳脚。而且在财务工作中助益于她的“一心不闻窗外事，只管工作财务事”的专注，在强调枢纽地位、重视沟通与协调的秘书工作中却恰恰会成为牵绊，这充分说明不同的工作有不同的能力需求。那么秘书需要具备哪些能力？又该怎样管理其能力，构建其能力结构呢？

相关知识

一、秘书能力结构的含义

能力是直接影响活动效率，使活动顺利完成的个性心理特征。能力总是和人的某种活动相联系并表现在活动中，并且直接影响活动的效果。因此通常可以从一个人所从事的某项活动中，看出他所具备或欠缺的某种能力。例如，在唱歌时，你不但歌声优美动听，而且具有极强的节奏感、曲调感和敏锐的听觉，这说明了你具有优秀的音乐能力，这和一旁五音不全，或者唱得不错却听不出伴奏问题的同事自然有着鲜明的差异。

然而，对活动效果产生影响的往往不是单一的一个能力，而是个体的能力结构。例如，单位因为你优秀的音乐能力选派你代表组织参加歌手大赛，但在比赛中由于怯场，你的发挥让人意外，大家进一步认识到你缺乏实战能力与过硬的心理素质。这就说明，影响比赛效果的不是单一的音乐能力，而是个体多方面的心理特征综合作用，这种综合作用所反映的就是人的能力结构。能力结构就是顺利、有效地完成某种活动所必须具备的综合的心理特征。由此可见，能力结构合理与否才是真正影响活动效果的关键，个体才干的大小往往也体现在其能力结构的优劣上。

秘书的能力结构就是秘书能顺利、有效地完成秘书工作所必须具备的综合的心理特征。秘书工作的综合性决定了秘书的工作成效必然取决于秘书能力结构的合理性。要成为合格的秘书必须了解并建构合理的秘书能力结构。

二、秘书能力结构的构成

秘书自身的活动特点决定了秘书合理的能力结构必须既包含人们从事各种活动所必须具备的基础能力，又包含完成秘书工作所必需的特定能力即业务能力，以及一些特殊能力，如图 2—2—1 所示。

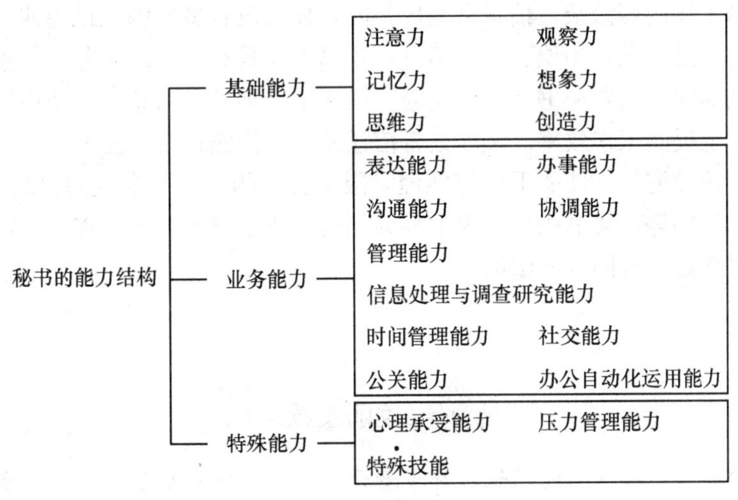

图 2—2—1　秘书能力结构示意图

1. 基础能力

基础能力就是保障智力活动的普遍因素，秘书的基础能力包括注意力、观察力、记忆力、想象力、思维力和创造力。

（1）注意力。注意力是人们对具体事物集中关注的能力。据心理学研究，一般人们越是注意环境中的某个客体或事件，就越能知觉或了解关于它更多的信息。俄罗斯教育家乌申斯基曾精辟地指出：“‘注意’是我们心灵的唯一门户，意识中的一切，必然都要经过它才能进来”。可见注意力对人的作用与影响之甚。

秘书的注意力主要通过注意的稳定、注意的分配和注意的转移三种形式加以表现。秘书工作纷繁复杂，如果没有良好的注意力，就难以集中精力有序地解决工作问题，保证工作效率；秘书在工作中常会遭遇突发事件而接手新任务，如果没有良好的注意力，秘书很难有效地应对这种突变的状况。例如，小李正全神贯注地为总经理赶写重要的年度总结会议发言稿，突然王副总进来了，说小王制作的用于年度总结会上反映公司近年来取得辉煌业绩的幻灯片完成得很不理想，让小李赶快补救，最好今天赶出来。秘书在工作中会经常遭遇像小李这样频换思维的事情，如果不具备良好的注意力，是很难顺利完成任务的。

（2）观察力。观察是认识事物的前提，能否对客观事物进行全面而深入的观察，是不是善于观察，直接影响人们的认识与判断。秘书作为领导的左右手，肩负着协助、辅佐领导的任务，这就要求秘书在工作活动中，注意多渠道的信息收集，以便于发现问题并及时反馈信息。观察力在这个过程中发挥着重要的作用。

观察力的培养首先重在观察习惯的养成。做到时时留心、事事留心、处处留心。其次，应掌握科学的观察方法，有目的、有顺序、系统地进行观察，以期捕获一切有价值的信息，准确地把握事物。另外，针对特定的观察对象，常常需要以特定的知识背景为前提，有意识地结合相应的知识进行观察，从而提高观察效率。

（3）记忆力。记忆力是个体存储和提取信息的能力。对于秘书尤其要强调这一基本能力。首先从“通才”的目标出发，秘书需要借助记忆力学习、存储，以便必要的时候提取信息；其次，秘书工作内容繁杂，信息量充斥其间，如果没有良好的记忆力或记忆办法，往往导致信息遗忘或信息错觉，贻误工作；第三，秘书工作具有极强的服务性与辅助性，便捷的服务、有效的辅助常常需要秘书如“小灵通”般通记种种日常信息，以便为领导提供高质量的服务，从根本上提高工作效率。领导是否信任秘书、依赖秘书，秘书的记忆力好不好是一个重要的因素。领导询问文件的下落与办理时限、会议的安排、参观的路线、宴请的名单、急需拨打的电话号码等，秘书张口就报上准确的信息或说记不得需要查看，留给领导的印象以及工作的效果都是不可同日而语的。

小案例

她为什么如此受欢迎？

据说台北的老板们都乐意聘用她，都争着开高价吸引她到自己的公司。圈里人说，哪个老板要是能聘用她，必然会财运亨通，诸事顺达。

从外表看，她毫不起眼：既不年轻，也不漂亮。四十不到的她，瘦弱而且略微有些憔悴，她的个性也不活泼开朗，而是腼腆内向。然而她举止文雅，待人有度，尤其是她有着令人羡慕的惊人的敏感性和记忆力。每一位她辅佐的上司的客户和朋友的情况，她都了如指掌，在公众场合和日常的工作中，她能适时地悄悄地提醒上司，该向某位客人道喜，因为她的公子近日考上了台大，或是该向某位友人慰问一下，因为他刚刚病体康复……由此，每一位由她辅佐的上司总能在公众中赢得良好的口碑和极佳的人缘。她为什么如此受欢迎：现在你明白了吗?

小资料

记忆遗忘曲线

德国心理学家艾宾浩斯研究发现，遗忘在学习之后立即开始，而且遗忘的速度最初快，以后逐渐缓慢。到了相当的时间，几乎不再遗忘。根据这一实验结果绘成了描述遗忘进程的曲线，即著名的艾宾浩斯记忆遗忘曲线，如图 2—2—2 所示。

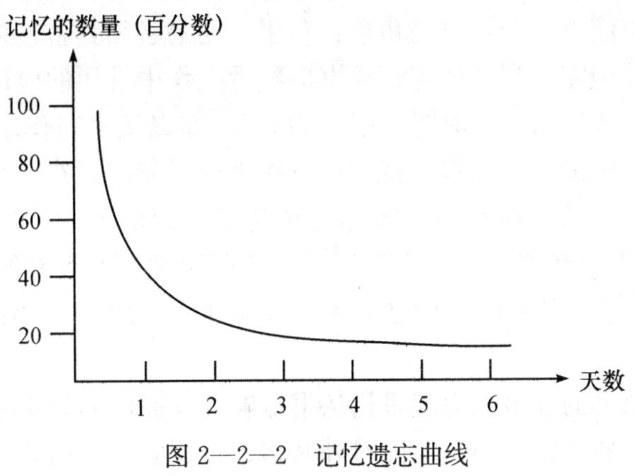

图 2—2—2　记忆遗忘曲线

艾宾浩斯的研究说明，要想有好的记忆效果，后续的保持和再认知很重要。因此，要勤于复习。

（4）想象力。想象力就是人们对已有表象进行加工改造而创造出新形象的能力。通俗地讲就是人们在头脑中模拟事物形象、模拟事情发生的能力。秘书工作的顺利推进离不开想象力。例如，秘书在进行办公室设计与办公环境布置时就要借助空间想象力构思方案；秘书进行会议筹备也需要在头脑中想象会议如何演进从而把握好每一个环节乃至细节；秘书在处理沟通、协调、谈判、公关等工作时也需要充分想象对方可能的反应，并针对性地谋划应对的方案等等。可见秘书的想象力是秘书预见与创造的内在推动力。

（5）思维力。思维力是指人们对事物进行综合、分析、推理和判断的能力，简言之就是人们思考的能力。思维力是智力结构的核心能力，其他四种基础能力需要借助思维力的整合方能转化出价值。无论是承担助手、参谋、写作、公关工作还是服务、管理、保密工作，都离不开秘书的有效思维。

思维力的形成重点在于养成思考的习惯，惯于发问，勤于思考，善于总结提炼。另外不固守成规，敢于创见，也是形成良好思维力的一个重点，固守成规其实就是束缚思想，良好的思维力需建立在解放思想的基础之上。

（6）创造力。创造力往往建立在兴趣、好奇心和怀疑的精神之上，并要求占有大量的事实和信息。秘书的创造力集中体现在预测与创新上。

2. 业务能力

业务能力就是秘书在处理业务工作中所表现出来的实际水平与能力。它是由秘书的工作内容决定的，是秘书能够胜任工作的关键因素。根据秘书的工作内容主要分为以下几类。

（1）表达能力。表达能力是秘书运用口头语言或书面语言进行交流沟通的能力。因此包括口头表达能力与书面表达即写作能力。

处于组织枢纽位置的秘书，在日常工作中时时处处都在与人打交道，口头表达在其工作中占有相当重的比例，这就要求秘书具备良好的口头表达能力。秘书在开口前应明确说话的目的，针对不同的对象、场合，注意表达的方式方法，追求语言的效果。

秘书在组织中还扮演着一个重要的角色：写手。秘书必须具备较强的书面表达即写作能力，才能在工作中高效地完成写作任务。秘书应熟悉工作中常用的应用文书，有意识地锤炼自己言简意赅的书面表达能力，并时时“以终为始”，即以文书写作结果为开始进行思维与写作。例如向上级单位申请经费支持，就应该以能否获得支持经费这一最终结果为导向来进行思考与写作。这就必然要求检查书面表达表意是否全面清晰，是否会让上级领导产生疑问。例如，在申请 25 万元经费时，若不附带经费使用明细，上级领导也许会困惑为什么是 25 万元、这 25 万元是怎么得来的等问题，有可能就是因为这一“困惑”而让经费申请落空。

（2）办事能力。秘书的办事能力就是指秘书能够独立完成领导交办的任务和处理日常事务的能力。秘书工作事务性特征强，对内对外联络、日程安排、约会安排、旅行安排、文书处理、接待等工作无不体现出对秘书办事能力的要求。秘书的办事能力强能助领导获得更多的时间解决重要的问题。

（3）沟通能力。秘书在组织中扮演着上传下达、联系内外、沟通左右的角色。其工作内容与工作目标无不要求秘书具备良好的沟通能力。沟通能力与表达能力不同，沟通能力是秘书传递信息和交换信息的能力，表达能力只是有效沟通的一个基本条件。有效的沟通必须满足三个条件：一是表达者所发出的信息完整而准确，二是信息在传递过程中没有损失，三是接受者必须真正理解接收到的信息。秘书提高沟通能力需要在沟通工作中时时注意这三个条件的满足，遵循选择恰当的渠道、明确沟通的目标、有意识营造沟通氛围的沟通原则，在方法上注意把握沟通时机，提高表达能力，积极地倾听，有效地提问。

（4）协调能力。协调是秘书工作的重要职能。秘书要在协调工作中有意识地提升自己的协调能力。协调能力是指秘书积极协调组织内外、部门上下左右之间关系，使各个部门相互适应、各项工作有序进展的能力。秘书的协调能力充分体现在工作中对各种人际关系的处理。要讲究协调的艺术：捕捉有利的协调时机，协调活动中注意换位思考，一切从全局出发。

（5）管理能力。管理能力就是秘书协助组织或领导实施组织与事务管理的能力。秘书的管理能力是秘书作为管理者角色的内在要求，如资料与档案管理、印信管理、办公室零用现金管理等工作无不要求秘书具有科学管理事务的能力。秘书要提升管理能力必须掌握一定的科学管理知识与方法，如系统论、控制论、统筹法等。此外还必须具备全局的眼光，站在组织或领导的立场或角度看待问题、思考问题。

（6）信息处理与调查研究能力。信息处理能力是秘书为满足组织和管理的需要，有目的地获取信息、处理信息的能力。在信息爆炸的知识经济时代，信息工作成为决定经营管理成败的一个关键因素。信息处理能力也成为组织对秘书的客观要求。秘书人员在沟通、协调、起草文书、处理日常事务、辅助领导决策等工作中都离不开信息的有力支持。

调查研究其实是信息处理工作的一种形式，调查研究能力因而也是一种信息处理能力，是秘书为满足组织和管理的需要，有组织、有目的地获取信息，理性分析、综合处理信息的能力。秘书的许多工作都离不开调查研究环节，如起草公文、解决突发事件或倾向性问题、辅助决策、促进组织或领导中心工作的开展等。

信息处理与调查研究有很强的技术性与科学性，秘书要提高信息处理与调查研究能力必须尊重事实，具有“一切从实际出发”的“求实”精神；有意识地学习与应用相关的科学知识和方法；善于总结，在实践中不断学习与进步；并且始终以关注组织或领导的信息需求为前提。

（7）时间管理能力。时间管理能力就是秘书面对繁杂的事务与有限的时间进行自我计划与自我管理的能力。秘书在组织中担负着为领导节省时间的作用，同时秘书工作又以繁杂琐碎为显著特征，因此时间管理既是对秘书的挑战也是对秘书的要求。秘书必须提高时间管理能力，学会合理安排时间，善用时间，高效地处理各类事务，提高单位时间内的工作效率。掌握并运用 ABCD 事务管理法则，是秘书提升时间管理能力的重要途径，见表 2—2—1。

表 2—2—1　　ABCD 事务管理法则

紧迫性 / 重要性	紧急	不紧急
重要	重　要　处理顺序 紧　急　第一优先	重　要　处理顺序 不紧急　第二优先
不重要	不重要　处理顺序 紧　急　第三优先	不重要　处理顺序 不紧急　最　　后

实践指南

找出时间的小偷

- 早上闹钟响过后，老是慢吞吞地不想起床。
- 工作的地方很零乱，经常找不到自己想要的数据。
- 打电话的时间很长或很频繁。
- 常因说不出内心想说的话而焦急不安。
- 当自己无所事事时，内心就无法平静下来。
- 在家中几乎都是以看电视或上网打发时间。
- 在下班或课余时间，时常呼朋引伴同乐。
- 总是让事情变得十万火急时，才会有行动的欲望。
- 对于自己实际做过的事情，后悔的情况居多。

◆ 与人约定时间或约会时，老是迟到。
◆ 总是无法使工作或课业提前完工。
◆ 遇到难题时，常显得迟疑不决、无法下判断。
◆ 对于重要的工作或任务，总喜欢留待最后才解决。
◆ 遭遇困难时，总喜欢自己想办法解决。
◆ 有人要求自己帮忙时，总是很难予以拒绝。
◆ 对于自己所做的事情鲜少具有信心。
◆ 在实际生活中，经常出现应付性的行为。
◆ 常常有发呆的情形出现。
◆ 老是在作计划，目标却很少兑现。

(8) 社交能力。秘书所处的地位使秘书在组织中负有“窗口”的作用。秘书又肩负沟通、协调、日常事务管理等职能，这些工作内容无不以与人打交道为共同特征。在人脉成为资源，人们以相互协作的方式相互依存的今天，社交能力便不只是衡量一个人是否适应现代社会的标准，更是衡量秘书是否合格称职的标准。

良好的社交得益于个体的交际能力与宽广的社交范围，这就要求秘书留意交往对象，横向上有意识巩固社交关系，扩大交际范围；纵向上有一定量的深入交往，丰富自身的人脉资源。

(9) 公关能力。秘书部门是一个单位的枢纽，理所当然负有一定的公关任务，对秘书而言就必然涉及提高公关能力的问题。秘书提高公关能力可以遵照以下方法：以诚恳的态度、适度的言行、从容的风度，获得对方的重视和信任；善于掌握舆论导向，利用各种宣传工具和手段，赢得公众对本单位的了解和支持；通过社会交往，搜集外部对本单位的印象、评价和建议，供领导决策参考。

(10) 办公自动化运用能力。办公自动化运用能力就是秘书运用办公自动化设备进行工作的能力。随着现代化办公设备的广泛普及，办公自动化设备成为办公环境的普遍工具，而办公自动化能力也成为秘书的业务能力之一。计算机、传真机、复印机、摄像机、各类办公软件等都成为秘书必须掌握的工具。

3. 特殊能力

特殊能力是不直接指向秘书业务工作，但对秘书工作起着间接而又重要作用的素养与能力，往往是提升秘书竞争力的有效砝码。

在供大于求的人力资源市场上，企业的择人标准因为可选余地大而变得五花八门。除了专业技能，很多企业也注重员工其他技能的考察，如驾驶、喝酒、应酬、唱歌、跳交际舞等技能也被企业看作“一技之长”，纳入招募标准。在实际工作中，专业技能的发挥离不开人际交往等辅助技能，上述“一技之长”只要在合理范围内，就是人际沟通的几种特殊方式，也要学习、掌握。

三、优化秘书能力结构的方法

秘书能力结构是由各种能力、技能组成的多层次、多序列、多要素的动态综合体。能力结构是否合理，对秘书活动效率起着至关重要的作用。优化能力结构是秘书高效服务组织与实现个体价值最大化的有效良方，其方法与步骤如下：

1. 确定角色，找准能力

不同的秘书因服务于不同的组织与领导，赋予其角色的重心往往不同。有的秘书强调写，如文字秘书；有的秘书强调说，如翻译秘书；有的秘书强调保密，如机要秘书……确定角色就是明确组织对自己岗位的要求，明确领导对秘书工作的期待与需求，从而确定自己在“这一个”组织中如何担当秘书角色。明确自身的角色担当后，可排列工作内容，分析做好这项工作需要具备的能力框架。

2. 对照自身，确定目标

有了具体的能力框架，就可以绘制出致力于完善能力、表达能力去向的“能力地图”了。秘书对照能力框架中每一项工作所要求具备的能力分析自己的实际情况，哪些突出，哪些具有，哪些完全不具备，从而确定能力发展目标。

3. 给予规划，实践渗透

能力的形成不可能一蹴而就，秘书在确定自身的能力发展目标后，要在日常工作中有意识地集中力量培养重要能力，同时兼顾其他能力的需要，将能力的发展渗透到日常的工作生活中，在实践中不断学习、不断反思、不断总结、不断提高。

4. 逐日调整，完善结构

秘书的能力结构在逐日发展中，组织对秘书的需求也在逐日变化中，秘书的能力管理因而也需日新常新。在经历了一个有目标有意识的特定能力发展阶段后，个体主要的“能力矛盾”得到缓解，能力结构得到一定程度的完善，次要的“能力矛盾”升级。同时，组织的需求在变，新的“能力矛盾”产生，对能力的发展又提出新的要求。就是在这样日新常新的环境下，要求秘书不断调整自身的能力框架与能力地图，不断地完善能力结构。

分析·训练

一、案例分析

1. 竞选成功的背后

2009 年 1 月 20 日，美国总统奥巴马举行了就职典礼，成为第 44 任美国总统。美国迎来了首位黑人总统，历史从此进入了新的篇章。当奥巴马走上讲台发表他的就职演说时，这篇精彩演讲稿的撰写人——27 岁的乔恩·费夫洛，也因此成为白宫有记载以来最年轻的首席讲稿撰写人。

2003 年毕业于美国圣十字学院的费夫洛对演讲并不陌生，他在毕业典礼上就曾代表毕业生致辞。大学毕业后，费夫洛加入了民主党总统候选人约翰·克里的竞选阵营，为其打造演讲。2004 年，费夫洛在民主党全国代表大会上结识了时任伊利诺伊州联邦参议员的奥巴马。当时，奥巴马正为要在大会上发表演说伤脑筋，费夫洛大胆建议他重写演讲稿，并注重抑扬音律。这场经他指点的演说，让奥巴马成为大会焦点，也让奥巴马对年轻的费夫洛大为折服。

对一个美国政治家来说，声望的提高很大程度上建立在他的演说能力上，奥巴马更是深谙此道。当奥巴马开始竞选总统时，他深知自己从政经验比不上麦凯恩，人脉和影响比不过希拉里，只有在演讲上让人耳目一新，才能以劣胜优。为此他把年轻的费夫洛揽入总统竞选核心班底，专门给他撰写演讲稿。

为了更好地吃透奥巴马的理念与思想，费夫洛无论去哪里，总是带着奥巴马的自传《父辈的梦想》。为了使奥巴马的演讲更富感染力，费夫洛还细心研究并突出奥巴马的演说风格和特色，使奥巴马的演讲句式结构和节拍韵律更现代和时尚，两人因此合作完成多篇令人印象深刻的演讲稿，使得奥巴马的演说内容包含历史，放眼未来，风格自然流畅、清脆利落，给人耳目一新的感觉。奥巴马的经典口号“Yes, we can.”也是出自费夫洛的巧思。人们给费夫洛取了一个名字：奥巴马的“思想阅读者”。而奥巴马本人则用自己肚子里的蛔虫来形容这个年轻人。在奥巴马18个月的总统竞选期间，费夫洛经常熬夜为奥巴马准备第二天的讲稿。他每天基本工作到凌晨3时，他还幽默地为这种半夜的撰稿冲刺生活创造了一个词语：“绝命赶工”。就这样，奥巴马越来越受到选民的喜爱和欢迎，先在党内战胜了希拉里，后又战胜了共和党总统候选人麦凯恩，最终登上了总统宝座。

分组讨论，小组代表作答：

奥巴马的成功就是费夫洛的成功。结合本课题所学知识评析费夫洛为什么能成功?

2. 肖瑶的烦恼

肖瑶应聘到一家规模不大的私营企业做办公室秘书，老板让她负责内务与外事工作。肖瑶一开始还很高兴，自己岂不成了“管家”。可是肖瑶很快就烦躁起来：办公室里电话一个接着一个，事情一件接着一件都要她处理。她要给老板草拟、打印、装订文件，还时常要去上级机关送文件，有会议时要准备会议资料和会议室，有业务洽谈时要随老板去谈业务；有公司要了解产品就要送样品与资料过去……事情真是又多又杂。白天工作做不完，晚上带回家接着做，有时周末也得加班，但工作总是做不完，最要命的是，越是拼命地工作，工作效率越是低下，老板的批评也越来越频繁，肖瑶沮丧极了……

分组讨论并请小组代表作答：

1. 肖瑶该怎样面对当下的处境?
2. 这个案例带给你哪些启示?

二、实务训练：讲故事比赛

按从左到右从上到下的序列浏览下列图画，充分发挥想象力讲一个短小的故事……要求：用最简洁的语言表达想象及思维的内容，语言清晰流畅，内容富于想象。故事时间控制在2分钟内。

课后阅读

【阅读资料一】

不怕骂，骂不怕——龙永图选秘书

我这个人脾气不好，但我这个人心肠是好的，所以每次回来我回到我的房间后，没有一个人到我的房间来，因为他们都怕我骂。只有这位后来我选择当我的秘书的人，每次不敲门就大大咧咧地走进来，而且一坐下就跷起腿，谈今天他听到了什么，哪个人说我哪句话讲得不一定对。他从来不叫我龙部长，都是叫“老龙”，有时候叫我“永图”。他还有时候出一些馊主意，被我骂得一塌糊涂。但是他最大的优点是不怕骂，无论怎么骂，他五分钟以后又回来了——“哎呀，永图你刚才那个说法不太对”——我觉得这种人很少见。

后来我仔细观察，他是一个学者型的人物，人家对他的批评他不敏感。但是他对世贸问题简直像着迷一样，所以，我们谈判班子其他成员都说，他像一个传教士，见到人就说“入世”的事情。我还发现，他虽然有很多毛病，但有一条，他从来不在我面前搬弄是非，从来不说谈判班子任何人的坏话。我这个人从来不整人，不在其他人面前说别人的坏话，我对背地里说人家坏话和搬弄是非的人最痛恨，他从来不这样。我知道有些人一直在整他，但他却从来没有说过那几个人的坏话。所以我就觉得，在当时那种特定的情况之下，我要找一个经骂的秘书。我找到了他，他的承受能力很强，他能够伴随我度过一个最困难的时期，不会因为我骂他就有别的想法。我们谈判成功以后，我很快就把他送走了——后来他成博士了——我觉得已经不需要他了，他的长处已经不在这儿了。他每天把我的文件搞得乱七八糟，我找什么想要的文件都找不到，他有时候还向我要文件。我主持世贸谈判，全世界各国很多经济学家、学者都给我寄书、寄他们的材料，有些材料是我马上应该看到的，他却一个人在那儿看呀记呀。我说你为什么不给我看，他说他感兴趣。

中美谈判成功之后，我的脾气也好了，他也就不是最适合做我秘书的人了。

【阅读资料二】

第一次当秘书的心得

经过层层的面试，过五关斩六将，我终于成了企业公关部的一名秘书。这是我第一次当秘书，我本来以为，所谓秘书就是打打字、倒倒茶、接接电话什么的，对于像我这样一个大学毕业生来说应该是手到擒来，可是在公关部做了一年多，我却觉得要真正做好这份工作，当一个好的秘书真的很不容易。

由于缺乏实践，光有书本知识、只会纸上谈兵的我，刚开始的很多工作做得很不好。记得刚来公关部的第一天，部长布置我打一份表格并且要我尽快交给他。那份表格有点类似现在的职工评分表，其实非常简单。我虽然由于喜欢网上聊天，打字很熟练，但是对于做表格却一窍不通，对 WORD 使用非常不熟练。我在计算机前坐了整整一个下午，可是计算机总是不听话，怎么也做不好，又不好意思请教别的同事，因为大家都很忙，而这又是我的分内工作。直到晚上下班同事都走了表格也没做出来，我急得都快要哭了，最后部长实在等不及了，过来三下五除二帮我把表格搞好。“表格事件”后不久，当时的部长助理布置我写一篇叫作《企业公关工作的策划方法》的文章。虽然在学校里学了公文写作，考试得分也不低，但是面对带点专业性质的公文，我还是感到手足无措。拿着助理给的几句话的提纲，构思了整整两天，连吃饭睡觉都在构思才总算凑出一篇两千多字的文章，数量尚且如此，质量就可想而知。还有后来的办公设备故障的简单维修、对外联络、文档管理、人际关系的运作，甚至连接听电话的方法这样的小事，都不断给我很多的震动和教训，那短短的一个月时间超过了大学生活四年给我的全部，使我有“脱胎换骨”之感。我第一次体会出做一名秘书专门的知识和实践技能的重要性，学习和实践的紧迫感和动力也油然而生。

作为一名部门秘书，我做得最多的是写文章、写报告，但是我最怕的也是这个，生怕自己写出来的文章领导不满意。因为部门文件肩负着对外宣传、对内传达的重要作用，不仅在行文上受到固定格式的限制，而且在内容上还要充分体现领导的意图，得到领导认可。记得有一次我给部里整理一份会议纪要，以为是件很简单的事情，既没有按正式的格式写，也没有认真检查就交了上去。下午，部长就把我叫了去，我看见那份会议纪要上满篇都是部长改过的字迹，连标点符号也没放过，还有几个错别字被醒目地标了出来。那天部长说了很多话，记得最清楚的一句是：“年轻人犯错误不要紧，但是一个年轻人做事要认真，做出来的事情还要有专业水准”。我低着头，心里不知道有多么的惭愧，简直无地自容。那次错误，使我刻骨铭心，在以后的工作中我就时时提醒自己：认真一些。

秘书工作比较繁杂琐碎，所以要把事情做得有条不紊和有效率也成了我的努力目标。刚开始我不知道怎么办，总是忘记重要的事情，有的事情还丢三落四，后来我请教了别的部一个经验丰富的老秘书，她告诉我要准备一个备忘录，或者记事本，一边写应当完成的工作，一边留出空白，事情一旦做完，就在空白处画上一个符号，不时地看看记事本，就不会忘记事情了。现在我准备了一个办公记录，几乎每天都要记下领导和自己正在做的事情，看哪些事情正在办，哪些事情办得差不多了，一时未完成，记得去督促，一年下来还可以看看共做了哪些工作。在工作中我觉得记住电话号码也很重要，特别是经常来往的领导或有关部室的电话号码，因为领导很忙，可能会忘记这些号码，当他需要的时候如果马上回答出来，他就可以不用翻电话簿，节省了好多时间，领导也因此夸我“是个有心人”。我平时还注意收集一些有用的信息，例如定期统计我们部门接待了多少人，搞了大大小小多少活动，从外面聘请了多少专家讲课，让领导从数字上有一个精确的概念；我也花了很多时间将部里大量凌乱的文档整理出来，用统一格式打印标签目录，标记不同档案，使档案清晰美观，方便领导和同事查询。

在公文的写作上，我也体会出要写出质量好的文件，不但要多读重要的经典文件，还要多读领导讲话，多揣摩领导的意思，了解他们思想的“关注点”，这样写作时才能站在他们的角度，对事物的方方面面进行分析，才能达到稿件中要求的对事物的预见性、针对性和操作性。现在我送部长审定的稿子上还是时常有被修补、添改的地方，这使我知道自己的肤浅，也愈知一个秘书的成长并非一蹴而就的，而是一个外因和内因不断磨合、充分调动主观能动性、循序渐进的过程。

现在，在领导和同事的帮助下，我在不断地成长，我也越来越喜欢自己的工作。而我觉得一个人刚开始做什么，可能会做得不好，但是只要能够调整好自己的心态，不断地学习，全身心地投入工作，经常反省，看到自己的不足，并且力求做得更好，在工作中不断地思考、不断地总结、不断地创新，终有一天会发现你比以前真的做得更好。

项目三

秘书的个性管理

项目框架

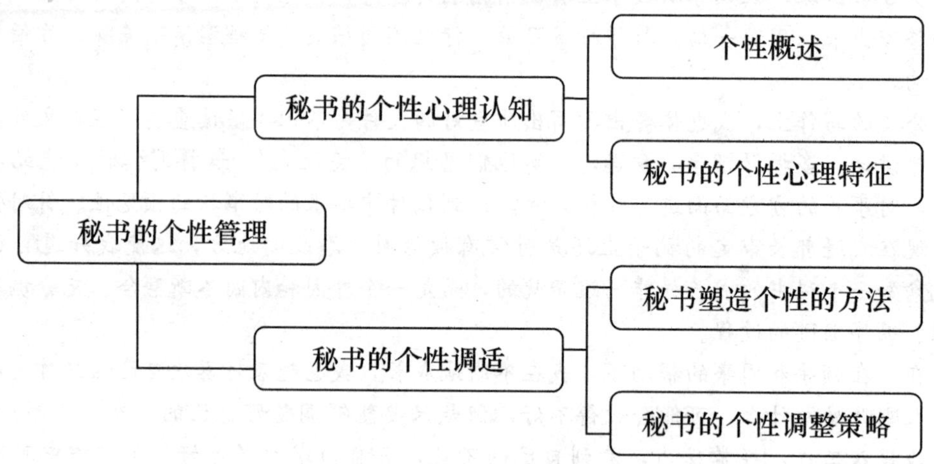

项目导言

个性作为秘书素质的心理组成部分，与秘书的行为活动息息相关，体现着秘书的行动风格、行为方式及工作效率，对秘书工作具有十分重要的影响。同时，不同特点的工作客观上要求从业者具备与工作需求相适配的个性，了解个性心理，掌握秘书应有的个性心理特征，应用个性心理知识，有目的地调整秘书的个性使之更适配秘书工作，是秘书提高工作效率，促进职业发展必备的基础。

课题一 秘书的个性心理管理

学习目标

- ◆ 掌握个性的含义与结构
- ◆ 掌握个性的形成与发展
- ◆ 掌握秘书工作适配的个性

案例导入

王珍毕业于上海某大学文秘专业。由于性格内向，毕业时经由学校推荐才到一家事业单位出任秘书。单位领导很快认识到王珍的个性局限，所以尽量安排她做一些文档工作。五年来，王珍的工作生活虽一直平平淡淡，但也还算安稳。然而今年单位换了新领导，新领导有自己的工作风格和用人要求，他希望自己的秘书能够八面玲珑，善于与人相处。由于这些要求和王珍的个性差异较大，新领导对王珍的工作自然也就不满。为了保住工作，王珍努力参与到接待协调等工作中，这对性格内向的她来说可谓不小的挑战，王珍工作起来很吃力，也很难适应，感觉到前所未有的压力。

想一想：王珍为何感觉工作吃力，很难适应?

评析：秘书工作不但需要从业者有与之相匹配的知识，还要求从业者有与之匹配的个性。王珍在适应新领导工作风格的过程中感觉吃力，与其个性局限是密不可分的。秘书的个性与岗位匹配是秘书角色的内在要求。

相关知识

一、个性概述

1. 个性的含义与结构

个性是个体在一定社会条件下形成的带有倾向性的、较稳定的心理特征的总和。个性的心理结构由个性倾向和个性特征两部分组成。个性倾向包括需要、动机、兴趣、信念和价值观等，是决定个体活动的依据和动力，决定着个体对现实的态度，对认识活动和对象的趋向与选择。

个性特征包括气质、性格和能力。它是稳定的心理特征，集中反映了个体心理面貌的独特性、个别性，显示着个体典型的心理活动和行为。个性特征是一定社会历史的产物，是个体在长期生活历程中逐渐形成的，因而一经形成就较为稳定；但这种稳定性具有相对性，随着现实生活的不断变化与发展，个性特征也会发生或多或少的变化。个性心理结构如图 3—1—1 所示。

2. 个性的形成与发展

人终其一生都在成长，个性的形成与发展持续整个人生。个性在形成与发展中受多方面

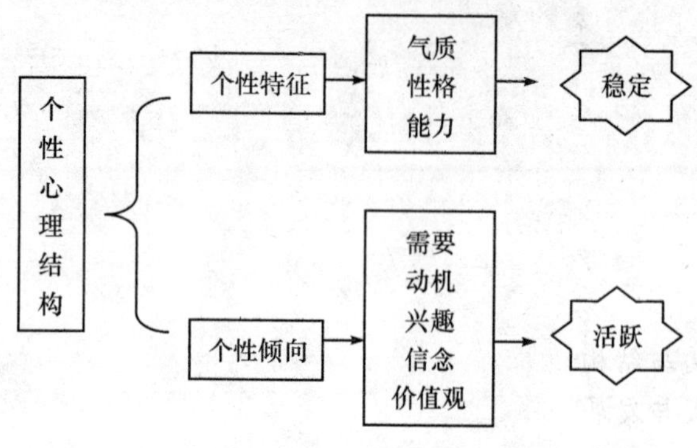

图 3—1—1　个性心理结构图

因素的制约和影响。

(1) 遗传因素。在工作中，有的秘书做事耐心，有的秘书则易烦躁；有的秘书一次就能把事做到精细，有的秘书却需多次反复，这些差异是与秘书的神经活动类型有关的，而神经活动类型是由遗传因素决定的。性别差异对人类性格的影响也是显著的：男性普遍比女性好动，更具攻击性、独立性、客观性、支配感和冒险精神；女性则比男性更具依赖性、更多分寸感、更顺从、更易被影响且忍耐性更强。作为个性的自然前提，遗传因素影响着人的个性的形成与发展，但对秘书个性的形成与发展起决定作用的是环境因素。

(2) 环境因素。环境因素包括家庭环境、学校环境和传媒环境。

1) 家庭环境。家庭被视为"人类性格的工厂"。亲子关系状况、家庭结构、父母的教养方式和态度、家庭氛围等无不决定着个性的养成。以教养方式为例，权威型的父母在子女的教育中过于支配和控制孩子，在这种环境下成长，个体容易形成依赖、服从、懦弱、主动性缺乏等个性特征。放纵型的父母任孩子随心所欲，溺爱有余严厉不足，在这种环境中成长的孩子容易形成自私、任性、缺乏独立性、以自我为中心等个性特征。民主型的父母，充分尊重孩子，既给孩子一定的自主权，又不失积极正确引导，家庭氛围和谐。在这种教养方式下，孩子容易养成快乐、活泼、独立、自尊、富于合作性等个性特征。

2) 学校环境。学校担负着教育功能，不但系统地，有目标、有组织、有计划地影响着个体对知识与技能的掌握，对个体的个性形成与发展也起着重要的作用。学习活动对个体的自制力、主动性、独立性等有直接影响，集体活动对个体的勇敢、利他、合作及组织性、纪律性等有积极影响，此外，班级氛围、同伴关系、教师言行或管教方式等对个体的个性均有深远的影响。

3) 传媒环境。在大众传媒非常普及的今天，电影、电视、广播、书刊、网络等对我们的思想、信念乃至行为有着极大影响。研究表明，反映暴力的影视内容会引发人们暴力行为增加或对暴力行为的认可。通过大众传媒传播的一些消极观念，如追求享受、拜金、道德观念缺失或淡薄等，对个体个性的发展具有消极作用；对正义、爱国精神、拼搏精神等观念的宣扬则促进人格向有利方向发展。

(3) 主观因素。个体已有的心理发展水平、理想、信念、世界观等决定了个体是否能够突破与完善其个性，以及取得多大程度的突破与完善。因此，主观因素作为个性形成和发展的内部动力，也决定着个体个性的发展。

（4）生活事件。生活事件贯穿人的生命始终，包括方方面面的内容，如父母离异、亲人去世、身体致残、事业失败等。这些事件对个性的形成与发展所起的作用是巨大的。据研究，家庭矛盾、父母离异等因素会给儿童的心灵蒙上阴影，造成自卑、孤僻、内向等性格特征。此外，生理方面的问题，如重大疾患、生理残疾等，同样也会影响人的个性的正常发展。

二、秘书的个性心理特征

1. 秘书的气质

（1）气质的概念。气质是个体心理活动稳定的、典型的动力特征，也就是通常所说的“脾气”“秉性”，表现为心理活动的强度、速度、灵活性与稳定性等，例如情绪体验的强度、思维的灵活性、注意力的集中性等。具有某种气质的人，在不同内容的活动中显示出来的是同样的动力特征。例如，一个具有情绪易激惹的气质特征的人，做事时容易冲动，与人交谈时常忍不住打断别人，等待时坐立不安，参加比赛前常沉不住气。

（2）气质类型。俄国生理学家巴甫洛夫经研究发现，神经系统有三个基本特征，即神经兴奋和抑制过程的强度、平衡性和灵活性。这些特征的不同组合构成了神经系统的四种类型，即兴奋型、活泼型、安静型、抑制型。而神经活动类型是气质类型的生理基础，由此又界定了四种气质类型：胆汁质、多血质、黏液质、抑郁质，见表3—1—1。

表3—1—1　　高级神经活动类型与气质类型表

神经过程的基本特性			高级神经活动类型	气质类型
强度	平衡性	灵活性		
强	不平衡	—	兴奋型	胆汁质
强	平衡	灵活	活泼型	多血质
强	平衡	不灵活	安静型	黏液质
弱	—	—	抑制型	抑郁质

1）气质类型及气质特性。气质作为个性特征，是表现在人的行为和活动中的，对气质进行识别，主要从气质的各种特性上进行区分，即感受性和耐受性，反应的敏捷性、可塑性，情绪的兴奋性、指向性等。这些特性的不同组合，反映了不同的气质类型，见表3—1—2。

2）气质类型与适宜工作。不同气质类型的人具有不同的行为特征与行为表现，因而所适宜的工作也不同，见表3—1—3。

表3—1—2　　气质类型及气质特征表

气质类型	感受性	耐受性	敏捷性	可塑性	倾向性	速度	情绪兴奋性	不随意反应
胆汁质	低	较高	灵活	小	外向	快	高	强，占优势
多血质	低	较高	灵活	大	外向	快	高	强
黏液质	高	高	不灵活	稳定	内向	慢	低	弱
抑郁质	高	低	不灵活	刻板	内向	慢	体验深刻	弱

表 3—1—3　　气质类型的行为表现及适宜工作一览表

类型	行为特征	适宜工作
胆汁质	直率，热情，精力旺盛，情绪兴奋性高，易冲动，心境变化剧烈，具有外向性	适宜从事社交、政治、经济、军事、地质勘探、推销、节目主持人、演说家等工作
多血质	活泼好动，反应敏捷，喜欢与人交往，注意力容易转移，兴趣容易改变，具有外向性	适宜从事社交、外交、管理人员、律师、记者、演员、侦探等需要有表达力、活动力、组织力的工作
黏液质	安静，稳重，反应缓慢，沉默寡言，情绪不易外露，注意力稳定难转移，善于忍耐，具有内向性	适宜从事自然科学研究、教育、医生、财务会计等需要安静、独处、有条不紊以及思辨力较强的工作
抑郁质	行动迟缓，孤僻，情绪体验深刻，感受性很高，善于觉察别人不易觉察的细节，想象丰富，具有内向性	适宜担任研究人员、机要秘书、检查员、打字员等无须过多与人交往但需较强分析与观察力以及耐心细致的工作

(3) 秘书的气质与秘书工作。气质对秘书的职业行为具有较大的影响，直接影响着秘书的工作效率。秘书工作具有不同分工，不同气质的秘书适合从事不同的工作，了解秘书的气质类型是对秘书进行合理分工的重要前提。

1) 胆汁质类型的秘书。热情、情绪兴奋度高、精力旺盛的特点，决定了胆汁质类型的秘书善于制造热烈的氛围，形成情绪感染，加之办事果敢，绝不拖泥带水，适合进行具有开创性、挑战性的组织工作。

2) 多血质类型的秘书。因活泼好动、灵活敏捷，该气质类型的秘书不但喜欢也善于与各种各样的人打交道，因而适宜从事外联、交际、公关以及协调处理各种复杂的人际矛盾等人际关系工作。

3) 黏液质类型的秘书。因安静稳重、注意力稳定、善忍耐，加之善思辨，该气质类型的秘书有较强的工作条理性，适于从事材料综合及文书处理、会议筹备实务等较细致的工作。

4) 抑郁质类型的秘书。因感受性强、思维细密、善于觉察且孤僻，适于从事机要秘书、文件起草、档案管理等工作。

事实上，在生活中纯属单一气质类型的人非常少，绝大多数人都属于混合型。另外，由于各单位实际情况的不同，有的单位规模较大、组织结构完整，各项工作任务繁重，因而分工较细，秘书的分工也不尽相同；有的单位规模较小，组织结构简单，秘书所在的部门工作综合性强，对秘书的要求也较高。因而秘书也应加强气质修养，使自己成为能适宜秘书各项工作综合要求的优秀人才。

2. 秘书的性格

(1) 性格的概念。性格是个体在社会生活中所形成的对现实稳定的态度以及与之相适应的习惯性行为方式，是在态度和行为上较为稳定的心理特征。主要表现在个体对现实的态度上，包括对社会、对他人、对工作等各方面的态度。

根据不同的标准可将性格划分为不同的类别。例如，按照理智、情绪、意志在性格结构中的优势比例，可把人的性格分为理智型、情绪型、意志型；按照人的社会意识形态倾向可将人的性格分为理论型、经济型、审美型、社会型、政治型、宗教型；较为著名的是瑞士心理学家荣格根据性格内外的倾向，将性格分为外向型、中间型、内向型。秘书性格的类型同样可根据秘书性格内外的倾向划分为外向型、中间型、内向型，具体区分如图 3—1—2 所示。

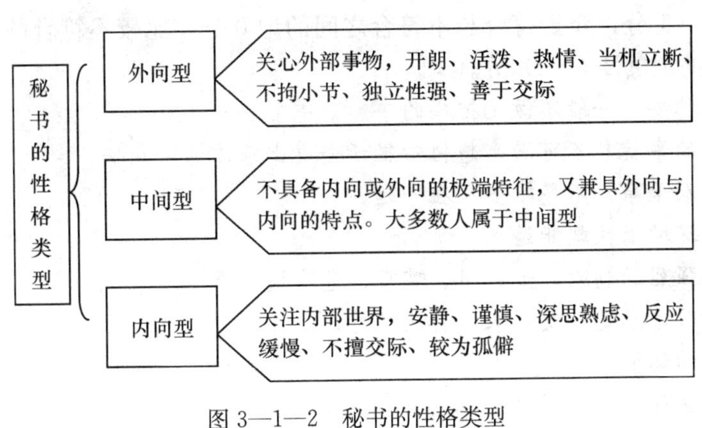

图 3—1—2　秘书的性格类型

(2) 气质与性格的关系。作为个体的个性心理特征，气质与性格都描述着个体的典型行为，二者既有区别又有联系。

气质与性格的区别主要体现在三个方面。第一，从起源上看，气质是先天的，一般产生在个体发生的早期阶段，主要体现为神经类型的自然表现。性格是后天的，它是人在社会活动中与社会环境交互作用的产物，反映了人的社会性。第二，从可塑性上看，气质较为稳定，虽也可能逐渐产生变化，但变化较缓慢，可塑性较弱。性格的可塑性则较强，环境与教育对性格有着明显的塑造作用。第三，气质所指的典型行为是它的动力特征而与行为内容无关，因而气质无好坏善恶之分。性格则主要指行为的内容，表现为个体与社会环境的关系，因而性格有好坏善恶之分。

气质与性格又有着密切的联系，相互制约着。其一，气质对性格的形成和发展具有较大影响。例如，胆汁质的人精力旺盛、易冲动，往往争强好胜；抑郁质的人孤僻、不善交际而不太关心集体，感受性又强，而导致受挫感强烈。气质还会影响性格特征形成或改造的速度。例如，要形成自制力，胆汁质的人往往需要极大的努力和克制；而抑郁质的人则比较容易形成。而性格对人的气质也具有改造作用，也可以在一定程度上掩盖或改变气质，使它服从于生活实践的要求。例如，秘书人员必须善交际、善应变，在长期的工作实践中，这种性格特征的形成有可能掩盖或改造黏液质者沉默、抑郁质者孤僻的气质特征。其二，气质依据其动力方式，渲染性格特征，从而赋予性格以独特的色彩。例如，同是乐于助人，多血质者在帮助别人时，往往动作敏捷，助人之情感明显外露，易于捕捉；而黏液质者往往动作沉着，助人之情感内敛于心，未必让人察觉。

分析·训练

一、自我认知之气质测试

以下是气质表，请在30分钟内如实回答下列题目。注：你认为很符合自己情况的记2分，比较符合的记1分，介于符合与不符合之间的记0分，比较不符合的记负1分（－1）分，完全不符合的记负2（－2）分。

1. 做事力求稳妥，一般不做无把握的事。
2. 遇到可气的事就怒不可遏，想把心里话全说出来才觉得痛快。
3. 宁可一个人干事，不愿很多人在一起。
4. 到一个新环境很快就能适应。
5. 厌恶那些强烈的刺激，如尖叫、噪声、危险镜头等。
6. 和人争吵时，总是先发制人，喜欢挑衅。
7. 喜欢安静的环境。
8. 善于和人交往。
9. 羡慕那些善于克制自己感情的人。
10. 生活有规律，很少违反作息制度。
11. 在多数情况下情绪是乐观的。
12. 碰到陌生人觉得很拘束。
13. 遇到令人气愤的事，能很好地自我克制。
14. 做事总是有旺盛的精力。
15. 遇到问题总是举棋不定，难以决断。
16. 在人群中从不觉得过分拘束。
17. 情绪高昂时，觉得干什么都有趣；情绪低落时，就觉得什么都没意思。
18. 当注意力集中于一事物时，别人很难使我分心。
19. 理解问题总比别人快。
20. 碰到危险情景，常有一种极度恐惧感。
21. 对学习、工作、事业有很高的热情。
22. 能够长时间做枯燥、单调的工作。
23. 符合兴趣的事情，干起来劲头十足，否则就不想干。
24. 一点小事就能引起情绪波动。
25. 讨厌做那种需要耐心、细致的工作。
26. 与人交往不卑不亢。
27. 喜欢参加热烈的活动。
28. 爱看感情细腻、描写人物内心活动的作品。
29. 工作学习时间长了，常感到厌倦。
30. 不喜欢长时间谈论一个问题，愿意实际动手干。
31. 宁愿侃侃而谈，不愿窃窃私语。

32. 别人总是说我闷闷不乐。
33. 理解问题常比别人慢些。
34. 疲倦时只要短暂地休息就能精神抖擞，重新投入工作。
35. 心里有话宁愿自己想，不愿说出来。
36. 认准一个目标就希望尽快实现，不达目的，誓不罢休。
37. 学习、工作同样一段时间后，常比别人更疲倦。
38. 做事有些莽撞，常常不考虑后果。
39. 希望老师讲授新知识时讲得慢些，多重复几遍。
40. 能够很快地忘记那些不愉快的事情。
41. 做作业或完成一件工作总比别人花时间多。
42. 喜欢运动量大的体育活动或参加文艺活动。
43. 不能很快地把注意力从一件事转移到另一件事上去。
44. 接受一个任务后，就希望把它迅速解决。
45. 认为墨守成规比冒风险强。
46. 能够同时注意几件事物。
47. 当我烦闷时别人很难使我高兴起来。
48. 爱看情节起伏跌宕、激动人心的小说。
49. 对工作抱认真严谨、始终一贯的态度。
50. 和周围人的关系总是相处不好。
51. 喜欢复习学过的知识，重复做能熟练做的工作。
52. 希望做变化大、花样多的工作。
53. 小时候会背的诗歌，我似乎比别人记得清楚。
54. 别人说我“出语伤人”，可我并不觉得这样。
55. 在体育活动中，常因反应慢而落后。
56. 反应敏捷，头脑机智。
57. 喜欢有条理而不甚麻烦的工作。
58. 兴奋的事常使我失眠。
59. 老师讲新概念，常常听不懂，但是弄懂以后很难忘记。
60. 假如工作枯燥无味，马上就会情绪低落。

计分：

请将各题分类，并汇总各类得分。四种气质类型相应的题号如下：

胆汁质：2，6，9，14，17，21，27，31，36，38，42，48，50，54，58。

多血质：4，8，11，16，19，23，25，29，34，40，44，46，52，56，60。

黏液质：1，7，10，13，18，22，26，30，33，39，43，45，49，55，57。

抑郁质：3，5，12，15，20，24，28，32，35，37，41，47，51，53，59。

评估：

如果某一种气质类型的得分明显地高于其他 3 种（均高出 4 分以上），则可认定被测试者为该气质类型。

如果2种气质的得分接近（差异低于3分），而又明显地高于其他2种（高出4分以上），则可认定其气质为2种气质的混合型。

如果3种气质的得分接近但均高于第4种，则可认定其气质为3种气质的混合型。

由此，计有以下13种气质类型：胆汁质、多血质、黏液质、抑郁质、胆汁质—多血质、多血质—黏液质、黏液质—抑郁质、胆汁质—抑郁质、胆汁质—黏液质、多血质—黏液质—抑郁质、胆汁质—多血质—抑郁质、胆汁质—黏液质—抑郁质、胆汁质—多血质—黏液质—抑郁质。

二、实务训练

1. 独立完成自身的气质与性格特征分析。明确适宜与不适宜从事秘书工作的特征，以及自己从事秘书工作的优劣势，并完成自我分析报告。

2. 小组成员在小组平台分别进行“自我分析”交流（每人5分钟左右），通过交流认识自我，明确个性修养方向。

3. 综合交流情况，在个人的自我分析报告上完成自我分析小结。

课后阅读

一定是乐谱错了

小泽征尔是世界著名的交响乐指挥家。人们评论他就像一位智慧的舵手，引领整个音乐航船向前行进。作为舵手，小泽征尔不但有智慧，更有着果敢和自信的个性品质。

在欧洲举行的一次世界级交响乐大赛的决赛中，轮到小泽征尔出场了。他平静地走上台，恭敬地向评委们鞠了一个躬，然后转身面向乐队。随着他手中的指挥棒轻轻一挥，乐队开始演奏，音乐声舒缓地响起。但突然，小泽征尔发现了曲调的不和谐。一个念头在他头脑中闪过：乐队演奏出错了！他示意乐队停下来，重新开始演奏。但第二次演奏还是不能让人满意，乐曲中总有几个音符让他觉得别扭。于是，小泽征尔再一次停了下来。是乐谱出错了吗？他向评委提出。

“乐谱不可能出错。”一个权威肯定地说。

在场的评委都是当时音乐界权威人士。面对众多国际权威，小泽征尔不免对自己的判断产生了置疑：难道是我错了?！但经过片刻考虑，小泽征尔坚信自己的判断是正确的。他突然大喊一声：“不，一定是乐谱错了！”

霎时间，整个音乐厅出奇地安静。随即，评委席上爆发出热烈的掌声……

原来这是评委们精心设计的圈套，他们要考察指挥们的识别能力、判断能力以及在遭到权威否定时的自我肯定能力与坚持的勇气。

课题二　秘书的个性调适

学习目标

◆ 掌握塑造个性的一般步骤与方法

◆ 掌握秘书的个性调整策略

案例导入

作为秘书，小陈的专业技术和外语都很出色，但短短的一年之内，小陈已频繁调换工作四次，而且每次均无起色。问其原因，小陈总是沮丧地说："唉，没办法，老板就是看我不顺眼，每次开会，我的想法不是被高度否定就是被漠然处理。"原来，在开会的时候，小陈总想凸显自己，于是经常会提出与老板意见相左的建议。

想一想：1. 为什么老板总是看小陈"不顺眼"？2. 小陈该怎样改变局面？

评析：老板看小陈不顺眼的这种尴尬局面源于小陈急于表现且急躁、莽撞的性格。要想有所改变，小陈必须调整其性格，使之适于职业的需要。

相关知识

一、塑造个性的一般步骤与方法

个性的塑造一般要经过认识自我、悦纳自我和塑造自我三个阶段来完成。

1. 认识自我

古希腊德拉斐神庙里的石碑上刻着象征人类最高智慧的神谕：认识你自己。中国的老子也指出，知人者智，自知者明。孙子则说：知己知彼，百战不殆。先哲们不断地教导我们认识自己的重要性。然而认识、了解自己从来就不是一件简单容易的事，故而有"做事难，做人难，了解自己就更难"的说法。事实上认识自己需要借助科学的方法才能有效地实现。

自我认知的方法有很多，常见的方法包括内省法、他人评价法、心理测量法、橱窗分析法、实践检测法等。

(1) 内省法。内省法是借由自我意识与自我监控来认识自己的方法。1994 年，心理学家日莫曼提出了关于自我意识和自我监控的著名的"WHWW"结构。"WHWW"分别是"Why"（为什么）、"How"（怎么样）、"What"（是什么）、"Where"（在哪里）的第一个字母。日莫曼认为，人的任何活动，都可以从为什么（指向动机）、怎么样（指向活动的方法与策略）、是什么（指向结果或目标）、在哪里（情境因素）这四个方面进行分析，从而完成自我意识和自我监控。

小陈若能借由：为什么在会议上我总让人感觉是在与领导抬杠呢，抬杠的感觉是怎样造成的呢，会议的情境是怎样的，这样的后果是什么等问题来深入反思，可以对自我有更清醒的认识。

（2）他人评价法。他人评价法是借助他人，特别是与自己常常打交道的人对自己的认知、行为和个性进行评价，以促进自己多角度、全面地认识自己。他人评价是自我认知发展的重要途径。那些经常的、稳固的他人评价，往往可作为客观的自我概念的基础。

（3）心理测量法。心理测量法是自我认识方法中最为科学的一种认知手段，也是科学探索自我尤为重要的一个手段。它是采用科学的量表，检测个体的心理素质、性格、能力、兴趣等，从而促进个体客观地了解自身的方法。

（4）橱窗分析法。橱窗分析法是一种借助直角坐标不同象限来表示人的不同部分的分析方法，它是以别人知道或不知道为横坐标，以自己知道或不知道为纵坐标，在四个象限形成不同的自我区间，来进行自我认识的一种常用方法。橱窗展示如图 3—2—1 所示：

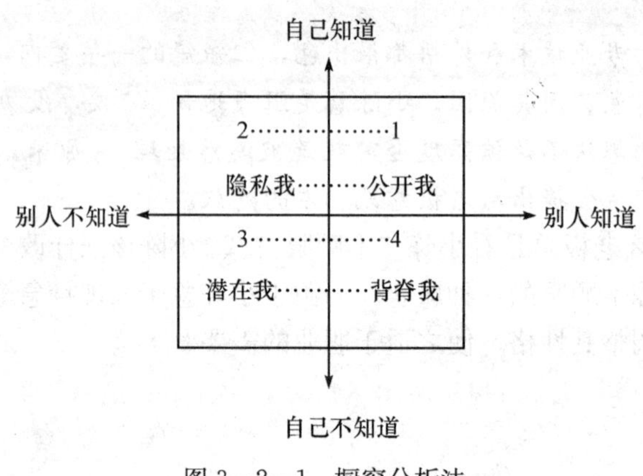

图 3—2—1　橱窗分析法

第 1 象限：是自己知道，别人也知道的部分，称为“公开我”，属于个人展现在外，无所隐藏的部分。

第 2 象限：是自己知道，别人不知道的部分，称为“隐私我”，属于个人内在的私有秘密部分。

第 3 象限：是自己不知道，别人也不知道的部分，称为“潜在我”，是有待开发的部分。

第 4 象限：是自己不知道，别人知道的部分，称为“背脊我”，犹如一个人的背部，自己看不到，别人却看得很清楚。

通过四个橱窗可知，需加强了解的是橱窗 3 和橱窗 4。橱窗 3 是“潜在我”。据科学家研究发现，每个人都有巨大的潜能，人类平常只发挥了极小一部分。著名心理学家奥托指出，一个人一生所发挥出来的能力，只占他全部能力的 4%，也就是说一个人 96%的能力还未开发。由此可见，认识、了解“潜在我”，是自我认识的重点之一，把个人潜能开发出来，也是每一个个体应终其一生来实现的大事。

橱窗 4 是“背脊我”。这部分自我需要借助别人的力量来认识。若能诚恳地征询他人的意见和看法，就不难了解“背脊我”。可采取同自己的家人、朋友、同事等交流的方式，借助录音、录像设备等，来认识了解“背脊我”。

（5）实践检测法。有道是“实践出真知”，能力、潜力也只有在活动中才能体现出来。实践检测法，就是通过大量的实践活动来发现、发掘自我。事实上，要想全面认识自己，也必须积极投身社会实践，广泛参与各种社会活动，这样不但能锻炼自己，还可以发现自己的不足、特长、兴趣及潜能，从而更好地认识自己。

2. 悦纳自我

悦纳自我是个体对自身一切特点所持的一种积极的态度：不因自身的优点而骄傲，也不因自己的缺点而自卑，能够坦然接受现实中的自己。悦纳自我包括三个要素：能无条件地接纳自己，能正视自己的缺点，具备一定程度的自尊、自爱和自信。其中，具备一定程度的自尊、自爱和自信是决定性的要素（行为指标），十分重要。

自尊在认知上表现为将自己看作是有价值的和值得爱的，不管自己有没有或大或小的错误或弱点；在行为上，表现为勇于对自己的行为承担后果，包括对所犯错误承担责任，但绝不为此贬低自己。允许自己犯错误，知道自己拥有诸如改变决定、说出意见、能够说不、对某些事物不感兴趣、寻求别人帮助、随己所愿去生活等个人权利。

自爱不是放任自己，而是在认识自己之后，在充分肯定自身价值的基础上，接纳自己的局限性，并努力塑造自我。自爱者更懂得自我宽容，自我肯定，更善于化解心中的负面情绪。往往具备如下表现：充分认识到自己的价值，能接纳自己的不足，能正面看待自己，努力完善自己。

自信就要知己所短，也知己所长；知道自己是谁，需要什么，能够做什么；能够充分地接受自己、喜欢自己、相信自己；能尊重他人的需要，也从不忽视自己的需要；对自己的未来充满希望；把挫折和失败看作是暂时的，看作是成长的途径。

3. 塑造自我

通过训练，建构良好的认知模式与行为模式，能够改善和提高自尊、自爱、自信的水平，从根本上完成个性的塑造。

二、秘书的个性调整策略

1. 将个性调整与角色要求相结合

世界上没有完美的个性。秘书在实际工作中存在个性局限是难免的，要突破个性局限给工作带来的不利影响，秘书就必须将个性调整纳入角色规范的内容，从角色规范的角度认识秘书应有的个性品质，再以此为基础进一步提升自己的个性品质。如，个性冲动易产生冲撞的秘书，就应认识到秘书工作具有从属、辅助与服务地位，要求秘书在角色实践中能忍辱负重，更能以全局为重，有效地协调各种关系、处理各种矛盾，因而必须具备稳定的情绪特征。这其实也是秘书工作对秘书职业素养的内在要求，以及秘书角色规范的重要内容。

2. 提升秘书的气质

秘书的气质对秘书的社会实践活动有根本的影响，同时秘书长期的社会实践活动也会影响秘书的气质变化，因此秘书应有意识地加强修养，提升气质，使之更利于秘书的工作与人生。

秘书提升气质的具体思路如图 3—2—2 所示。

3. 塑造、优化秘书的性格

性格决定命运，心理学家荣格的这句话广为流传。对于职业秘书来说，良好的性格是其成功履行职责职能的一个先决条件。依据秘书工作的特征及秘书在工作中常常需要扮演的角

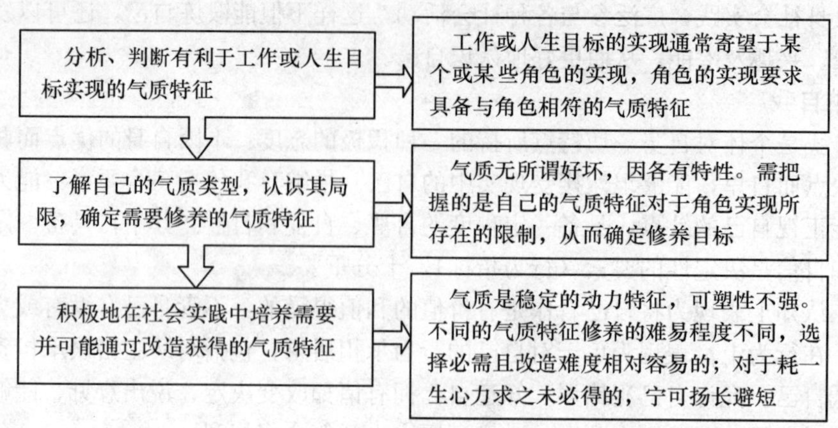

图 3—2—2　秘书提升气质思路示意图

色，秘书在其工作中应塑造或突出如下性格。

（1）开朗。开朗表现为热情、关心、乐于助人。秘书工作充满人际交往、协调工作等实际活动，开朗的性格有助于秘书充分实现自己交际、协调的角色作用；开朗使秘书具有乐观饱满的情绪，使其面对复杂而艰巨的工作任务而无抱怨之心和牢骚之言，遇到困难也不垂头丧气，而是有勇气去战胜它。

（2）敏捷。秘书对于领导很大的意义在于节省时间，这就要求秘书具备敏捷的性格特征：思维敏捷，对事物敏于感受，易于接受，善于分析；动作敏捷，做事干净利落，不拖拉，不推诿；笔头敏捷，深思熟虑之后，下笔千言，一气呵成，还无懈可击。

（3）稳健。秘书工作纷繁复杂，事无巨细。长期在这样的工作状态中，秘书尤其要有稳健的性格特征，做到待人稳重，既不轻佻浮华，也不冷漠矜持，可近可尊；处事思考周密，行为稳当，遇急不慌，从容自若，可靠可信。

（4）坚毅。秘书在工作中难免受到挫折，对工作的挑战也是对自身的挑战。这就要求秘书具备坚毅的性格，遇事有百折不回、坚持到底的勇气和毅力，对工作能任劳任怨，忍辱负重。

（5）幽默。秘书在工作中处于组织的枢纽位置，因而常常要求在实践活动中能灵活机智豁达地处理问题，幽默恰恰是智慧、机灵、学识、豁达的综合表现，能帮助秘书在待人接物的活动中创造宽松、和谐的人际氛围，是人际交往的优质润滑剂。

（6）自制。秘书处于组织的枢纽中心，时时处处发挥着沟通协调的作用。但这并不意味着秘书所面对的总是令人愉悦的场景，秘书作为沟通者、协调者、节约时间者等身份无不要求秘书培养和提高自制力。在任何场合、情景、对象面前善于控制自己的情绪和行为方式。当然，自制不等于表面的强作欢笑或硬压怒火，而是秘书在高度的理性和职业素养修炼下，科学合理的行为表达。

实践指南

良好性格品质的修养要点

◆ 培养积极的人生态度。积极的人生态度是人进取的原动力，可以增强战胜困难和挫折的信心和勇气，使人乐观地面对生活和工作，有利于塑造乐观、开朗的性格品质。

◆ 善于解剖和修正自己。应善于分析、解剖自己，能够正视并敢于挑战不利于塑造完美职业角色的性格缺陷，不断修正与完善自己。

◆ 树立榜样，有效地鞭策自己。应善于汲取他人之所长，可通过广泛阅读名人传记、文学作品、欣赏优秀的影视作品以及树立学习榜样，有效地鞭策自己，不断加强性格的修养。

分析·训练

一、案例分析

一家知名公司在报纸上刊登人事广告，征聘一名总经理秘书。由于该公司声名显赫，开出的薪金也甚高，应征者逾百人之多。但最后总经理挑选了一位刚从部队退役的小伙子。部属好奇地问：您为什么偏偏挑了这名复员军人呢，他既没有介绍信，也没有任何人推荐？

刚好相反，总经理说，据我观察，他带了很多介绍信。他在门口先蹭掉鞋底的泥以免弄脏地板，进门后随手关上了门，这说明他做事仔细周到。进了我的办公室，他先脱去帽子，态度谦恭，回答问题则思路清晰反应敏捷，证明他既懂礼貌又有能力，也不失灵活。其他人对我故意放在地板上的那支笔视而不见，他却自然地捡起来放回桌子上。交谈中，我还注意到他衣着整洁，头发梳得很整齐，指甲也修得干干净净，处处显出教养。说话时，他的语速也不急不慢，反映出应有的沉着与稳重。难道你不认为这些就是很好的介绍信吗？所有推荐都敌不过我们的亲见对吗？

小组讨论后，由小组代表作答：

1. 秘书的个性主要体现在哪些方面？
2. 前来应聘的复员军人反映出哪些个性品质？
3. 个性因素对复员军人的成功应聘有推动作用吗？为什么？
4. 该案例带给你哪些启示？

二、自我塑造训练

训练目标：通过该项训练，使学生能够认识自我、悦纳自我并确定塑造自我的方向。

1. 自我价值澄清

（1）经思考与发掘，我的价值为：______________________________

____

（2）在小组内交流我的价值，并进一步完善为：______________________________

(3) 针对自身价值感不强的个案进行班级交流讨论。

(4) 综合整个活动过程感知，最后清晰地写下你的价值：

2. 想想我的过去

通过对以下事项的思考，重新认识与发掘自我（不便填写的可不填写于下）：

我的幸福往事：

一件最让我伤心的事：

最害怕回忆的事：

印象深刻的被表扬情景：

获得的最大成功：

不愿告诉别人的秘密：

通过该项活动，你的收获或你想告诫自己的是：

3. 优点轰炸

由老师组织，各小组分别进行。

你自认为的优点：

小组轰炸后，发掘的优点：

你的活动感悟：

4. 感悟知行模式

通过以上心理活动，总结你过去的认知模式与行为模式：

通过以上心理活动，总结你未来应有的认知模式与行为模式：

课后阅读

【阅读资料一】

为什么一些人会害羞

调查发现，超过50%的学生认为自己“经常害羞”。他们中的许多人认为，害羞是一种令人不快的状态。研究者对成年人的害羞进行调查，惊奇地发现，那些“不害羞”的人非常少。

害羞可以界定为一种在人际环境中使人感到不舒服和压抑的状态，它影响了一个人的人际交往和是否能顺利达到人生目标。许多害羞的人同时也是内向的人，他们采用独居的方式生活，没有社会活动；其他一些是“外向性害羞”的人，他们喜欢参加社会活动，也有社交技巧来有效地完成这些活动，但他们仍然担心别人是否会真正地喜欢和尊重他们。

为什么有些人容易害羞，有些人不容易害羞？一个解释是天性。研究证据表明，大概有10%的幼儿“生来害羞”。从一生下来起，这些儿童在与不熟悉的人或环境接触时，就显得不同寻常的谨慎和缄默。关于天性的问题，有一个更为复杂的解释——在儿童期，一些人被嘲讽，并且由于一时失误，成为大家取笑的对象。另外，一些家庭认为“被爱戴”是在竞争中由于外表美丽可在活动中取得成功带来的结果，而一些生长在这样家庭里的孩子更易害羞。第三个解释集中在文化上。对九个国家和地区的研究结果显示，害羞在日本的比例最高，在以色列的比例最低。这是由于文化所强调的内容不同造成的。在日本，由于社会活动中的失败而屈从于权威，被认为是一种耻辱；而在以色列，由于冒险而被表面上责备一番，被认为是一种鼓励。第四个原因来自美国关于害羞普遍性的报告：年轻人都被电子产品包围着，他们长时间独自一人看电视、打电子游戏、网上冲浪和发电子邮件，由此与社会产生了隔离，减少了与人面对面接触的机会。过量使用网络使人们感到更加害羞。

当害羞变得更极端化时，就会迫使人们的生活发生进一步的变化，使得一个人将其社会快乐最小化，使其社会不适和隔离感最大化。这里有几个给害羞学生的简单原则和策略，深入地思考，并尝试去做会取得较好的效果：

要意识到，并不只有你一个人感到害羞，每一个你见到的人可能都比你更害羞。

即使存在着遗传因素，害羞也是可以改变的。但是这需要勇气和毅力，就像你要改变一个存在了很久的习惯一样。

尝试着对你所接触到的人微笑，并与他们进行目光的接触。

与别人交谈时，大声说话，用最清晰的声音，特别是当你说出你的名字或是询问信息时。

在一个新的社会环境中努力使自己第一个提出问题或是发现观点。准备一些有趣的东西，第一个去说。每一个人都会欣赏“破冰者”，以后也就不会再有人认为你害羞了。

永远不要小瞧自己。相反，想一下怎样达到你想要得到的成就，下一步你要采取怎样的行动。

注意要使别人感到舒服，特别是当你寻找其他害羞者时，这样做会降低你的自我意识。

在去通常会使你感到害羞的地方之前，练习深思、放松，使思想集中到理想的状态。

一些害羞的同学采用了这些方法，已经从害羞的桎梏中摆脱出来。如果你不害羞，可以用这些方法鼓励那些害羞的朋友和亲人，改变他们的生活方式。

【阅读资料二】

认真做自己

漫画家蔡志忠十五岁那年，也就是初中二年级时，就带着投漫画稿赚来的两百五十元稿费，到台北画漫画、闯天涯。他很快就面临学历的问题，在他打算到著名的光启社求职时，看到招聘广告上有“大学相关科系毕业”一项条件，立即就傻眼了，不过他仍旧相信自己的实力，没有理会这项学历限制而参加了应征的行列。结果他击败了另外二十九名应征的大学毕业生，进入了光启社。

以后他在漫画界的表现如异军突起，尤其是“庄子说”“老子说”系列被译成世界各国文字向国外输出，他也一度成为全台湾纳税额最高的一位作家，他本人也颇以此为荣。

在连初中都没念完的情况下，是什么使他能有勇气踏入我们这个文凭至上的社会呢？他说：“做人最重要的就是要了解自己。有人适合做总统，有人适合扫地。如果适合扫地的人以做总统为人生目标，那只会一生痛苦不堪，受尽挫折。”而他，不偏不倚，就是适合做一个漫画家。他从小就知道自己能画，所以十五岁就开始画，尽早地画，不停地画，终究能画出自己的一片天空。

蔡志忠的说法也让人想到球王贝利，他曾经说：“我是天生踢球的，就像贝多芬是天生的音乐家一样。”

能够真切地认识自己，是件多么幸运的事啊！但别以为只有那些天才才知道自己的能力，我们周围有许许多多平凡的人物，但是他们做自己喜欢的事，活得自在，活得快乐，这不也是一种成功吗？在现代的社会，快乐的人能有很多。

有这样一位小学老师，她从大学毕业后就想要教书，但是因为不是师范系统的大学毕业生，当时没有找到教书的机会，她便到日本留学，攻读教育硕士学位。刚回国时，一时还找不到教职，她就到一家公司担任日文秘书，很得老板的信任，待遇也相当好。但是她仍不放弃想要教书的意念。后来她去参加小学教师考试，考取后立刻就辞去了秘书的工作。

教书的薪水不如她担任秘书职务时多，周围的朋友不解的是，以她的学历绝对可以去教高中，为什么要去教小学呢？可是她很坚定地说：我就是因为喜欢小孩子才选择这个工作呀！她长得胖胖的，是个很可爱的女孩子。有一回她的一个朋友碰到她，问她近来如何，她马上很兴奋地告诉朋友：“今天刚上过体育课。我也跟小朋友一起爬竹竿，我几乎爬不上去，全班的小朋友在底下喊：‘老师加油！老师加油！’我终于爬上去了，这是我自己当学生的时候都做不到的事呢。”

这是一个多么快乐、多么能跟小学生打成一片的好老师。而我们可以知道的是，如果她因为薪水或是其他因素而违背自己的愿望，选择做个秘书，或者到年龄层比较高的学校教书，就不会那么快乐了。

项目四

秘书的工作激励

项目框架

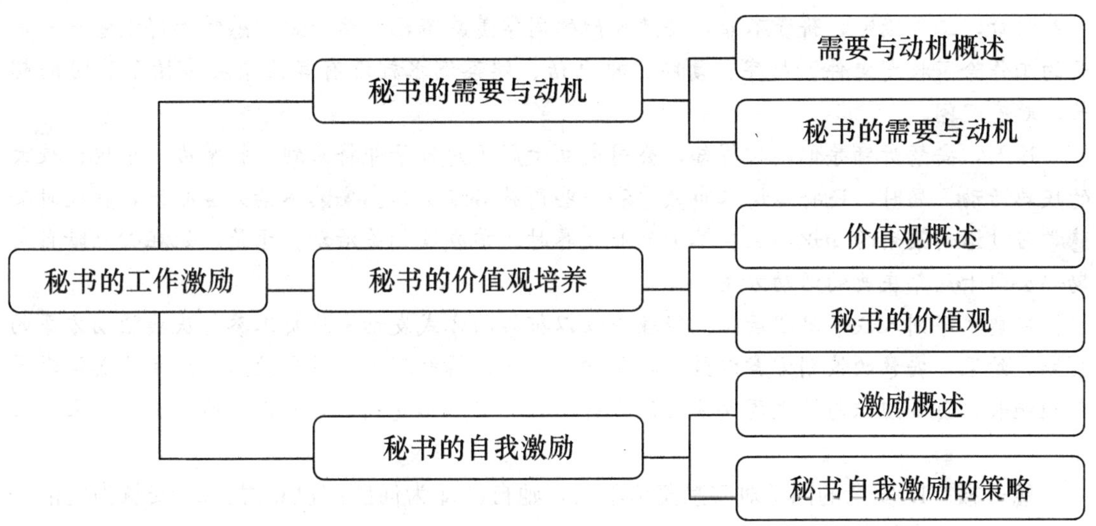

项目导言

充分调动秘书的积极性，提高秘书工作的效率，是秘书心理学研究的一个重要内容。心理学的研究表明，需要和动机是人们行动的内在动因，对人的价值观与积极行为起着决定性作用。要调动人的积极性，必须了解人的需要特点和动机方式，以及人们的价值观定位。秘书工作的积极性与其自身的需要及价值观密切相关，并受其动机支配。要提高秘书的工作效率，其一，要提高秘书自身的素质水平；其二，应结合秘书工作的角色需要，发展出与秘书工作相适宜的价值观；最后，应充分运用动机理论，根据秘书的需求特点，采取相应的激励方式。

课题一　秘书的需要与动机

学习目标

◆ 理解需要与动机之间的关系

◆ 了解秘书的工作需要与工作动机

案例导入

安慧刚从某大学文秘专业毕业，就进了某市烟草公司成为该公司总经理办公室的秘书。专业对口，工作稳定，薪资不菲，安慧令她的同学羡慕不已。然而她却感觉干得没意思，每天的工作除了收发文件、打字、复印、接电话、端茶倒水就没有其他重要事情了。时间越长，越感沉闷。

这天，安慧听领导们闲聊得知，公司成立十周年的日子即将来到，将举办一个规模较大的庆典活动，届时，还将邀请本市领导和一些商界名流参加。安慧不禁兴奋起来，在校时安慧学习过活动策划的知识而且在参加创业大赛时还举办过相关活动。于是，她在心里暗自勾勒起公司十周年庆典的活动方案。

庆典之事列入议事日程后，总经理提议以征集的方式发动全体员工参与庆典活动方案的策划，结果，安慧的策划方案以最高票数拿下第一。总经理因此授命她为十周年庆典活动筹备组组长，负责组织与协调周年庆典的筹备工作。安慧感受到工作以来前所未有的自豪与激情。

想一想： 1. 安慧的同学对安慧羡慕不已，她自己却为何感到没意思？2. 安慧为何能一举成为十周年庆筹备小组的核心成员？

评析： 每个人对工作的心理诉求不一样，工作态度、工作行为及行为结果也会不一样。安慧看重的就不仅仅是工作的稳定与高额的薪酬，而非常重视工作中的自我实现与成就。充分认识自身的需要，发展出与心理需要相协调的行为动机及行为体系，是有效激励的基础，也是有效激励的途径。

相关知识

一、需要与动机概述

1. 需要概述

（1）需要的含义。需要是个体在感到某种缺乏的不平衡状态下，力求获得满足的心理倾向。它是个体自身和外部生活条件的要求在头脑中的反映。通常以对某种客体的欲望、意愿、兴趣等形式表现出来，最终激发为推动人为之行动的动机。需要具有周期性或阶段性，并随着需要得以满足或实现的改变而不断变化和发展。比如，血液中血糖成分的下降会产生饥饿求食的需要；水分的缺乏会产生口渴想喝水的需要；生命财产得不到保障会产生安全的需要；孤独会产生交往的需要等。一旦机体内部的某种缺乏或不平衡状态消除了，需要也就得到了满足。这时，有机体内部又会产生新的某种缺乏或不平衡状态，产生新的需要。

（2）需要的种类。人类的需要多种多样，根据不同的标准，需要可划分出不同的种类。

1）根据需要的起源，可把需要划分为自然需要和社会需要两大类。

自然需要，又称生理需要。是指个体为保持和维持生命以及种族延续所必备的那些要求。如，饮食、睡眠、运动、性等需要。这些自然需要的满足能够维持个体生理状况的平衡。反之，如果这些生理需要得不到满足，就会对个体的心理产生较大的影响。长期得不到满足，就会严重破坏个体的生理及心理平衡。基于需要的驱使，个体往往会产生动机与行动，去满足自然的需要，以使个体的生理状况趋向平衡。

社会需要是人类在自然需要的基础上发展起来与人的社会生活紧密联系的需要。它是人的社会要求在人脑的反映，诸如对爱情、劳动、友谊、尊重、成就、交往归属等的需要。社会需要是人类特有的高级需要，对于维系人类社会生活、推动社会进步有重要意义。

2）根据需要对象的性质，可把需要划分为物质需要和精神需要。

物质需要是指个体对物质对象的需要欲求。如对吃、穿、住、行、用等方面的物质需要，是维持和发展生命的物质基础。在物质需要中，既包括维持生命机体的物质需要，也包括人类所创造的高级的社会性物质需要。随着社会的发展，人的物质基础与物质需要也不断在进步。

精神需要是指人们在社会发展的过程中，对社会精神活动及其产品的需要。如对科学知识的需要、审美的需要、道德文明的需要、创造的需要以及成就事业的需要等等。精神需要的产品往往是人类自身生产生活的经验结晶，比如文学艺术作品、法律、社会规范等。精神需要是我们人类所特有的需要。

2. 动机概述

（1）动机及其功能。动机是激发和维持个体进行活动，并导致该活动朝向某一目标的心理倾向或内部动力。个体的一切行为模式和活动方向都是由一定的动机所引发的。作为活动的一种动力，动机具有三种功能：其一，激发功能。动机能激发机体产生某种活动，例如，饥饿者对食物有关的刺激、干渴者对水有关的刺激反应特别敏感，易激起觅食活动。其二，指向功能。动机使机体的活动针对一定的目标或对象。例如，在成就动机的支配下，人们可以放弃舒适的生活条件而到艰苦的地方去工作。动机不同，活动的方向和它所追求的目标也不同。第三，维持和调节功能。当活动产生以后，动机维持着这种活动，并调节着活动的强度和持续时间。如果活动达到了目标，动机促使有机体终止这种活动；如果活动尚未达到目标，动机将驱使有机体维持（或加强）这种活动，或转换活动方向以达到某种目标。

（2）动机的种类。动机也有很多种类，根据不同的分类标准划分如下。

1）根据动机的起源，可将动机分为生理性动机和社会性动机。

生理性动机是与人的生理需要相联系的，具有先天性。人的生理性动机也受社会生活条件所制约。社会性动机是与人的社会性需要相联系的，是后天习得的，如交往动机、学习动机、成就动机等。

2）根据动机的引发原因，可将动机划分为内在动机和外在动机。

内在动机是由活动本身产生的快乐和满足所引起的，它不需要外在条件的参与。个体追逐的奖励来自活动的内部，即活动成功本身就是对个体最好的奖励。如学生为了获得知识、充实自己而努力读书就属于内在动机。外在动机是由活动外部因素引起的，个体追逐的奖励来自动机活动的外部，如有的学生认真学习是为了获得教师和家长的好评等。内在动机的强度大，时间持续长；外在动机持续时间短，往往带有一定的强制性。事实上，这两种动机缺一不可，必须结合起来才能对个人行为产生更大的推动作用。

3）根据动机的作用，可将动机划分为主导性动机与辅助性动机。

主导性动机是指在活动中所起作用较为强烈、稳定，处于支配地位的动机。辅助性动机是指在活动中所起作用较弱、较不稳定，处于辅助地位的动机。在人的成长过程中，活动的主导性动机是不断变化与发展的。事实表明，当主导性动机与辅助性动机的关系较为一致时，活动动力会加强；彼此冲突，活动动力则会减弱。

4）根据动机行为与目标远近的关系，可将动机划分为近景动机和远景动机。

近景动机是指与近期目标相联系的动机，远景动机是指与长远目标相联系的动机。如有的学生努力学习，其目标是为期末考试获得好成绩；而有的学生努力学习，其目标是为今后从事教育事业打基础。前者为近景动机，后者为远景动机。近景动机和远景动机具有相对性，在一定条件下，两者可以相互转化。远景动机可分解为许多近景动机，近景动机要服从远景动机、体现远景动机。“千里之行，始于足下”，是对近景与远景动机辩证关系的描述。

（3）动机与行为。行为，是个体在环境影响下所引起的内在生理和心理变化的外在反应。简言之，行为是个体内在的外部反应。而动机是个体激发和维持自身进行活动，并导致该活动朝向某一目标的心理倾向或内部动力。由此可见，动机作为一种内部刺激，作为个体行为的直接原因，对人的行为具有重要影响：一是动机引发个体行动并具有推动作用；二是动机维持个体行动并具有强化作用；三是动机指出个体行动的既定目标，具有定向作用。动机虽然和行动密不可分，但是动机作为一种心理现象，是不能直接观察的，而必须通过个体的一系列行为表现出来。因此可以根据一个人的行动来分析和推断其动机的存在和性质。

3. 需要与动机的关系

需要是动机产生的基础和源泉，个体没有需要，也就没有动机。但是，并不是所有的需要都可以成为动机，人的需要只有达到某种水平，才能引发动机，并引起人的活动。萌芽状态的需要或没有意识到的需要通常不能引发动机，也不能引起活动，这是由于微弱的刺激不足以引起主体的明确意识，也就不足以调动起有力的内部驱力。只有当主体感到明显的内在需要并出现适当的外在刺激时，主体的需要才会转化为动机，并引起行为。也就是说，当个体产生了某种需要时，如果外界没有出现适宜的刺激，个体的愿望因为缺少其实现愿望的外在条件而不能满足，这种毫无效果的愿望不能成为动机。如，当感到饥饿时，便产生了吃东西的愿望，这种愿望是主体的一种需要。但是，如果眼前没有食物或根本找不到食物，即没有适当的食物出现作为外在刺激，我们的需要便不能转化为动机，也不可能引起对食物这个目标的行为。只有当我们既饿又看到食物或知道什么地方有食物时，需要才能转化为动机并引起相应的外显行为。

人的需要是多层次、多方面且不断发展变化着的，所以在人的需要基础上产生的行为动机也是多样的，甚至是充满矛盾和斗争的。因此，要想深切地了解人的动机，必须深入地分析人的需要结构及特点，分析需要出现情境性质以及影响需要出现差异的各种因素。

二、秘书的需要与动机

1. 秘书的工作需要

秘书的工作需要既受工作特点的影响，具有职业特征，也受个体心理需求的影响，具有心理特征。总的来说，秘书具有如下工作需要：

（1）物质的需要。维持生命发展是人之本能。工作首先要解决的当然是生存问题。改善生活条件，解除后顾之忧，这也是秘书的共同需要。对于这种工作需要，秘书一方面要提升自身的工作价值，努力追求更大的担当以获得更好的发展，包括物质上的发展；另一方面秘书也应端正心态，不斤斤计较：物质固然重要，但却并非全部，除物质需要之外，同样还有自我实现、交往、被尊重等高级需要。

（2）发展的需要。发展的需要常常表现为对变化的需要：无论处于何种岗位，任何人都渴望自身从物质、心灵或社会等不同层面获得良性的发展；同时，无论发展得多好，任何人都害怕一成不变的生活，而渴望稳中有变。发展其实是人的一种心理本能。针对秘书的工作需要，秘书应积极规划自身的职业生涯，带着目标去工作，时刻为目标做准备，还可适时将自己的职业目标与领导交流。机会只垂青有准备的人，主观的努力始终是第一位的。

（3）学习的需要。秘书工作具有专业性，方向又较多，如商务、文化传播、翻译、速录、文案策划、会务管理、涉外、公关等，各种方向所侧重的知识与技能又有所差异。同时，科技日新月异，不断更新的先进技术和设备也需要秘书掌握。此外，秘书知识和技能的更新还会随职业阶段的发展以及因工作需要对新领域或新行业的接触而被提上日程。显然，对秘书而言，认真、主动、坚持地进行学习，不仅是时代的需要、工作的需要，也是秘书不断完善自我、发展自我的需要。只有这样，秘书才能更好适应社会与工作发展的需求，才能有更大的热情和自信投入工作。

（4）被认可的需要。同一组织内，较之那些直接生产产品与创造财富的业务工作，秘书工作以服务与辅助管理为要务，在一定程度上导致了人们对秘书工作存有或多或少的轻视。也正是因为如此，秘书较之其他职业人员有更多被认可或被重视的需要。其实，社会对秘书职业的重视在与日俱增，随着经济生活领域的发展，秘书人员的重要性也日益凸现，因此，秘书要被认可，只需用心做好人，精心做好事。

2. 秘书的工作动机

秘书的工作动机是秘书从事秘书工作的根本动力，也是秘书工作积极性的重要影响因素。秘书的工作动机总的来说有以下三种：

（1）以就业为目的的工作动机。对从事秘书工作的人来说，最基本的一个动机在于谋求生活来源，也即为解决生存问题而就业。事实上，在现阶段社会物质还没有极大丰富，在人们还需以就业作为谋取生活基本来源手段的前提下，谋求生活是绝大多数人首要的职业目标。秘书的这种工作动机是由低层次的需要决定的，是以外部因素为主的动机。当外部工作条件或环境改变之后，秘书的这种工作动机也会相应发生变化。

（2）以职业兴趣为目的的工作动机。如果说由就业引发的工作动机是生存需要的本能驱使，那么人们为什么偏偏选择秘书这个职业呢？个中缘由肯定不止一个，但其中肯定有对秘书职业感兴趣的原因。兴趣是人们在认识活动中积极探究某种事物的认识倾向，在这种活动中还往往伴随着积极愉快的情绪体验。当一个人对某项活动产生兴趣，就会全身心地投入到该项活动之中。秘书工作由于接触范围广，所处地位较特殊，常常与领导打交道，了解掌握信息快而灵，这些都容易引起人们的兴趣，满足人的好奇心和求知欲。

（3）以成就需要为目的的工作动机。追求成就，渴望成功是每个人都有的一种心理需要。案例导入中的安慧就有极强的成就动机。秘书工作虽然是一项辅助性、服务性较强的工作，在日常工作中以处理大量琐碎事务为主，但同时也是一项极富挑战性的工作。正因为如此，秘书工作才能够满足人们追求成就、实现自我的心理需要，并在这一心理需要的基础上产生较为强烈的工作动机。

小资料

最受欢迎和最不受欢迎的员工标准

享有国际声誉的法学家、思维学家吴甘霖先生在一次北大总裁班上作了一项调查，请公司老总说出自己最喜欢和最不喜欢的员工标准是什么。

结果五类员工列入最受欢迎的员工，分别是：第一类，自动自发的员工；第二类，找办法提升业绩的员工；第三类，从不抱怨的员工；第四类，执行力很强的员工；第五类，能提建设性意见的员工。而最不受欢迎的员工也有五类，分别是：第一类，找借口的员工；第二类，损公肥私的员工；第三类，斤斤计较的员工；第四类，华而不实的员工；第五类，受不得委屈的员工。

分析·训练

一、案例分析

她为什么没被录用

当看到她附在简历中的照片时，我的好感便油然而生。多么恬静秀美的一张脸，浅浅的笑容，露出洁白整齐的牙齿，给人亲切和淳朴感。我不禁仔细地了解她的工作经历，越发觉得她符合我们正在招聘的职位要求。我马上安排助理通知她第二天来面试。

她很守时，当我进入小会议室时，她已经坐在那里。她看上去确实很漂亮，高挑的身材，面容和蔼可亲。她沟通能力非常好，逻辑思维性较强。讲起自己在海外学习的经历时，为了不给父母带来太大的经济压力，她决定回国。她告诉父亲："我在北京一样可以发展，不一定非要出国读书才有前途，我会用事实证明给你。"这番话，激起我内心的共鸣。

通过近四十分钟的沟通，我对她有了一个比较直观的了解：工作经历较符合我公司的业务特点。既有技术方面的背景，又有运营方面的经验。有海外学习经历，英文水平能够翻译一般性资料。性格外圆内方，有自己的处事原则。沟通协调能力较强，形象好，气质佳，亲和力突出。可给予复试机会。

两轮复试后，考虑到她综合素质不错，有培养潜力，经与她本人沟通，她愿意从事我们营销中心拓展组的工作。按惯例我开始着手最后一个环节——背景调查。

很巧，我们公司一个同事的朋友正好在她工作过的第一家公司工作。通过这个关系，对她进行了调查。我怎么也没想到，得到的结果却是：她人品有问题。在离开公司时，骗取公司好多机密材料。为此，公司还想与她打官司。这个消息令我吃惊。但我坚持不能只听一面之词就将一个人否定。于是，我想办法找到了她任职的最后一家公司。该公司人力资源部郭经理为我提供了详细的情况：首先她在这家公司是一个普通的小职员，但她自己却说是运营主管；其次，她告诉我已经离职，随时都可以来上班。但实际上她并未离职，而且前三次到我们公司来面试请的是病假，还提供了医院的病假条。最后一次来面试竟然都没请假。

背景调查结束后，综合考虑，我们决定不录用这个女孩。

（源自《中国大学生就业》2009 年第 7 期；作者：高建平；有删改。）

小组讨论后，小组代表分别作答：

1. 她为什么没被录用？

2. 试用需要与动机的原理分析她的行为。

二、实务操作

阅读下面的故事，结合本课题所学知识自拟题目写一篇文章。

有这样一个故事：三个人在垒墙，有一个人去问这三个人同样一个问题：“你在做什么？”第一个人头也没抬就回答他在垒墙；第二个人则说他在盖一座高楼；第三个人微笑着说这个城市需要建设，他在改变整个城市。十年之后，第一个人仍然在垒墙，第二个人成为一个工程师，而第三个人则成为前两个人的老板！

课题二　秘书的价值观培养

学习目标

- ◆ 了解价值观的概念、作用及类型
- ◆ 理解秘书应有的价值观

案例导入

王欣毕业后就顺利地找到了一份工作。就职的公司虽然规模不大，但身为总经理秘书，她对工作充满了憧憬与期待。王欣不但聪明，而且勤奋好学，表现良好。老板也比较满意。

一天，老板交代王欣以后把喝剩的茶水留存起来次日用于浇花，王欣诧异地问："齐总，你是说，让我，浇花吗?"老板说："对。我们这边容易集存残茶，而且总经办区域的植物比较多。"王欣十分不悦，又不好说什么，阴沉着脸出去了。

又一天，齐总交代王欣把他办公室里备用的两套西服送去干洗，顺便再给他儿子订购一个生日蛋糕，王欣竭力压制着心里的怨气，出去时却忍不住重重地摔上了门……齐总望着门直摇头。王欣把齐总的西服刚送到干洗店，手机就响了。原来是大学时的好友红艳。两人聊起工作来，王欣忍不住发牢骚：什么总经理秘书？你知道我现在在哪里吗？在干洗店给老总洗衣服！你知道我洗完衣服又该去哪里？去蛋糕店帮老总家儿子订蛋糕！你知道我每天的工作都包括什么内容不？侍弄花草！我简直就一保姆！红艳说：又不总是做这些事，前一阵你不是就负责公司文档管理体系建立的工作吗？王欣郁闷地说：问题是，作为总经理秘书怎么要做这些鸡毛蒜皮的小事，一点价值含量都没有……

想一想：1. 王欣对待琐碎的工作为什么充满情绪？2. 王欣的工作价值观有什么问题？

评析：每每面对浇花、订蛋糕、送衣服干洗这类琐碎的事务，王欣就充满情绪。因为王欣认为这些活儿是保姆干的，没有价值含量。这从根本上揭示出王欣的价值观与总经理秘书这一角色的价值观存在着差异与冲突。从中可见，工作的状态与效率并非仅仅取决于能力，如果没有适宜的工作价值观，即使有能力也难以发挥出来，即使勉强发挥了也难以持久。秘书应具有与其工作相适宜的工作价值观，才能充满热情与动力地去工作。适宜的工作价值观是秘书做好工作的重要前提条件之一。

相关知识

一、价值观概述

1. 价值观的概念

价值观是指一个人对周围的客观事物（包括人、事、物）的意义、重要性的总评价和总看法；是人们用来评价行为、事物以及从各种可能的目标中选择自己合意目标的准则；是驱使人们行为的内部动力，支配和调节着一切社会行为，涉及社会生活的各个领域。

人们对事物的看法往往不是单一的，会呈现多角度多层次多观念，形成一个主次、轻重有别的排列次序，这种反映个体对事物看法和评价的序列即为价值观体系。每一个个体都有自身的价值观和价值观体系，它们共同作用于人的态度与行为，深入、持久地影响着人的态度与行为。

2. 价值观的作用

价值观和价值观体系作为决定人的行为的心理基础，对行为的定向和调节起着非常重要的作用，直接影响和决定个体的理想、信念和生活目标。

媒体曾报道广东省某官员在一次中学开学典礼上对学生们说："你们为什么要读书呢？读书就是为当官发财。当官就要当大官，当个科长有什么意思，要当县长、市长、省长，发财就要发大财"。这位官员"钱权至上"的价值观是显而易见的，在这种价值观的导向作用下，其理想、信念、生活目标都会以钱权为核心展开，在行为上自然就会产生追求钱权的强烈动机，为追求钱权不择手段，后来因受贿被捕入狱就毫不奇怪了。

小案例

李开复的价值观

李开复曾任谷歌公司全球副总裁、中国区总裁、美国电气电子工程师协会院士，除此之外李开复还有很多头衔。众多的角色意味着更多的责任与使命，每个人的时间都是有限的，和所有成功者一样，李开复也非常珍惜时间。然而2000年和中国学生一次偶然的对话，使李开复开始关注中国学生的发展。到目前为止，他发表了六封给中国学生和家长的信，每一封信都产生了巨大的影响。他还开创了开复学生网站，在网上和学生交流，赢得了很多人的关注，也更广泛和深入地影响着中国学子。李开复在清华大学演讲时，一个学生问他为什么回中国工作时，他回答说："我从小就一直牢记父母的教诲：不要忘了自己是一个炎黄子孙。我希望，当我年老体弱时，回首往事，我会很自豪，因为我为中国人做了一点事；我希望，当我离开这个世界之后，人们想起我时会说，李开复曾为中国人做了一点事。这样，我就会觉得没有虚度这一生。"

与其他所有成功者一样，李开复也具有惜时如金的特点，而且他身上还同时承担着众多角色，但他却抽出大量时间为中国学生演讲、写文章，这种行为同样是由他的价值观决定的。上述事例充分显示：价值观对动机有导向的作用，个体的行为动机受价值观的支配和制约，价值观对动机模式有重要影响，在同样的客观条件下，具有不同价值观的人，其动机模式不同，产生的行为也不相同。

3. 价值观的类型

不同的人具有不同的价值观，那么价值观都存在哪些类型呢？我们看看心理学领域对价值观的研究。

（1）奥尔波特的价值观类型。德国哲学家斯普朗格在《人的类型》一书中提出了六种类型的价值取向：经济型、理论型、审美型、社会型、政治型和宗教型。受这一理论的影响，心理学家奥尔波特及其同事据此编制了价值观研究量表，用于测量和研究价值观。具体分类见表 4—2—1。

表 4—2—1　　奥尔波特的价值观类型及价值取向者特点

价值观类型	价值取向者的特点	举例
经济型	追求财富，具有务实的特点，对有用的东西感兴趣。强调实用和收益	商人
理论型	具有智慧、兴趣广、求知欲强、富于思考等特点。重视用批判和理性的方法寻求真理	哲学家、科学家
审美型	以美的原则如对称、均衡、和谐等评价事物。强调形式与和谐	画家、演员
社会型	热衷于社会影响，喜欢支配和控制他人。强调人与人之间的情感和爱	社会活动家
政治型	强调权力的获取和影响力的拥有	政治家
宗教型	相信神语和命运，关心对宇宙整体的理解和体验的融合	牧师、神职人员

（2）罗克奇的价值观分类。米尔顿·罗克奇设计了罗克奇价值观调查问卷（RVS），它包括两种价值观类型，每一种类型有 18 项具体内容。第一种类型称为终极价值观，指的是一种期望存在的终极状态，它是一个人希望通过一生而实现的目标；第二种类型称为工具价值观，指的是道德或能力，是达到理想化终极状态所采用的行为方式或手段。其中终极价值观又分为以自我为中心和以社会为中心两种；工具价值观又分为以道德为中心和以能力为中心两种。罗克奇价值观见表 4—2—2。

表 4—2—2　　罗克奇价值观

终极价值观	工具价值观
舒适的生活（富足的生活）	雄心勃勃（辛勤工作、奋发向上）
振奋的生活（刺激的、充满活力的生活）	心胸开阔（胸怀开朗）
成就感（持续的贡献）	能干（有能力、有效率）
和平的世界（没有冲突和战争）	欢乐（轻松愉快）
美丽的世界（艺术与自然的美）	清洁（卫生、整洁）
平等（兄弟情谊、机会均等）	勇敢（拥有坚定的信念）
家庭安全（关爱家人）	宽容（愿意谅解他人）
自由（独立、自主选择）	助人为乐（为他人的福利工作）
幸福（满足感）	诚实（真挚、值得信赖）
内在和谐（没有内心冲突）	富于想象（大胆、有创造性）
成熟的爱（性和精神上的亲密）	独立（自力更生、自给自足）
国家的安全（免遭攻击）	智慧（有知识、善思考、反应快）
快乐（快乐的、闲暇的生活）	符合逻辑（理性的）
救世（救世的、永恒的生活）	博爱（温情的、温柔的）

续表

终极价值观	工具价值观
自尊（自重）	顺从（有责任感、尊重的）
社会承认（尊重、赞赏）	礼貌（有礼的、性情好）
真挚的友谊（亲密关系）	负责（可靠的）
睿智（对生活有成熟的理解）	自我控制（自律的、约束的）

一些研究证实了RVS价值观在不同人群中有很大的差异，相同职业或类别的人（例如公司管理者、工会成员、父母、学生）倾向于拥有相同的价值观。例如，一个研究比较了公司经营者、钢铁业工会的成员和社区工作者，结果表明3类人群的价值观有很多是重叠的，也存在着显著的差异，见表4—2—3。

表4—2—3　　经营者、工会成员和社区工作者的价值观排列（最高的5种）

经营者		工会成员		社区工作者	
终极价值观	工具价值观	终极价值观	工具价值观	终极价值观	工具价值观
自尊	诚实	家庭安全	负责	平等	诚实
家庭安全	负责	自由	诚实	和平的世界	助人为乐
自由	能干	快乐	勇敢	家庭安全	勇敢
成就感	雄心勃勃	自尊	独立	自尊	负责
快乐	独立	成熟的爱	能干	自由	能干

这些差异是很重要的，因为经营者、工会成员和社区工作者表现出截然不同的兴趣。当他们坐在一起谈判或讨论有关公司的经济和社会政策时，他们会从各自的价值观出发，因为价值观的差异，要想对某个具体问题或政策达成一致意见可能是相当困难的。

实践指南

解决分歧与冲突的有效工具

工作和生活中的很多分歧与冲突其实根本上源于双方彼此的价值观不同。由于行为源于价值观的导向作用，价值观是隐性的，行为却是显性的，人们往往单纯地被行为牵引，却无济于事，因为不能从根源上解决问题。

不单纯地着眼于对方的行为，而从价值观入手寻求解决问题的途径是一种科学且有效解决问题的思维及行为模式！

尊重他人的价值观，去了解他人的价值观，在了解他人价值观的基础上找到双方价值观的结合点（共同部分），使对立隐遁于无形，结合变为有形。价值观成为解决分歧与冲突的有效工具。

二、秘书的价值观

1. 秘书价值观的含义

秘书价值观是秘书对其职业角色的社会价值的认识、理解和感知，是秘书对秘书角色的整体把握，是秘书扮演秘书角色、从事秘书工作、进行秘书实践活动的思想基础和精神原动力。

秘书价值观的构成包含两个方面：一是秘书对秘书职业这一社会分工及其实践对象（客体）全面的、整体的认识和把握，该层面回答的是“是什么”的问题，这是秘书价值观的认识基础，决定着秘书价值观的合理与否；二是秘书对自身角色（主体）的全面的、整体的认识和把握，这是秘书价值观的实际构成部分，回答了“应该怎样”的问题，是秘书人生观、道德观、职业观对秘书职业的综合反映，它引导并决定着秘书会有什么样的行为以及行为的正误。

案例导入中，王欣不屑于做“鸡毛蒜皮的小事”，如浇花、送老板的衣服去干洗、代老板给其儿子订蛋糕之类，因为王欣认为这根本就不是秘书应该做的事，也就是说在王欣对秘书这一工作客体的认识范畴里，是没有诸如“秘书（有时）是‘保姆’”与“秘书（有时）是‘服务员’”这样的概念的，与此相辅相成的是，王欣对秘书这一主体“应该怎样”的答案为“不应该打杂”“不应该做鸡毛蒜皮的小事”，作为辅助老板的助手而“应该”做大事，做有价值的事，做有成就感的事。

王欣的工作价值观对其工作动力、工作情绪、工作态度与行为发生起着直接的作用。当工作任务与其价值观相符合时就心情愉快，充满干劲；当工作任务与其价值观相背离时就情绪低落，无心做事。可见，秘书价值观对秘书工作行为的导向、秘书工作动力（通常反映为态度）的影响、秘书工作情绪的感染都有着直接的作用，并因此对秘书的工作效率产生间接的影响。

2. 合理定位秘书价值观的方法

合理进行秘书价值观定位，可以从以下几个方面进行。

（1）依据秘书职业内涵及其社会功能进行定位。秘书就是为组织或领导提供辅助与综合服务，使组织或领导有效控制、高效运作的助手兼管理人员。这决定了秘书从属的、辅助的、服务的地位，也决定了其社会功能就在于贯彻执行、辅助与服务。明确了秘书的职业内涵和社会功能，对于“秘书是什么”“秘书应该怎样”的秘书价值判断才可能符合实际。如若王欣能深刻理解秘书的从属性与服务性就不至于对老板安排的那些琐事杂务抱怨连连。抱怨正是因为不接纳，不接纳正是因为不理解。只有真正理解了秘书的职业内涵及社会功能，才可能期待与之相适配的工作立场与价值取向。

（2）根据组织需求及秘书职业发展阶段进行定位。组织或领导对秘书的工作要求既具有普遍性，又具有特殊性。秘书必须把握这种特殊性才能真正产生符合于实际情境的价值取向。例如龙永图先生在组织世贸谈判期间因承受超常的压力需要找一个经得起骂的秘书，其他人都怕被骂而唯恐避之不及，唯有龙先生特别挑选的那个秘书，承受能力超强，陪伴他度过了那个最困难的时期。这就是特殊性，这个经得起骂的秘书其实与龙先生在目标上高度的一致，且高度专注于世贸谈判：你骂不骂我无所谓，只要谈判能成功。其价值取向恰恰符合了特殊情境的需求。

秘书的职业发展不是一成不变的。秘书必须实时掌握其职业发展的运动变化，把握这种变化对其不同职业阶段职能和价值取向产生的实质影响。如，升级为办公室主任，其工作内涵与普通文员有极大的差异，价值取向也随之有了新的要求。作为普通文员，工作上你只要执行，作为办公室主任却更要管理与领导，如果你仍像做文员时那样一味地执行，而不擅或疏于管理与领导，在人际交往上也像做文员时那样一团和气，而没有底线和威信，那你很快就会陷入窘境。显然，不同的职业阶段，角色和工作重心也不相同，价值取向也应随之转换与界定，如：从文员到办公室主任应发展出恰当的约束、有效的管理、效率的促进等价值取向。秘书必须牢牢把握不同发展阶段不同角色特定的价值取向才可能形成充分的动机，并具有符合于角色要求的行为。

（3）以执行为根本，坚持正确的职业价值观。作为下级，秘书对领导具有从属性，要执行领导的决定或指示，这是秘书的义务。但这并不意味着一味地听命顺从，如果发现领导在工作、决策上存在问题或失误，秘书必须艺术地向领导说明，如果问题极为严重，有违纪违法现象，秘书必须坚持原则加以抵制，可通过正当的渠道、妥善的方法向上级组织或公安机关进行反映，及时纠正和处理。

3. 秘书正确的价值观

作为秘书，其价值观的确立应包括以下几个方面。

（1）以配角为光荣，甘于扶持。秘书总是默默无闻地扮演着幕后策划的角色，作为辅助者，光环和鲜花当然是领导的。但幕后英雄也是英雄，秘书必须认可自己的幕后价值，乐于接受自己的幕后角色。甘当配角、甘于扶持是做好秘书工作的前提。

（2）以服务为意志，乐于奉献。秘书必须时刻以服务领导、服务组织为意志，以向组织和领导提供优良的服务为使命，培养乐于奉献的精神，才能做到工作不挑三拣四，心态积极端正。

（3）以自律为品质，洁身端行。在机关中，秘书往往处于一个风口浪尖的位置，稍不留神就踩进贪污腐败的泥潭里；在企业里，秘书也常常置于一种微妙的处境，一不小心就落入钱权交易的染缸里。可以说，秘书是一个容易见识声色犬马的职业，因此尤其需要秘书锻造自律的品质，以良好的自我约束与控制能力来抵制各种诱惑，秘书要不断自省、自警，洁身端行，以自尊、自信、自爱、自强来成就健康积极的人生。

（4）以敬业为精神，忠于职守。秘书工作内容繁杂，工作任务价值大小不一，既有如高层谈判这样充满挑战也容易激发激情的工作，也充斥着如文档收集与整理这样重复而枯燥的工作。作为职业秘书，面对能激发兴趣的工作应专注与投入，面对枯燥、重复的工作也需静心、细致、一丝不苟，以敬业为精神，才能忠于职守，使工作处处放彩。

（5）以完善为目标，终身学习。优秀的秘书，特别是高级秘书，往往是“杂家”或“通才”：具有丰富的学识及多元化才能，具备高强的领导能力、协调能力、管理能力，富有实战经验并且具有极强的人格魅力，这样才能抵达较高的职业目标，实现自己的职业理想。这些都需要数年甚至十几年、几十年的培养和修炼。俗话说：活到老，学到老。作为通才型的专业人士，秘书尤其需要以不断提升与完善自己为目标，终身学习。

4. 秘书价值观的模糊与错位

秘书价值观的错位在现实中主要有以下几种情况。

（1）过高的秘书价值观。秘书同领导的密切关系和秘书所处的机要位置，很容易使秘书在工作中产生膨胀感，过高地夸大秘书的职业地位及社会功能。在心态上自认为了不起，把自己摆在重要的位置，认为自身的角色价值不可估量，行为上通常对小事不屑一顾，对同事趾高气扬，常常表现出狂妄自大，脱离组织；或恃位自傲，肆意妄为：一些秘书因了解领导特点和工作风格，在工作中往往能按照领导的意图办事，深得领导赏识，如果这时秘书对自我的角色没有清醒的认识，将自己已然作为领导的化身，擅做主张，越权办事，甚至打着领导的旗号肆意妄为；或居功自负，不思进取：一些秘书作为领导的高参，在许多问题上对领导和组织形成重大的影响，时间一久，便自认为功不可没、无可替代，并自诩专家，不再钻研业务，也不注重水平与能力的提升，抱着元老和专家的心态坐吃老本，有时反而给工作带来阻碍。

（2）过低的秘书价值观。在我国许多人的观念里，秘书就是端茶倒水伺候人的，再加上秘书对领导的依附关系，使一些秘书产生强烈的职业卑微感，认为作为秘书的自己没有价值，低人一等，缺乏职业信心和平等的人格尊严而常常表现出唯唯诺诺，犹豫退缩；拘谨畏惧，自我封闭；缺乏热情，被动应付；情绪低落，心理失衡等不利于工作推进的退缩性行为。

（3）充满私欲的秘书价值观。人的欲望是无限制的，秘书如果不懂得节制自己的欲望，就容易因膨胀的私欲而使自己的职业使命沦落为仅仅提供利益交换的手段，甚至为了私欲不择手段，而完全扭曲对秘书职业的理解和定位。常见的类型有追求权利型、贪图利益型、交换情感型。这种类型的秘书为追求权利或利益不惜损害组织和他人的利益，有的甚至不惜以自己的人格与尊严换取物质的享受。

秘书角色的偏离，价值观的错位，不但歪曲了秘书职业，同时也造成了不良的社会影响，妨碍了秘书自身积极健康的发展。立志成为优秀秘书的人员，应引以为戒，树立正确的价值观，在正确价值观的引导下培养精湛的业务能力，塑造积极进取、自尊、自信、自爱、自强的秘书形象，在工作中展现风采，实现自我人生。

分析·训练

一、阅读讨论

目标要与价值观相配

选择的深层依据是你的价值观，选择的表层依据是你的目标（当然，对于没有目标的人，选择的依据就是他个人所理解的利益），所以，当选择的表层依据与深层依据相配时，也就是目标与价值观相配时，我们会在成功的路上走得很轻松愉快，反之，就非常痛苦，往往半途而废。

以戒烟为例。都说戒烟这件事不易，也有说反话的："戒烟太容易了，从上支烟灭掉，到下支烟点燃之前，我都是戒着的。"我自己从大学开始，吸了十几年，牙都黑了。2005 年五一节过后开始戒烟，不知不觉四年多过去了，获得成功。

当初朋友们听说我要戒烟，都不相信能戒掉，不少人等着看笑话。等我成功了，不少人开始羡慕，说你意志力真强。其实不是，我自认不是个自律性强的人，能成功，归纳起来四点原因：

一是培养“健康”比“抽烟的乐趣”更重要的价值观。事实上，早在2002年，我就萌生了戒烟的想法。那时开始感觉到一天到晚口臭、早上起床喉咙干、嘴里没味道，自己很不喜欢这种不健康的状态。又看到一些长辈在晚年卧病在床，自己痛苦家人也痛苦，开始感到健康的重要性。但那时虽有戒烟的想法，由于在价值观中“健康”的地位并没有胜过“吸烟的乐趣”，所以没有真正戒。因为这种情况下贸然戒烟，动力其实并不足够强大，很可能半途而废，一旦失败，以后再戒成功的可能性就更小。反观很多人经常说：“我知道抽烟对健康不好，我一天少抽几根就行了。”其实这就是他的价值观中，“健康”的地位，没有压倒“抽烟的乐趣”。

二是找到正确的方法。我从不跟自己说：“我要戒烟。”而是说：“我要用吃零食的习惯取代抽烟的习惯。”习惯是我们日常生活不可或缺的部分。没有习惯，我们会迷失自己而茫然无助。如果把精力集中在不良行为上，可能反而会加强不良行为的力量。因为人的潜意识里有种逆反心理，越是说戒掉什么，越是要犯瘾。所以我对自己说：吸烟是为了乐趣，现在，我只是换一种享受乐趣的方式。我就在原来放烟的位置，放些零食，其实吃得也不多，主要是起个心理作用，让神经系统觉得自己在享受乐趣。个人认为，这种用健康的习惯取代不良习惯，而不是硬生生挖掉旧习惯的方法，是能够成功的关键因素之一。

三是为自己创造合适的启动时间和环境。那一年五一节，得了重感冒，过节期间朋友聚会，抽了大量的烟，结果呼吸道感染，嗓子就像有团棉花堵着，吸烟的乐趣消失殆尽。客观上不能吸烟，主观上不想吸烟，于是决定从五月七号开始戒烟。等半个月后，呼吸道感染好转，生理烟瘾期也过了。

四是不断记录自己的进步，保持动力。戒烟之后，慢慢地口气清新了，早上起床喉咙不干了，这些变化都是逐渐呈现的，自己感觉到了，就记下来，成为进步的动力。

写这么多，就是想说明一点：如果说目标解决“要去哪里”的问题，价值观则解决“为什么要去”的问题。要么，你的目标能为了价值观改变，要么，你的价值观为了目标而改变，总之是要相配，否则，缺乏价值观做深层次的驱动力，目标的达成就得不到保证。（节录自：乔尹《十三年职场经验总结》之——目标要与价值观相配）

小组讨论后，小组代表分别作答：

1. 结合所学知识，分析乔尹戒烟成功的关键因素。

2. 乔尹戒烟成功带给你哪些启示？

二、价值观拍卖

1. 活动提示：你带了100万元来参加价值观拍卖活动。

2. 商品介绍：拍卖师向大家展示将参与竞拍的34个“商品”，请你仔细浏览商品清单，确定你准备出价的项目及预付金额的区间。

3. 拍卖开始，每件商品底价为100元，请对你感兴趣的项目参与竞拍加价。提请注意：

资金有限，还价有理，出价前充分考虑商品价值以及拍卖的行为后果（买了这个可能就买不了那个了）。

4. 项目清单：

购买的项目	花费的金额（自填）

1. 清除世界上现有的偏见。
2. 帮助病人与穷人。
3. 成为有名的人物（如电影明星、篮球英雄、太空人）。
4. 一个能使你的公司多赚 3 倍钱的企划案。
5. 天天按摩并吃世界上最好的厨师烧的菜。
6. 了解生活的意义。
7. 一种能使大家不再贫穷或说谎的疫苗。
8. 布置你工作的环境。
9. 成为世界上最富有的人。
10. 当总统。
11. 一次最完美的恋爱。
12. 一栋房子，有着你喜爱的艺术品，室内室外有着全世界最美的风景。
13. 成为全世界最有吸引力的人。
14. 活到一百岁而不曾生病。
15. 接受一个天才精神分析家的精神分析。
16. 一个为你私人所用的、收集名作最完备的图书馆。
17. 送些礼物给父母、妻子、子女。
18. 清除世界上不公平的事。
19. 发现蕴藏 100 万盎司的金矿，把它送给你最关心的慈善机构。
20. 被选为今年的杰出人物，受全世界报纸的赞扬。
21. 精通你本行的事情。
22. 除了享受外，什么事都不必做，一切的需要和欲望都自动地会得到满足。
23. 成为世界上最聪明的人。
24. 一种把“真诚的血浆”渗入全世界每一个水源的设备。
25. 能轻轻松松地做你想做的事情，一点儿也不匆忙。
26. 一个充满着银元的大房子。
27. 控制 50 万人的命运。
28. 受到全世界人的热爱与崇拜。
29. 有着无限的车票、戏票，使你能观赏各地音乐、舞蹈和戏剧的演出。
30. 新的发型、任你选设计师裁制你的衣服，再给你两星期的时间到美丽的景区去泡温泉。
31. 成为世界上最好的健康俱乐部的会员。
32. 能免除心理困扰的药物。
33. 拥有一台全能的计算机，要什么情报就有什么情报。

34. 和你的家人一块去旅游。

说明：这34个项目中的每一个项目都和一定的价值观关联：1和18——公平，2和19——人道主义，3和20——认可，4和21——成就，5和22——快乐，6和23——智慧，7和24——诚实，8和25——自主，9和26——经济，10和27——权力，11和28——爱，12和29——美感，13和30——外表的吸引力，14和31——健康，15和32——情绪方面的圆满，16和33——知识，17和34——热爱家庭。假如你在项目8上花了最多的钱，那么最重视的价值观为自主，假如在项目29你花了次多的钱，美感就是第二重要的价值观。

三、职业价值观自测（选做）

你理想的工作，应该具备哪些特征呢？请根据自己对理想工作的期望，回答下列每一个问题，给每一个问题在1～5分之间打分，5分表示非常重要、4分表示比较重要、3分表示一般重要、2分表示较不重要、1分表示不重要。将各题的分数填写在括号内。

第一组

1. 你的工作能为社会福利带来看得见的效果（　　）
2. 你的工作使你能常常帮助人（　　）
3. 你为他人服务，他人满意你自己也很高兴（　　）
4. 由于你的工作，经常有许多人来感谢你（　　）

分数之和（　　）

第二组

1. 你的工作带有艺术性（　　）
2. 你的工作能使世界更美丽（　　）
3. 你的工作结果不是一般产品而是艺术品（　　）
4. 你的工作需要同电影、音乐、美术、文学等艺术打交道（　　）

分数之和（　　）

第三组

1. 你的工作必须经常解决新的问题（　　）
2. 你的工作是一项对智力的挑战（　　）
3. 你的工作需要敏锐的思考（　　）
4. 在工作中常常要你提出许多新的想法（　　）

分数之和（　　）

第四组

1. 你的工作使你有不断取得成功的感觉（　　）
2. 你能从工作的成果中知道自己做得不错（　　）
3. 你可以预见自己努力工作的成果（　　）
4. 你的工作成果常常能得到别人的肯定（　　）

分数之和（　　）

第五组

1. 你能在你的工作范围内自由发挥（　　）

2. 你能在工作中试行一些自己的新想法（　）
3. 你在工作中不会有人常来打扰你（　）
4. 你在工作中是不受别人差遣的（　）

分数之和（　）

第六组

1. 你的工作能使你的朋友和同事非常羡慕（　）
2. 在别人眼里，你的工作是非常重要的（　）
3. 你的工作作风使你被别人尊重（　）
4. 你从事的那一种工作，经常在报刊、电视中被提到，因而在人们的心目中很有地位（　）

分数之和（　）

第七组

1. 你的工作赋予你高于别人的权力（　）
2. 你的工作要求你把一些事务管理得井井有条（　）
3. 你的工作需要计划和组织别人的工作（　）
4. 在工作中，你可能做一个负责人，你信奉“宁做兵头，不做将尾”这一俗语（　）

分数之和（　）

第八组

1. 你的工作奖金很高（　）
2. 只要努力，你的工资会高于同龄人，或升职加薪的可能性要比其他人更大一些（　）
3. 你的工作可以使你获得较多的额外收入（　）
4. 你的工作有数量可观的夜班费、加班费、保健费或营养费等（　）

分数之和（　）

第九组

1. 在工作中你能接触到各种不同的人（　）
2. 你的工作经常要外出，参加各种集会和活动（　）
3. 你的工作有可能结识各行各业的知名人物（　）
4. 你的工作会使许多人认识你（　）

分数之和（　）

第十组

1. 不论你怎样干，你总能和大多数人一样晋升和加薪（　）
2. 在工作中你不会因为身体或体力等因素，被人瞧不起（　）
3. 只要你干上这份工作，就不会再被调到其他意想不到的单位或岗位上去（　）
4. 在工作中不必担心会因为所做的事情领导不满意而受到训斥或经济处罚（　）

分数之和（　）

第十一组

1. 你的工作上下班时间比较随便、自由（　）

2. 你的工作单位有舒适的休息室、更衣室、浴室及其他设备（　　）
3. 你的工作场所环境整洁、灯光适度、空间宽敞、温度适宜（　　）
4. 你的工作体力上比较轻松，精神上也不紧张（　　）

分数之和（　　）

第十二组
1. 你的工作能使人感觉到你是团体中的一分子（　　）
2. 你在工作中能和同事建立良好的关系（　　）
3. 你工作单位的同事和领导人品较好，相处比较随便（　　）
4. 在你的工作中能与领导有融洽的关系（　　）

分数之和（　　）

第十三组
1. 你的工作内容经常变换（　　）
2. 你的工作使你有可能经常变换工作地点、工作场所或工作方式（　　）
3. 你在工作中经常接触到新鲜的事物（　　）
4. 你在工作单位中，有可能经常变换工种（　　）

分数之和（　　）

自评：请你找出分数之和最高的两组，这两组代表了你的职业价值观倾向。

第一组：职业价值观倾向利他主义。你认为工作的目的和价值，在于直接为大众的幸福和利益尽一份力。

第二组：职业价值观倾向美感。你认为工作的目的和价值，在于能不断地追求美的东西，得到美感的享受。

第三组：职业价值观倾向智力刺激。你认为工作的目的和价值，在于不断进行智力开发，动脑思考，学习和探索新事物，解决新问题。

第四组：职业价值观倾向成就感。你认为工作的目的和价值，在于不断创新，不断取得成就，不断得到领导和同事的赞扬或不断实现自己想要做的事。

第五组：职业价值观倾向独立性。你认为工作的目的和价值，在于能充分发挥自己的独立性和主动性，按自己的方式、步调或想法去做，不受他人的干扰。

第六组：职业价值观倾向社会地位。你认为工作的目的和价值，在于所从事的工作在人们的心目中有较高的社会地位，从而使自己得到他人的重视与尊敬。

第七组：职业价值观倾向管理。你认为工作的目的和价值，在于获得对他人或某事的管理权，能指挥和调遣一定范围内的人或事物。

第八组：职业价值观倾向经济报酬。你认为工作的目的和价值，在于获得优厚的报酬，使自己有足够的财力去获得自己想要的东西，使生活过得较为富足。

第九组：职业价值观倾向社会交际。你认为工作的目的和价值，在于能和各种人交往，建立比较广泛的社会联系和关系，甚至能和知名人物结识。

第十组：职业价值观倾向安全感。你希望不管自己能力怎样，在工作中要有一个安稳的局面，不会因为奖金、加薪、调动工作或领导训斥等而经常提心吊胆、心烦意乱。

第十一组：职业价值观倾向舒适。你希望将工作作为一种消遣或享受的形式，追求比较舒适、轻松、自由、优越的工作条件和环境。

第十二组：职业价值观倾向人际关系。你希望一起工作的大多数同事和领导，人品较好，相处在一起感到愉快、自然，认为这就是很有价值的事，是一种极大的满足。

第十三组：职业价值观倾向变异性。你希望工作的内容应该经常变换，使工作和生活显得丰富多彩，不单调枯燥。

课后阅读

职业价值观分类

学者凌文辁考察了我国青年学生职业价值观的变迁及其原因，将职业价值观分成了以下三类：

第一类：物质利益保障有关，统称为保健因素，它包括：

(1) 收入高。重视收入的人追求殷实富足的生活，利润意识强，因此有较强的工作动力，不介意工作强度和工作环境等因素。但是，有可能因为缺乏长远的眼光而急功近利。

(2) 福利好。重视单位福利的人往往也重视稳定，在能够提供稳定良好的福利待遇的单位将会是一个很忠诚而知足的员工。

(3) 工作稳定。重视工作稳定的人希望选定一个工作以后就可以不再更换，足够忠诚并且有很好的适应性，但可能进取心不是很旺盛，有时候因为害怕变动而会有些保守。

(4) 工作环境好。重视工作环境的人希望有舒适的办公环境，关心环境的温度、整洁、便利要胜过关心工作成就和报酬，会千方百计地美化自己的工作环境，并且也愿意对整个公司的工作环境提出有意义的建议，但可能会对环境比较挑剔，若需要在艰苦的环境中工作，可能会觉得十分不适应。

(5) 符合家庭需求或期望。重视家庭的人会把家庭及成员的利益放在重要的位置。因此，在工作中拥有简单而明确的方向和动力，即为家庭服务，所以对个体进行选择时标准也会比较明确。但是，过于看重家庭的标准或需求可能会造成自己选择时的冲突，长此以往可能会忽视自己内心的兴趣和需求等，将生活作为任务或者挑战，而缺乏享受生活的乐趣。所以要注意在看重家庭的同时，关注自己内心的感受。

(6) 不经常出差和加班，休闲时间充分。重视自己休闲时间的人会十分重视生活品质，注重将工作和休闲区分开，有利于保持健康的生活习惯，并且可以有多一些的时间花费在家庭和个人休闲上。由于要将工作休闲时间充分分开，对于加班、赶工等表现得不甚热衷，容易被理解为对工作不积极。在快节奏的工作环境中，如果加班，可能会觉得很有压力，难以适应。

(7) 工作中人际关系和谐。注重工作中的人际和谐，不喜欢复杂的人际关系。如果在和谐的人际关系中会非常闲适自在，如鱼得水，而在不协调的人际关系中工作会非常焦虑，但可能由于太过注重关系而影响工作效率。

第二类：与个人才智的发展和发挥有关的，统称为发展因素，它包括：

(1) 工作内容符合兴趣爱好。重视自身兴趣爱好的人希望自己的工作与自己的兴趣一致，对自己感兴趣的工作有较高的热情。如此，个体乐意投入自己的时间和精力而不求回报，遇到困难时乐于想尽办法解决，因此会促使其在该工作上取得成就。但是，要注意没有一份工作的全部内容都让自己感兴趣。因此，过于重视兴趣与工作的匹配，有可能导致对工作容易产生厌烦和灰心，不利于工作的稳定和发展。

(2) 工作压力不大。看重工作压力不大的人希望可以较轻松地进行工作，因此，在实际工作中比较容易建立和谐的人际关系。但是，可能在收入或者工作能力提升上会有损失，以及对竞争力和上进心等产生妨碍。

(3) 能发挥自己的才能。看重自身才能发挥的人希望学以致用，因此在工作中明确自己的优势和目标，并且具有主动性。但是，过于看重自身才能发挥的人可能对于琐事、事务型的工作会觉得在浪费时间，情绪不高。

(4) 自主性大。重视工作中独立自主的个体希望在工作中体现出自己的想法，发挥自己的创造力。因此，在工作中会非常积极主动，具有创造力，并且做事情有担当，特别是在自由的氛围尤其如此。但是，工作环境的自主性很大程度上不取决于个人。另外，如果过于关注个性的发挥，或许听不进别人的意见，独断专行，可能对团队的合作等因素有阻碍作用，并且如果个人主动性未得到发挥，容易产生倦怠感。

(5) 提供培训、继续教育等机会。重视继续学习机会的人希望在工作当中能够不断成长，吸收新知识。因此，在这种动力下，个体会为自己拓展更为广阔的发展空间。

(6) 能够胜任。看重在工作中胜任的人希望能够游刃有余地完成自己的工作。因此，在工作中会尽量避免出错，无论工作效率还是质量都比较良好稳定。但过于重视工作胜任的人可能会无意识地避免有挑战性的工作，而工作中总是会不断出现有挑战性的任务，要注意调节由于工作中新的刺激而产生的压力。

(7) 工作内容具有一定挑战性。看重挑战性的人希望工作中不断出现新的、具有一定难度的任务，以刺激其能力的发挥。因此，在工作中会比较有成就感，并且能力提升或晋升的速度会很快，在成就面前，个体的自信心和效能感也会逐渐增强。但是如果过于重视工作内容的挑战性，个体对工作内容可能会比较挑剔，一般的、简单的、常规的工作不会引起重视，所以可能会有些怠慢，这样不利于职场新人最初的发展。

(8) 工作机会均等、公平竞争。公平可能对老板或企业的要求较高，在任何组织中，公平都不是绝对的，过于重视公平可能会陷入刻板和愤世嫉俗。

(9) 工作内容多样丰富、不单调。看重工作内容多样性的人希望工作环境中充满各种不同的刺激，从而能够满足自身不同的需求。所以可能容易保持在工作中的新鲜感和热情，接触不同的领域也对个体能力的扩展有帮助。但是，过于强调工作内容的丰富，可能会导致自己的精力和时间分配的范围太多，造成浅尝辄止，或许不利于培养在工作场合的优势竞争力。

第三类：与声望地位有关的，统称为声望因素，它包括：

(1) 单位知名度高。看重单位知名度的人往往因为意识到竞争的激烈和能力的要求高，便很早开始做准备，努力提升自己。并且个体会主动维护和宣传单位的名声，以组织为荣。但是只看重单位的知名度，会造成职业选择的范围相对小，要警惕在求职过程中“高不成低不就”的情况发生。并且如果个体对组织的高期望与现实不符合，更容易造成情绪上的失落，损害工作中的积极性。

（2）晋升机会多。重视晋升机会的个体希望组织提供不断升迁的机会。在工作中，个体会努力表现自己，愿意从岗位比较低的位置做起，并且常常有自己的想法和目标。但是过于看重晋升机会，人际关系上可能有损害。

（3）单位规模大。重视单位规模的个体在工作中可以有机会跟更多的人学习，并且可能更深入地了解制度规范的严谨以及权责明确。但是，正是由于单位的规章制度严谨，个体的自主性可能得不到满足。

（4）单位在大城市。看重单位在大城市的人在工作中可能表现得更有竞争意识，并且重视资源的利用。但是，大城市压力大、节奏快的特点，需要个体具备时间管理和压力管理的能力。在面临大城市信息膨胀的情况下，个体更需要信息加工的能力，自己保持清醒的意识，不断反思自己的发展方向。

（5）较高社会地位。希望较高社会地位的人看重别人尊重的眼光和名声。因此，在工作中个体会努力争取机会锻炼表现自己，对有益于社会地位的工作积极、用心。但是要注意良好人际关系的维持，以及工作中基础任务的完成情况。

（6）容易成为该领域专家或成名。希望成为专家或名家的个体非常看重自身能力能够带给自己的声望。在这种情况下，个体会重视学习，努力提升自己，并且一般会目标明确，重视利用资源。但是，过于追求这种名声，要注意在追逐名利的过程中，思维可能会变狭窄，造成自己的原则在现实中妥协。

（7）能够助人，为社会贡献。看重助人与社会贡献的人往往是利他主义的，希望分担他人的忧愁，带来希望等。因此，个体对他人和社会的问题往往比较敏感。在这种动力下，个体往往会在助人过程中培养了与人沟通的能力，善于建立信任的人际关系，并且易在助人过程中得到巨大的满足感。但是，助人者要注意平衡助人与自己生活的关系，日常生活中心理的调节非常重要。

关于这三者之间的关系，通常认为，在保健因素有基本保障，而且物质待遇差别不大的情况下，人们的目标往往指向高级的精神需要，即发展的需要。而如果保健因素得不到稳定的保障，而且又存在着获取更多物质利益的可能性的情况下，人们的行为就会向满足低层次需要的方向回归。

课题三 秘书的自我激励

学习目标

◆ 掌握激励的概念、方式及重要性

◆ 掌握秘书自我激励的策略

案例导入

2004年4月27日，世界500强企业、欧洲排名第一的零售业巨头——英国翠丰集团百安居的中国公司，将另一家世界500强企业欧倍德兼并旗下，成为中国建材零售业无可置疑的“巨无霸”。这一惊动业界的并购事件，也将百安居中国区的年轻总裁——卫哲推到幕前。

2002年，卫哲出任该要职的时候，年仅31岁；即使在今天，他依然是最年轻的世界500强中国区总裁。短短几年时间，由卫哲领导的百安居不仅平稳发展，更是将竞争对手欧倍德一举拿下。

回想十年之前，刚刚走出大学校门的卫哲的第一份工作是翻译兼秘书。从普通职员、主管、部门经理、总监、副总裁到总裁，卫哲几乎走完了许多人毕生都无法企及的台阶。卫哲究竟如何能够平步青云？他有什么职场独门秘籍？作为一个31岁升迁到高位的金领人士，卫哲并没有乘坐“直升机”，他坦言脚踏实地、一步一个脚印是唯一要义。“没有捷径、没有秘籍，我能做的是在自己选择的道路上辛苦地走。看自己每天是不是能付出得比别人更多。刚开始，我每天工作的时间是14～15个小时，现在大概是每天10小时。但是，走的方法有技巧，是走和跑相结合还是怎么样，将决定一个人在不同阶段上花费时间的不同。我想说的是，职业生涯中没有跳跃式的发展，即使存在，回过头来你还是一样要补上越级的台阶，我有过这样惨痛的教训，并为之付出代价。”

想一想：卫哲是如何获得成功的？

评析：卫哲的事业是成功的，他的成功在于脚踏实地、一步一个脚印，在于勤奋努力、坚持不懈。努力与坚持一时是容易的，但不懈地努力与坚持却是难的，这恰恰是决定个人成功与否的要素之一。正如德国专家斯普林格在其所著《激励的神话》一书中所言：“强烈的自我激励是成功的先决条件。”坚持不懈的行为背后具有决定作用的则是基于个体的需要与动机不断激发自己前行的能力。秘书工作具有内容烦琐、忙闲不一的特点，很容易磨灭人的工作热情，如何有效地激励自我更值得秘书深入学习与探索。

相关知识

一、激励概述

激励，即激发鼓励，就是通过一定的方式或手段激发人的内在动机，以达到调动人积极性的心理过程。

1. 激励的重要性

激励是调动个体积极性的核心手段，激励得当可以提高人的工作积极性及活动效率；反之，激励不当或缺乏激励，个体的工作积极性及活动效率就会受到影响。美国心理学家威廉·詹姆士通过研究发现：在缺乏科学、充分激励的情况下，员工仅能发挥其能力的20%～30%，而受到充分激励的员工所发挥出来的能力则达到80%～90%。正因为激励具有重要的效能作用，因此，激励普遍受到组织的重视，成为保证组织发展动力、实现组织目标的一种重要的管理职能。

2. 激励的方式

有效的激励一定是建立在了解需要、掌握动机的基础之上的。不同的人其需求不同，自然动机也不一样，进而对之有效的激励方式也不同。因此，激励的方式也多种多样，有的源于内部，即自我激励，有的源于外部即环境激励、组织激励、他人激励等；有的正面进行，有的反面进行；有的有形如物质激励，有的无形如精神激励。

（1）内激励和外激励。内激励是指个体源于内部力量的激发而获得动力。如因对工作怀有兴趣、爱好、责任感、抱负或借工作获得锻炼、成长与自我实现等而追求从工作本身得到满足。内激励是一种自动自发的状态，其作用持久。外激励是指个体源于外部力量的激发而获得动力。这种外部力量常常表现为具有诱因价值的内容，如奖金、培训机会、休假等。由于外激励借助于外部诱因，一旦诱因消失，外激励的作用就难再持续。

（2）正面激励和反面激励。正面激励就是根据个体的需要，从正面进行引导或鼓励，使其动机、行为与组织目标保持一致。如，当个体的行为符合组织的需要时，就通过表扬、奖赏的方式来鼓励这种行为，以达到持续和发扬这种行为的目的。反之，反面激励是通过批评、训斥或否定等反面手段，高度刺激个体对被尊重、被肯定、被重视等的心理需要，从而使其奋起向上。激将法就是使用反面激励的典型效应。正面激励与反面激励虽取向不同，但都是对人的行为进行强化，正面激励起正强化的作用，是对行为的肯定；反面激励起负强化的作用，是对行为的否定。

（3）物质激励和精神激励。物质激励是通过满足个体物质需要来达成激励，如奖金、奖品发放，奖励住房，配车等。精神激励则是通过满足个体的精神需要来达成激励，如信任、尊重、赞美、表扬等。纯粹的精神激励较之单纯的物质奖励具有更大的激励作用，两者若能结合，则会取得更大的效果。

小资料

常见的几种激励理论

激励理论是行为科学中用于处理需要、动机、目标和行为四者之间关系的核心理论。具代表性的有如下几种。

(1) 马斯洛的需要层次理论。马斯洛 1943 年初次提出了“需要层次”理论，把人类复杂的需要分为生理的需要、安全的需要、情感和归属的需要、尊重的需要及自我实现的需要五个层次。马斯洛认为，只有低层次的需要部分得到满足后，高层次的需要才有可能成为行为的重要决定因素。

(2) 弗鲁姆的期望理论。维克托·弗鲁姆于 1964 年在《工作与激励》中提出了期望理论，又称作“效价—手段—期望理论”。期望理论认为：某一活动对于调动个体的积极性，激发出个体内部潜力的激励（Motivation）的强度，取决于该活动在达成目标后满足个人需要的价值的大小——效价（Valence）及个体根据过去的经验进行判断该活动能导致该结果的概率——期望值（Expectancy），即：$M=V\cdot E$。

(3) 斯金纳的强化理论。强化理论是美国的心理学家和行为科学家斯金纳、赫西、布兰查德等人提出的一种理论，也称为行为修正理论或行为矫正理论。斯金纳认为人是没有尊严和自由的，人们是否采取行为，只取决于一个影响因素，那就是行为的后果。他提出了一种“操作条件反射”理论，认为人或动物为了达到某种目的，会采取一定的行为作用于环境。当这种行为的后果对他有利时，这种行为就会在以后重复出现；不利时，这种行为就减弱或消失。人们可以用这种正强化或负强化的办法来影响行为的后果，从而修正其行为。根据强化的性质和目的，可把强化分为正强化和负强化。在管理上，正强化就是奖励那些组织上需要的行为，从而加强这种行为；负强化就是惩罚那些与组织不相容的行为，从而削弱这种行为。正强化的方法包括奖金、对成绩的认可、表扬、改善工作环境和人际关系、提升、安排担任挑战性的工作、给予学习和成长的机会等。负强化的方法包括批评、处分、降级等，有时不给予奖励或少给奖励也是一种负强化。

3. 自我激励

激励既包括外部激励如组织激励、他人激励等，也包括内部激励即自我激励。外部激励通常不为或少受个体控制，因而在秘书心理学的应用研究中，从自我管理的角度更多地了解自我激励策略对秘书自身而言有现实的行为指导意义。

(1) 自我激励的概念。自我激励就是个体通过精神或物质的刺激，使自身产生一种行为动机，促使个体具有内在的工作动力，不需要外界奖励和惩罚作为激励手段，就能朝着所期望的目标努力前进的心理活动。简单地说，也就是调动自我积极性的能力。卫哲刚开始每天工作 14～15 个小时，其中的艰苦是常人难以忍受的，若不是善于自我激励，恐怕是难以不懈地朝着目标迈进的。

(2) 自我激励的作用。人的一切行为都是受激励产生的，通过不断的自我激励，人才会拥有持续的、内在的动力，不断朝所期望的目标前进，最终达到成功的顶峰。具体而言，其一，个体可通过自我激励保持对学习和工作的高度热忱，这是一切成就的动力；其二，个体通过自我激励达成自我约束以克制冲动和延迟满足，这是获得任何成就的保证；其三，个体通过自我激励获得面对挫折的勇气和行为的动力，越挫越勇。

（3）自我激励的基本模式。自我激励根本上在于个体通过提供一种行为动机，自动自发地朝着所期望的目标前进。自我激励的过程就是个体通过改变外部刺激以满足自身需要的过程。其基本模式如图 4—3—1 所示。

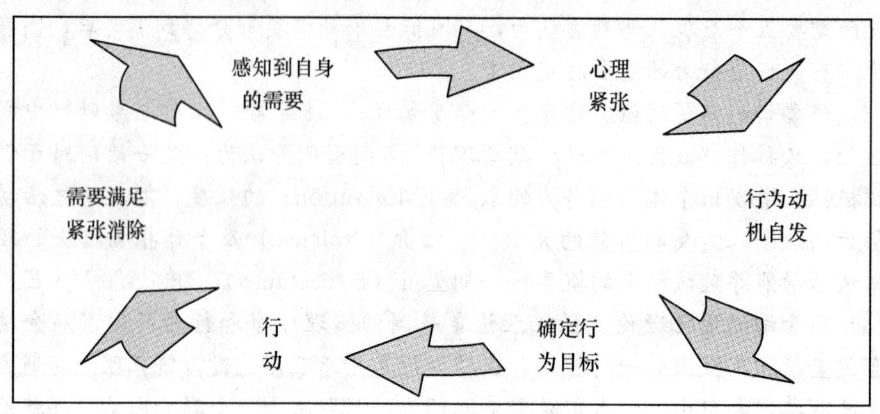

图 4—3—1　自我激励的基本模式

从自我激励的基本模式可见：个体未被满足的自身需要，引发其强烈的欲望和心理紧张，并使人自动自发地产生一种缓解紧张的内驱力，即行为动机，行为动机直接指向某行为目标，并发动出实现目标的行动，通过行动，需要得到满足，紧张感消除，激励过程结束。然后又有新的需要产生，由此又将开始新一轮的激励过程。

二、秘书自我激励的策略

由自我激励的基本模式可见，需要、动机、目标与行为是自我激励的关键要素。此外，兴趣、认知取向、归因方式等也是影响个体行为的要素，秘书制定自我激励的策略，进行个人动力管理应围绕这些要素展开。

1. 全面地认识自身的需要，多层面地诱发动机

马斯洛的激励理论揭示出个体的需要是多层次多种类的，但在现实生活中人们不能全面地认识自身需要的情况常常会发生。如，刚踏入社会的职场新人，生存的需要是首位的，逐渐地收入慢慢稳定下来，生存不再是问题，人们此时可能满足于当下的现状不再有动力去追求更高的目标，而忽略了自身对成就、权利、被尊重的需要。随着时间的流逝，当逐渐发现自身对成就的需要越来越强烈时，却又可能感到为时已晚。因此，全面地认识甚至是发掘自身的需要是保障个体具有不竭动力的良方，使个体总有前进的目标与方向。

此外，个体在发展过程中可能还会遭遇自身多种需要之间冲突的困惑。如想要自由却又不得不因为生存需要而面对工作上的种种规则或束缚；想要轻松快乐，又需要不断劳作以有所成就等。按照马斯洛的需要层次理论，只有低层次的需要部分得到满足后，高层次的需要才有可能成为行为的重要决定因素。对于秘书而言，面对这样的问题则需认清当下自身的主要矛盾，以解决主要矛盾为主。当生存为主要问题时，当然满足生存需要就是首要的，当生存无碍而对诸如成就或权利等有更高需要时，则可以以此为动机确立新的目标与行为系统。

2. 以积极的认知取向和乐观的预期来激发行为

认知方式以及对事物所做的预期对个体行为会产生极大的影响。设想如果卫哲认定：

"无论怎样秘书就是个打杂的""我这辈子就是做秘书的料"那么他会有怎样的行为模式?积极地认知事物，乐观地预期事物，拟定高远的人生目标，是秘书在心理上形成积极暗示，行为上高效激发行动的好方法。

3. 以正向的归因方式来激励行为

归因，即归结行为的原因，指个体根据有关信息、线索对行为原因进行推测与判断的过程。在人生的赛道上总是挤满奋发向上的打拼者，当中不乏像卫哲这样持之以恒、坚持不懈的，也从来不乏步步妥协、节节退让的人。妥协者自有妥协的理由，如认为自己无能力、怪自己没人缘、认定没有好的合作者等等。

不同的归因会带来不同的行为，将事物结果的原因归于外部，是一种悲观的归因方式，因为相对外部而言，我们更能掌控的是自身，外归因很容易导致无能为力的悲观心态。秘书应学会以积极的归因方式来激励自己行动。

4. 以兴趣为导向激励自己的行为

兴趣不但是最好的老师，也是不竭的动力源。个体若能从事自己感兴趣的事情，行为的动力定然会倍增。因此个体应有意识地结合兴趣爱好，创造条件选择工作，也就是使自己能够做自己喜欢做的事情。作为秘书，工作已定，则应在工作中发掘自己的兴趣点，发展自身的兴趣，以使自己能充满活力地工作，使工作充满乐趣。

5. 利用有效的激励方式

秘书进行有效的自我激励，离不开目标与榜样等的激励作用。目标激励是通过设定具有挑战性且具体的目标，激励自己朝着既定的目标奋发向上。目标使个体在人生航向中始终保有动力，不懈前行。榜样的作用是巨大的，个体往往会被榜样的力量所促动和鞭策而获得动力不断努力前行。秘书可以为自己设定目标，并树立榜样，以此激励自己不断前进。

分析·训练

一、案例分析

有一个法国人，42岁了仍一事无成，他自己也认为自己简直倒霉透了：离婚、破产、失业……他不知道自己的生存价值和人生意义。他对自己非常不满，变得古怪、易怒，同时又十分脆弱。有一天，一个吉普赛人在巴黎街头算命，他随意一试。

吉普赛人看过他的手相之后，说："您是一个伟人，您很了不起!"

"什么"，他大吃一惊，"我是个伟人，你不是在开玩笑吧?!"

吉普赛人平静地说："您知道您是谁吗?"

"我是谁?"他暗想，"是个倒霉鬼，是个穷光蛋，我是个被生活抛弃的人!"

但他仍然故作镇静地问："我是谁呢?"

"您是伟人"，吉普赛人说，"您知道吗，您是拿破仑转世！您的身体流的血、您的勇气和智慧，都是拿破仑的啊！先生，难道您真的没有发觉，您的面貌也很像拿破仑吗?"

"不会吧……"他迟疑地说，"我离婚了……我破产了……我失业了……我几乎无家可归……"

"哎，那是您的过去"，吉普赛人只好说，"您的未来可不得了！如果先生您不相信，就不用给钱好了。不过，五年后，您将是法国最成功的人啊！因为您就是拿破仑的化身！”

他表面装作极不相信地离开了，但心里却有了一种从未有过的伟大感觉。他对拿破仑产生了浓厚的兴趣。回家后，就想方设法找与拿破仑有关的书籍著述来学习。渐渐地，他发现周围的环境开始改变了，朋友、家人、同事、老板，都换了另一种眼光、另一种表情对他。事情开始顺利起来。

后来他才领悟到，其实一切都没有变，是他自己变了：他的胆魄、思维模式都在模仿拿破仑，就连走路说话都像。

13 年以后，也就是在他 55 岁的时候，他成了亿万富翁，法国赫赫有名的成功人士。

小组讨论后，指定小组代表作答：

1. 他为什么发生了巨大变化？

2. 请结合本课题相关知识分析，自我激励在他身上得以见效的关键所在。

3. 这个案例带给你怎样的启示？

二、演讲比赛

1. 演讲稿写作：自拟题目写一篇激励自己的小文章。要求：内容有针对性，言之有物，切忌假大空。文章能激发自己，反映自我激励的手段。参考题目：《我的未来不是梦》《乘上隐形的翅膀》。演讲稿写作于课后完成。

2. 演讲比赛：全班同学依次上台参加比赛。组建评委团，进行评分。

3. 宣布比赛结果，颁奖。

课后阅读

【阅读资料一】

四个小动作，让你充满动力

工作效率不高、工作表现不如预期、人际关系出了问题……一些年轻上班族初入职场，各种负面因素剥夺了他们的自信，专家教职场新人四个简单的“小动作”，来帮你消除工作所带来的负面影响。

第一，抓住空当，磨炼你的热情。即使一天只有 15 分钟也好，每天花一点时间在自己最喜欢的兴趣上，比如利用上班前和另一半吃顿早餐；晚饭后整理阳台的花花草草；或上网和计算机玩 15 分钟的围棋。如此会让你更容易找回对工作的热情。

第二，写下让你感到骄傲的努力。准备一张小卡，每天至少写下三件让你感到骄傲的事情。这里指的不是你今天又接到一笔多大的案子，而是你付出百分之百的努力去准备的工作(即使最后提案并没有通过)。如果你真的想不出来自己到底做了哪些努力，或许可以找个值得信任的同事帮助你。

第三，准备一个“奖状”公布栏。在家里找一个你每天最常经过的一面墙，挂上一个小小公布栏，把所有能够展现自我价值的“奖状”都贴在上面，比如说：辛苦设计的提案报告封面，被老板称赞的一封电子邮件，或是生日时同事合送你的干花。每天经过看一眼，你就能吸收它带给你的正面能量。当然也要记得每个月更新。

第四，专注于如何解决问题。停止任何负面的、责备自己的想法，专注于如何解决问题。或许在电话或计算机旁贴一个禁止标志，可以提醒自己不要陷入负面的思考中。

【阅读资料二】

自我激励九法

1. 调高目标。真正能激励你奋发向上的是：确立一个既宏伟又具体的远大目标。许多人惊奇发现，他们之所以达不到自己孜孜以求的目标，是因为他们的主要目标太小，而且太模糊，使自己失去主动力。如果你的主要目标不能激发你的想象力，目标的实现就会遥遥无期。

2. 离开舒适区。不断寻求挑战，体内就会发生奇妙的变化，从而获得新的动力和力量。

3. 慎重择友。对于那些不支持你目标的“朋友”要敬而远之。你所交往的人会改变你的生活。结交那些希望你快乐和成功的人，你在人生的路上将获得更多益处。

4. 正视危机。危机能激发我们竭尽全力。无视这种现象，我们往往会愚蠢地创造一种舒适的生活方式，使自己生活得风平浪静。当然，我们不必坐等危机或悲剧的到来，从内心挑战自我是我们生命力的源泉。

5. 精工细笔。创造自我，如绘一幅巨幅画一样，不要怕精工细笔。如果把自己当作一幅正在创作中的杰作，你就会乐于从细微处作改变。一件小事做得与众不同，也会令你兴奋不已。总之，无论你有多么小的变化，点点都于你很重要。

6. 敢于犯错。有时候我们不做一件事，是因为我们没有把握做好。我们感到自己状态不佳或精力不足时，往往会把必须做的事放在一边，或静等灵感的降临。要敢于尝试自己做不好的事情，一旦做起来了一定会乐在其中。

7. 加强排练。先“排演”一场比你要面对的局面更复杂的战斗。如果手上有棘手活而自己又犹豫不决，不妨挑件更难的事先做。生活挑战你的事情，你定可以用来挑战自己。这样，你就可以开辟一条成功之路。成功的真谛是：对自己越苛刻，生活对你越宽容；对自己越宽容，生活对你越苛刻。

8. 迎接恐惧。世上最秘而不宣的体验是，战胜恐惧后迎来的是某种安全有益的东西。哪怕克服的是小小的恐惧，也会增强你对创造自己生活能力的信心。如果一味想避开恐惧，它们会像疯狗一样对你穷追不舍。此时，最可怕的莫过于双眼一闭假装它们不存在。

9. 把握好情绪。人开心的时候，体内就会发生奇妙的变化，从而获得新的动力和力量。但是，不要总想在自身之外寻开心。令你开心的事不在别处，就在你身上。因此，找出自身的情绪高涨期用来不断激励自己。

项目五

秘书的人际关系管理

项目框架

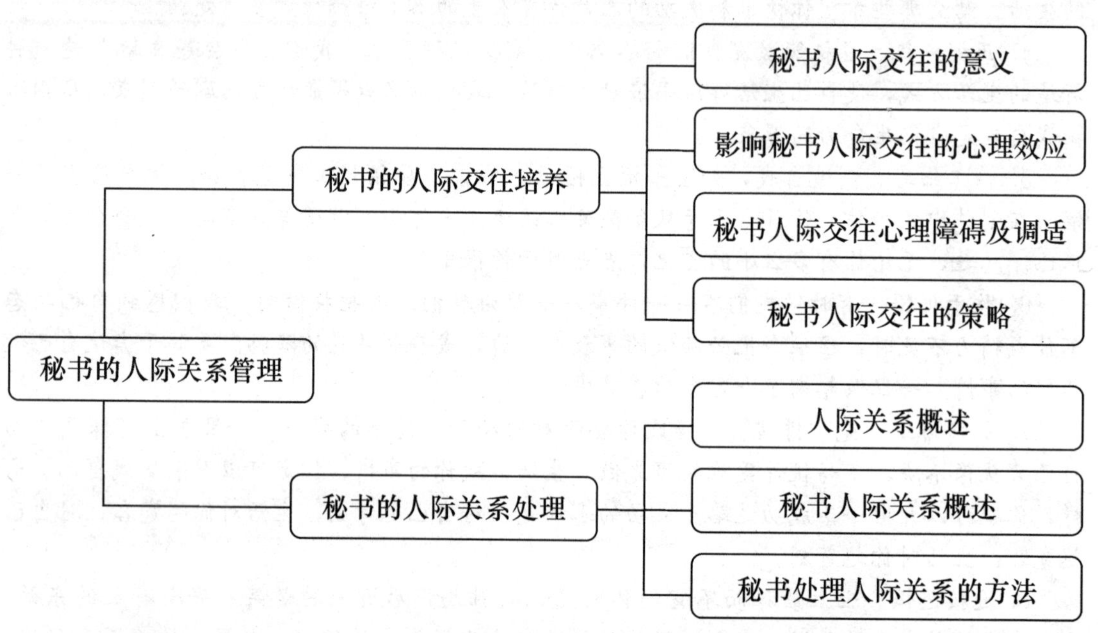

项目导言

人都是生活在各种社会关系之中的。秘书更因其工作中所处的枢纽位置，常需要上传下达、左右协调、沟通内外，而时时与不同的人发生人际交往，并形成一定的人际关系。因而人际关系的经营也是秘书重要的工作内容，秘书必须管理好自己的人际关系，才能实现工作的高效率，并获得职业的良性发展。

课题一　秘书的人际交往培养

学习目标

◆ 理解秘书人际交往的意义
◆ 把握秘书人际交往中常见的心理效应
◆ 了解秘书人际交往中常见的心理障碍及调适方法
◆ 掌握秘书人际交往的策略

案例导入

肖丽毕业后到一家大型合资企业担任前台秘书。像所有刚刚参加工作的人一样，肖丽也意气风发，渴望被认可，所以处处着意表现自己。不仅待人热情礼貌，有工作抢着干，对同事也嘘寒问暖，大家都夸她能干。然而前台的其他三位同事对肖丽却很冷淡，尤其是资格最老的张姐。肖丽在工作中强烈地感觉到张姐她们对她的敌意。刚开始肖丽还不以为意，可慢慢发现工作中常常需要配合与协助，天天抬头不见低头见的，张姐她们生冷的态度让肖丽倍感难受。

肖丽不想继续这样的氛围，便开始反省自己，哪些方面做得不好，该怎样改善。经观察，肖丽发现张姐很敬业，做事一丝不苟，还特别讲究方法与效率，不由对张姐心生敬意，常常"厚着脸皮"向张姐请教，遇到跑腿、脏活儿也抢着干。一天，人力资源部经理来串门，问肖丽："怎么样，工作顺利吗？和大家相处得好吗？"肖丽开心地回答道："张姐她们经验丰富，教给我很多东西，多亏她们的帮助，工作起来很顺手……"一个星期五的下午，张姐说："肖丽，晚上我们几个一起吃饭，你也来吧，我们还没欢迎你的到来呢，晚上一道补上。"肖丽由衷地笑了。

想一想：面对部门同事的冷遇，肖丽是怎样改善人际氛围的？这个案例说明了什么？

评析：肖丽初入单位，与本部门同事也还没有建立正常关系时，就急于表现自己。张姐等人当然很容易就把她当作了竞争对手又或是异己力量，联合起来打压她。好在肖丽重视人际氛围，对不良的交往状态能够及时自省，并采取行之有效的方法主动改善与同部门同事之间的人际交往，最终与大家和睦相处。人际交往是因，人际关系是果，秘书必须具备人际交往意识，重视人际交往状态，并且掌握一定的人际交往策略才能保证工作的顺利，生活的愉悦。

相关知识

人际交往是人与人之间通过信息的传递、思想的沟通、情感的交流相互联结的过程。秘书人际交往就是秘书在社会活动中与他人之间进行信息传递、思想沟通、情感交流的联系过程。它是秘书最基本的活动形式。

一、秘书人际交往的意义

正常的人际交往对任何个体都具有十分重要的意义。对于联系内外，沟通上下左右，着重于与人打交道的秘书尤其如此。

1. 正常的人际交往有助于秘书的心理健康

人际交往是路径，人际关系是结果。秘书只有通过交往才能实现正常的信息沟通，情感联结，从而建立起稳定的、良好的人际关系。“拥有良好的人际关系”恰恰是心理健康的标准之一。秘书借助交往建立起必须具备的社会支持力量，也实现内心对情感与安全的基本需要，从而保障心理舒适度。

心理学研究证明：心理健康水平越高，与别人的交往越积极，越符合社会期望，与别人的心理关系越深刻。良性的人际交往，往往带来良好的社会适应，从而心理舒适，情绪稳定，心理具备有力的外部支持，有较高的人际安全感。不良的人际交往，往往会破坏人的心理平衡，使心理紧张，情绪焦虑，缺乏外部支持力量，孤独感、危机感增强。

2. 良性的人际交往有助于提高秘书的工作效率

秘书在企业中承担着大量的沟通协调工作，畅通的人际交往能提高秘书沟通协调的效率；良好的人际交往有利于形成团结合作的工作氛围，有效避免或化解工作中的矛盾与冲突；良性的人际交往还有利于秘书在工作中遇到困难时获得有力的外部支持与帮助；此外，良性的人际交往还有利于信息的收集、整合，从而高效地发挥秘书参谋辅助的作用。因此，良性的人际交往有助于提高秘书的工作效率。

3. 良好的人际交往有助于增强秘书的职业幸福感

和谐的人际关系是职业幸福感的一个重要指标，但和谐的人际关系只有借助良好的人际交往才能实现。秘书处于沟通内外、协调下下左右的枢纽位置，待人接物是秘书重要且常规的工作。只有拥有融洽的同事关系，和谐的干群关系，良好的业务关系，秘书才能愉快地工作，获得职业幸福感。反之，若处于紧张敌对的人际关系中，职业幸福感必荡然无存。事实证明，现实生活中满意所从事的工作，但是因人际交往困难、人际关系不良而导致职业发展隐患的大有人在。

人际交往的重要性决定了人际交往不只是个人行为与个人内在要求，在职业环境中人际交往状态成为秘书职业内涵的内在所需。秘书应时时拥有人际交往的意识，保持良好的人际交往的状态，这是秘书必修的素养，也是走向成功的路径。

二、影响秘书人际交往的心理效应

1. 首因效应

首因效应就是第一印象作用于人的认知所带来的影响和效果。第一印象作为最初的认识往往是片面的，存在着偏差。但心理学研究证明人际交往客观上受第一印象的支配，影响着人们的交往态度与交往方式。

秘书工作强调待人接物，尤其需要注意把握首因效应，以促成良好的人际交往。在交往活动中，特别是在接待、谈判、公关等活动中与陌生人交往时，一方面要注意自己的仪容仪表和言谈举止，争取留给对方良好的第一印象，为积极的人际交往作铺垫，以推动交往活动的顺利开展；另一方面，秘书要时刻提醒自己避免以片面的第一印象武断地对对方和彼此的交往下结论。这样才能扩大交往范围，广交朋友，形成秘书的人脉资源。

2. **晕轮效应**

晕轮效应是指以某人身上一种或几种特征来概括其人的心理效应。晕轮效应的实质是以偏概全，在人际交往中普遍存在。秘书人员要注意把握晕轮效应对自身人际交往的影响，特别要避免因为一个人身上具有自己看重的某一点就认为他一切都好；讨厌一个人某一点，就认为他所有的都不好。

例如，看某人为人热情出手大方，就认为他能力强人品好；再如，见领导爱批评人、口中不时带有脏字，就认为他是十恶不赦的小人，这些都是晕轮效应在发生作用，结果，前者往往轻信于对方，给骗子留下可钻的空子；后者往往憎恨对方，以致难以与领导正常相处，甚至不得不考虑工作的变动。

此外，秘书还要注意塑造良好的形象，注意自身的言谈举止在交往对方内心可能形成的人格判断，有意识地管理自身的内在与外在形象，促进自身的人际交往。

3. **刻板印象**

刻板印象是指人们在交往中将交往对象归入某一群体，并且对该群体事先具有固定看法的心理效应。刻板印象是过分依赖于自身过去的经验而形成的，因把同样的特征赋予群体中的每一个人，而置其成员的实际情况于不顾，常常形成偏见，影响交往的顺利进行。

例如，小敏生长在大都市，自小就认为小城市或者农村来的同事土里土气，缺乏教养，因此作为秘书的她当与小城市或农村来的同事甚至部门领导交往时，表面的应付终是隐藏不住内心那种高人一等的心态，结果与这一群体的交往流于表面，在需要他们的支持尤其是帮助时，才发现局面的为难与尴尬。

秘书在交往活动中要注意刻板印象的影响，要重视不同交往对象的个体差异，区别对待不同的个体，防止过分依赖刻板印象，造成消极的人际交往。此外，刻板印象高度概括的内容里也存在一定的客观性，便于人们了解某些群体，提高交往的适应性，秘书要充分利用其积极作用，扩大交往范围，提高交往效率，从而储备丰富的人际资源。

4. **角色固着**

角色固着是指个体将自身或他人的言行举止过分拘泥于特定角色的心理效应。每个人在社会活动中都因情境的不同需要扮演多重角色，其中任何一种角色都难以代表完整的个人，角色固着以特定角色抹灭人所有其他的角色，十分不利于正常的人际交往。

小案例

愤愤的秘书

李秘书这两天心情难以平静，王总前天在会上暴吼了她，只因为会议报告里有一个错别字。李秘书平时工作兢兢业业，很少失误，王总平时待人也十分宽厚有礼，正因为如此李秘书才难以理解、怨愤难平。不就是一个错字吗？犯得着那样暴怒吗？就这水平、这胸怀，还老总呢。李秘书愤愤地想。李秘书似乎忘记了，较之于平常随和、干练的王总，王总首先也是一个人，也有人之为人的压力、情绪、错误。其实王总最近厄运不断，先是儿子在学校误伤了他人，这个大麻烦还未解决，妻子又因病入院。如果李秘书能用常人的眼光将王总还原为平常人，在被吼事件后与王总的交往就会因为人性而更多理解与包容，使之向积极方向发展。

三、秘书人际交往心理障碍及调适

秘书时常需要与人打交道，交往顺利与否直接关系着秘书的工作效率。心理因素是影响秘书交往活动的重要内容，秘书在人际交往活动中常常存在一些心理障碍，因此应了解这些心理障碍，并通过调适努力克服，从而更好地推动自身的人际交往。

1. 应付心理

应付心理就是指秘书在交往中缺乏主动意识，不去有意识地了解对方，为促成积极的交往做准备，而是被动地等待和应对事情发生。这种听天由命的应付心理往往难以保证秘书交往的结果，而这种不确定的结果很容易对组织带来重大影响，因此，秘书绝对不能抱着应付或观望的心理与人交往。

首先，秘书对交往活动的利害性应有清醒的意识，重视交往，充分把握交往目标，在交往中据有主动权。其次，知人者智，秘书应主动搜集信息，充分了解对方的个人情况，如价值观、人生观、宗教信仰、学历、兴趣爱好、个性特点、家庭组成、优缺点等，如此才能在交往中占据主动，趋利避害。

2. 自卑心理

自卑心理是秘书因对秘书职业或秘书工作不能客观认识、积极认可而对自身产生的一种缺乏自信、消极鄙薄的心理状态。秘书工作有较强的从属性、服务性，秘书若不能客观地看待秘书工作，形成“工作没有贵贱之分”“每一种工作都有其不可替代的价值”等正确的职业观，对秘书工作就会产生过低的评价。另外，秘书打交道的人群不乏具有高权威或高地位的人，这些人对秘书的评价会使秘书形成个人判断，秘书若不能正确对待高位者的批评与否定，也容易产生自卑心理。在自卑心理的作用下，秘书要么一味退缩，要么争强好胜，用强势的状态来弥补内心的虚弱。总之都不能恰如其分地与人交往。

要克服自卑心理，秘书首先要端正对工作的认识，很多秘书特别是刚踏上工作岗位的秘书，对于打扫卫生之类的事就常常难以接受，认为是服务员做的，从心底里轻视这类工作。然而，他们忽视了其实每个人都是在为别人服务的同时也享受着别人的服务。秘书必须以平常心看待每一份职业每一个岗位，才能在工作中给予自己的职业角色以平等的地位，摒弃自卑。此外，秘书必须建立充分的自我价值，只有拥有充分的自我价值，秘书才有足够的自知力牵引自己，而不会过多地依赖于外部环境进行自我贬损。

3. 自大心理

简单地说，自大心理就是秘书自以为高人一等的心理。以下两种情况容易导致秘书产生自大心理：其一，领导的秘书，尤其是高层领导的秘书，作为离领导最近的人，一旦以领导的代言人自居就容易产生自大心理。其二，秘书在对内对外的工作中，可能因对方的长相身高、衣着打扮、公司状况等而对对方心存藐视，傲视于人。自大心理投射出的轻视行为常常伤人于无形，然而重要的是在伤害别人的同时也斩断了人缘，对秘书的人际交往产生极大的负面影响。

存在自大心理的秘书应充分认识这种心理对人际交往的危害，转变自己“只知有井”的狭隘视线，从而改变“坐井观天”的交际行为。

4. 过度防范

防范心理是对人戒备的一种心理，在交往中有一定的防范意识慎重对待是必要的；然而，防范总伴随着怀疑，过度的防范会破坏人与人之间正常的人际交往，严重阻碍交往的深入发展。

秘书必须掌握适度防范的原则，既要有一定的防范意识，又要不断丰富自己知人识人的方式与智慧，提高自己的辨别能力。做到当防则防，避免“草木皆兵”。

5. 嫉妒心理

嫉妒是将自己与他人作比较来确定自身价值的一种消极情感体验。作为人类心理中动物本能性的表现，嫉妒具有一定的普遍性。但嫉妒心理的危害是很大的，不但会成为人际交往的严重障碍，也是损害当事者身心健康的一把利剑。秘书必须消解自己的嫉妒心理，才能在工作中与人快乐交往、高效交往。

嫉妒在行为模式上是将他人之长比自己之短，他人所有比自己所无。要消解嫉妒一要从根本上认识，任何事物与个体都不可能完美，都各有所长各有所短；都各有所有各有所无。在行为上要多提醒与肯定自己的长处或优势，以此求得心理的平衡。另外，追求行为上的均衡也是消解嫉妒心理的根本途径，即以积极的心态努力提高自身的不足，从而将嫉妒升华为动力，既获得能量，也实现个人的成长。

实践指南

职场新人的人际交往

第一，初入职场的新人，必须重视内部关系。职场新人不宜高调地介入工作、表现自己。先熟悉组织结构、人际环境、企业文化等，再结合具体环境开展工作，这样才能切实融入群体，也才站得住脚。对于新人而言，工作一定是一个循序渐进的过程，而排在这个过程前列的一定包括人际交往，因为无论做什么，只有被群体接纳，发展才可持续。

第二，发现人际问题，立即反思，采取有效措施寻求化解。面对人际问题抱怨或责备对方只会使问题越发严重。只有洞察其中的原因，反省自己，积极行动，通过改变自己来改善人际交往。在此过程中，遵循人际交往的原则，采取有效的交往措施外，了解对方的心理需求是重中之重。毕竟措施有效与否关键在于秘书是否真正了解对方的心理活动，是否捕捉到对方的心理需求，从而有的放矢地行动。

四、秘书人际交往的策略

1. 把握人际交往的原则

（1）平等。平等指的是交往双方在心理和态度上的交往特征。无论角色、身份如何，每个人都有自己独立的人格、做人的尊严和法律上对等的权利与义务，人与人之间的关系是平等的。只有以平等的态度与人交往，才能避免居高临下、盛气凌人或诚惶诚恐、自我贬损等不利于人际交往的现象产生。坚持平等交往原则，就要正确评估自己与他人，不要光看自己的优点优势与他人的弱点弱势而傲然于物，也不要只见自己的弱点弱势与他人的优点优势而盲目自卑，始终保有平等心与人交往。

（2）尊重。尊重是每个人都渴望的心理需求。尊重能引发他人的信任、真诚等情感。秘书在人际交往中，必须注意在态度上和人格上尊重他人，讲究文明礼貌，不搞恶作剧，不乱给人取绰号，尊重他人的宗教信仰、生活习惯等。要注意不损伤他人的名誉和人格，充分承认或肯定他人的能力与成绩。

（3）真诚。真诚是人与人之间沟通的桥梁，只有以诚相待，才能赢得走近彼此的机会，发展信任、坦诚的情感，获得互相扶持的朋友。

秘书在坚持真诚的原则时需注意：人际交往中的真诚不等于双方毫无保留地相互袒露，它要求我们本着善意和理性，以真心诚恳的利人之心，说有益于对方的话，做有益于对方的事。秘书在人际交往中坚持真诚的原则，就要从有利于他人的角度出发，以诚恳真实的心态艺术地选择方式与人交往。

（4）互利。人际交往的持久有赖于双方都能从中获益或彼此满足心理需要。如果一方的需求在交往中长期得不到满足，那么其间的交往就会因为充斥着失落而渐离渐远。互助、互利、互惠是秘书应当恪守的交往原则，有利于形成坚实的人际关系。

要做到互利，秘书一方面需要了解对方的心理需求，并结合自身实际力所能及地满足对方的需要；另一方面，秘书在需要对方帮助时，也应适时地表达内心的需求，适当地接受对方的帮助，使别人有机会实现人际交往的价值，这样才利于交往的持久，关系的牢固。

（5）守信。信用是安身立命的基础，以信取人才能赢得朋友。不诚实守信被视为品质问题，是人际交往的大忌。秘书在守信方面应做到：一、不轻易许诺，答应了的事就一定要做到。二、话说三分方有余地，多说“我尽量”“我争取”“我尽力而为”之类的话，少说“保证办到”“一定完成”之类的话。

（6）宽容。宽容是对人对事的包容和接纳。人际交往中产生误解和矛盾是不可避免的，秘书处于单位枢纽，时常与人打交道，更要宽容待人，让宽容成为人际交往的润滑剂。宽容待人，就是在心理上接纳别人，理解他人的处世方法，尊重他人的处世原则。在接受别人的长处之时，也要接受别人的短处、缺点与错误，总之，要能容人。萧寒在他的《领导要有容人的雅量》一文中提出了六大容人之处：即容人之长、容人之短、容人个性、容人之过、容人之功和容己之仇，这六大容人之处也适于秘书。俗话说：心有多宽，路有多广。容人就是容己。

宽容还包括秘书对自己的宽容。人非圣贤，总会出现一些失误与差错的。在繁杂的工作和复杂的人际交往中，秘书也不可能没有失误，因此秘书也要学会宽容自己，行为上正视自己的缺点或错误并力求克服或纠正，心理上则不必对自己太苛刻、太自责。秘书对自己的失误若耿耿于怀难以释然，就会因心理上额外的负担而影响正常的交往与工作。

小资料

宽容的境界

宽容有三种境界，可以以养鱼为喻：最初级的境界是玻璃缸赏鱼，只让它在一定的范围存在和活动；中等境界是池塘养鱼，因地就利，因势利导，水肥鱼跃，相互利用；最高境界则是江海生鱼，千形万类，任其自生，海阔天高，任其自游，由此也就成就了海的博大和丰富。有多大的胸怀，就有多高的境界；有多高的境界，就能干多大的事业。

2. 塑造个人形象，增强人际吸引力

人际交往状态取决于双方，交往的实现不仅在于秘书能接纳别人，而且还在于秘书为人所接纳。所以秘书要注意自身的形象塑造，有意识地增强自己的人际吸引力，使自己成为一个受欢迎的人，从而促进人际交往的良性发展。

可通过以下方面来增强秘书的人际吸引力：

（1）积极的印象整饰。印象整饰也叫自我呈现，是指个体通过一定的方式影响别人对自己形成良好印象的过程。恰当的印象整饰是人际交往必要的辅助手段。秘书在人际交往中应注重印象整饰，通过选择装束、修饰言辞、借助表情或动作，给他人留下良好的印象。印象整饰可通过礼仪的加强，沟通艺术的提升，肢体语言的训练等方面来进行。

（2）懂得赞美。每个人都有被认可的心理需求，赞美是传递认可最常见、最有效的方式。高水平的赞美，会让对方感觉被欣赏、被尊重，是快速拉近人际距离的重要手段。

（3）修养交往风度。在日常交往中，那些风度翩翩的人总是引人侧目，令与之交往的人感到舒适。良好的交往风度是秘书交往气度的综合体现，外观上表现为饱满的精神状态、洒脱的仪表礼节、恰如其分的言行举止；内在则体现出成熟老练、宽容大度、谦逊平和、豪爽大气、活泼开朗、幽默亲和等气度。

3. 重视对方

每个人都有被重视的心理需求。秘书在人际交往中若能切实地传递对对方的重视，那么就容易带给对方愉悦之感，从而引起对方的注意或重视。那么如何传递对对方的重视呢？

（1）主动倾听，善于倾听。要得到别人的好感，必须学会认真倾听。若能做到认真倾听，对方便会向你袒露心迹。掌握别人内心世界的第一步就是认真倾听。在人际交往中，倾听能使交往对象感到被尊重和被欣赏，既能够帮助自己了解对方，也有利于让对方更快地接纳自己。在交谈中成为一个好的听众更容易被对方所喜欢。

实践指南

倾听的技巧

◆ 全神贯注地倾听。倾听时身体微微前倾，目光注视对方，不时点头、微笑以示你的感受。给对方留下你愿意倾听、耐心倾听的印象。让对方感受到你对他的话题的重视或者兴趣。

◆ 设身处地地感受。让自己的思维与对方的思维同处于一个磁场，不但知道对方说什么想什么，还知道对方为什么这样说为什么这样想，以及当下的内心感受。只有感同身受，才能真正听懂。

◆ 恰当地反馈。或沉默或微笑，或赞同或发问等等。无论行为形式还是语言内容都以最佳的反馈方式进行反馈。其中最忌讳急于下结论。俗话说："话不投机半句多"，着急下结论容易导致错误的结论，就会令对方感觉话不投机，交流乏味，从而中止交流。

(2) 记住对方的姓名和基本情况。能够直接叫出不经常打交道的人的名字，或无意中表明你对他基本情况的了解，说明你对他具有深刻的印象，或抱有特殊的好感，人际感应是相互的，当对方捕捉到这份特别，他也同样会对你产生好感。

牢记姓名要有意为之。秘书应将牢记交往对象的姓名和基本情况看作是一种职业素养，有意识、有目的地去记忆交往对象的名字和情况。

4. 掌握人际交往的语言艺术

常言道："良言一句三冬暖，恶语伤人六月寒"。交往中如果不注意语言艺术的运用，就会无意间出口伤人，甚至祸从口出，使表达内容与行为目标背道而驰。在人际交往过程中，秘书尤其需要注意运用语言艺术，切忌凭感觉说话，想到哪说到哪，要充分明确借助语言所需达到的沟通目标，懂得"不在于说什么，而在于怎么说"，充分实现语言效果。

分析·训练

一、阅读讨论

老总为什么喜欢她

刘红作为总经理秘书并没有外在的优势，她长得不漂亮，个子也不高，而且她的文采在整个办公室也不是出类拔萃的。但是，令人奇怪的是，她来到公司不久，就受到了老板的青睐。几位先来的秘书心生不解，她是如何"后来者居上"的。通过大家集体努力，仔细调研，终于发现她有个优点是别人都比不上的，那就是说话的方式。每次当领导或者主任找她的时候，她总是仔细倾听，大部分时间注意看领导脸部眼睛之下，嘴角之上三角区的位置，尤其在老板作指示的时候，每当老板说话的停顿间，她都点头说个"是"，甚至在最后把老板的意图重复一遍，谢谢老板对于自己的帮助。难道就是这个小技巧让她成功？几个小女孩沉不住气了，去刘红那里讨教。她如实地说："对于老板来说，喜欢自己作指示的时候有居高临下的感觉，更喜欢自己所说的能够受到下属的崇拜，所以，沟通之间这些小窍门还是非常有用的。”大家听了，连连称赞。不仅如此，很快，在刘红的指点下，其他人也获得了领导的青睐。而老板因为大家的态度尊敬有加，更是非常开心。

小组讨论后，指定小组代表作答：

1. 刘红为什么得到老板的青睐?

2. 从这则案例你得到怎样的启示?

二、情境演练

要求：小组抽签决定所模拟的情境。各组按照情境所给定的背景，加以想象发挥，完成演练脚本。根据脚本，分配角色，演练角色间互动交往的过程（提示：注意设计并观察对交往形成影响的积极或消极因素）。演练结束后，各组对“如何在初次交往中受欢迎”进行总结。

情境如下：

情境 1：陈强和肖丽是同事。陈强安排肖丽和他的同学刘明亮相亲，相约在咖啡馆晚上 18：00 整见。刘明亮 17：50 分到达咖啡馆等待，17：58 分陈强和肖丽一起来到咖啡馆……等待上餐时分，陈强接到一个电话，因家有急事便速速离去……

情境 2：王军是公司的业务员，通过电话联络，终于有一位客户邀约面谈，王军高兴地前往客户的公司去拜访客户……

三、心理测试

测测你与人相处的能力

请在每个问题的 ABC 三种情况中选择一个你认为最适合你自己的情况。

1. 你最近一次交朋友，是因为：

A. 你发现这些朋友令人高兴、愉快

B. 他们喜欢你

C. 你认为不得不结交

2. 当你度假时，你是否：

A. 通常很容易就交到朋友

B. 喜欢独自一个人消磨时间

C. 希望交到朋友，可是发现难以做到

3. 你已经定下了要去会一个朋友，可是你却疲劳不堪，当你无法与其相会时，你：

A. 不赴约了，希望他会谅解你

B. 去赴约，并尽量玩得高兴

C. 去赴约，但问他如果你早些回家的话，他是否会介意

4. 你和你的朋友能友好多久?

A. 大多数能多年

B. 长短不等，志趣相投者可以多年

C. 一般都不久，你不断地弃旧交新

5. 一个朋友向你吐露了一件极有趣的个人问题，你常常：

A. 尽力使自己不把这件事情再告诉别人

B. 连考虑都没考虑，是否要将这件事情告诉第三者

C. 在这个朋友刚离开之后，便立即找了第三者来加以讨论

6. 当你有了困难的时候，你：

A. 通常总是感到能够自己解决

B. 向你能信赖的朋友求助

C. 只是当困难确实难以克服时才向朋友求助

7. 当你的朋友们有困难的时候，你发现：

A. 他们来找你请求帮助

B. 只有与你关系密切的才向你求助

C. 他们不愿意来麻烦你

8. 你通常都这样来结交朋友的：

A. 通过你已认识的人

B. 从各种各样的接触中

C. 只在经过长时间接触和有困难的情况下

9. 作为你的一个朋友，下面三种品质，哪一种是最重要的？

A. 具有能够使人感到幸福、快活的能力

B. 看来诚实可靠

C. 对你感兴趣

10. 哪种情况对你最适合？

A. 我总是使人们哈哈大笑

B. 我总是使人们有所思索

C. 人们和我在一起感到舒适自在

11. 如果有人请你去玩或在聚会上唱歌，你往往：

A. 找个借口推掉

B. 饶有趣味地欣然应邀

C. 断然回绝

12. 你属于哪一种情况？

A. 我喜欢赞扬朋友的优点

B. 我相信诚实，所以，有时候我不得不指责他

C. 我既不吹捧、奉承朋友，也不批评、苛责朋友

13. 你发现：

A. 你只能同与你趣味相同的人们友好相处

B. 一般说来你几乎能同任何人都合得来

C. 有时候你宁肯同对人不负责任的人接近

14. 如果朋友们搞你的恶作剧，你：

A. 和他们一起大笑

B. 感到生气并发怒

C. 看你的心情和环境如何，也许和他们一起大笑，也许生气并发怒

15. 对于他人依赖于你，你感觉如何？

A. 笼统地说，我不介意，可是我希望我的朋友们能有一定的独立性

B. 很好，我喜欢被人依赖

C. 避而远之，对于一些责任我宁肯侧身其外

计分方法：

题号	1	2	3	4	5	6	7	8	9	10	11	12	13	14	15
A	3	1	1	3	2	1	3	2	3	2	2	3	1	3	2
B	2	2	3	2	3	2	2	3	2	1	3	1	3	1	3
C	1	3	2	1	1	3	1	1	1	3	1	2	2	2	1

结果评估：

36～45 分：你与人相处能力很强，得到了大家的尊重和欢迎。

26～35 分：你与人相处能力中等水平，需要努力。

25 分以下：你与人相处能力较差，你需要注意改善自己与人相处的能力。

课后阅读

【阅读资料一】

如何赞美人

赞美无须刻意修饰，只要源于生活，发自内心，真情流露，就会收到赞美之效。但要更好地发挥赞美的效果，也需要注意以下几个要点。

第一，实事求是，措辞恰当。当你准备赞美时，首先要掂量一下，这种赞美，对方听了是否相信，第三者听了是否不以为然，一旦出现异议，你有无足够的理由证明自己的赞美是有根据的。

一位老师赞美学生们：“你们都是好孩子，活泼、可爱、学习认真，做你们的老师我很高兴。”这话很有分寸，使学生们既努力学习，又不会骄傲。但如果这位老师说：“你们都很聪明，将来会大有出息，比其他班的同学强多了。”效果就大不一样了。

第二，赞美要具体、深入、细致。抽象的东西往往不具体，难以给人留下深刻的印象。如果称赞一个初次见面的人“你给我们的感觉真好”，那么这句话一点作用都没有，不能给人留下任何印象。但是，倘若你称赞一个好推销员：“小王这个人为人办事的原则和态度非常难得，无论给他多少货，只要他肯接，就绝对不用你费心。”那么由于你挖掘了对方不太明显的优点，给予赞扬，增加了对方的价值感，因此赞美起的作用会很大。

第三，赞美要热情洋溢。漫不经心地对对方说上一千句赞扬的话，等于白说。缺乏热情的空洞的称赞，不能使对方高兴，有时还可能由于你的敷衍而引起对方的反感和不满。

第四，赞美多用于鼓励。鼓励能让人树立信心。自信是成功的一半，用赞美来鼓励对

方，能达到事半功倍的效果，尤其在“第一次”。无论任何人干任何事情，都有第一次的时候，如果对方第一次干得不好，你应该真诚地赞美一番：“第一次有这样的表现已经很不容易了!”别人会因为你的赞美而树立信心，下次自然会做得更好。

第五，借用第三者的口吻赞美他人。赞美随时随地都能听见，面对面或直接地赞美对方，总有点恭维奉承之嫌。若换个角度，换种说法，也许就好多了。以“第三者”的口吻来赞美对方，说：“难怪某某一直说你很不错，今日一见……”可想而知，对方一定很高兴。因此，当面赞扬一个人，有时会令人感到虚假，怀疑你是否出于真心，而间接地在背后赞美对方，会使对方感到你对他的赞扬是真诚的。

第六，赞美要注意适度。过度的赞美，空洞的奉承，都会令对方感到难以接受，甚至感到肉麻、讨厌，结果适得其反。只有适度的赞美才会令对方感到欣慰。适度因人、因时、因事、因地而异，需要不断摸索积累，逐步掌握。

【阅读资料二】

为人处世十句箴言

1. 说话要谨慎，多想少说。说话要令人高兴，循循善诱，“怎么说”比“说什么”更重要。
2. 不轻易许诺，答应了的事就一定要做。
3. 切勿错过赞扬他人的机会。无论是谁做的工作，只要出色，就不要吝惜赞扬。
4. 给人以真诚的关注，让每个遇到你的人都感到他（她）是重要的。
5. 精神饱满，嘴角上翘。将痛苦、忧愁与失望藏于微笑后面。
6. 对有争议的事不存偏见。讨论而不争吵，意见不同归不同，朋友还是朋友。
7. 不听不传小道消息。订一条规矩，不背后说人，除非说好话。
8. 体贴他人的感情。嘲笑，必得不偿失，还可能造成意料不到的伤害。
9. 不要在意别人对你的尖刻评论，学会超脱。
10. 不急于求回报，把帮助他人而得到的欣慰作为最好的回报。

课题二　秘书的人际关系处理

学习目标

- ◆ 了解人际关系的类别及一般形态
- ◆ 理解秘书人际关系的基本特征和重要性
- ◆ 掌握秘书处理人际关系的策略和方法
- ◆ 学会处理具体的工作关系

案例导入

赵明媚毕业后进入某信息咨询公司做见习秘书。一天上午，她的直接主管高秘书接到家里的电话，说家人突然发病住院，需她立即赶往医院处理。这时高秘书手中正有一份总经理要求马上起草的紧急信函，情急之下，高秘书只好将这件工作托付给赵明媚，并向她讲述了起草时的基本立场、写作的框架、关键点等写作要求与细节，然后匆匆离去。

赵明媚凭着自己在文秘专业学习时打下的坚实功底，很快写完信函。她反复检查，确定格式准确、观点清晰、文笔流畅，便将信函送到了总经理室。总经理看到是新来的见习秘书来送文件，而且是送这么重要的文件，很奇怪，就问："怎么是你来送文件，高秘书呢?"赵明媚赶忙将高秘书家中有事等情况如实告诉了总经理，总经理面有愠色，没有言语，浏览着赵明媚拟写的信函，看着看着，总经理脸上露出微笑说："你的文字功底不错，受过专业训练的人就是不一样，一上手就写得有模有样，好好干，以后一定会有好的前途。"赵明媚很得意。

中午高秘书回来了，她向赵明媚询问有关情况，赵明媚就把全过程说了一遍，还特地提到总经理对自己的夸奖。高秘书说了一堆"干得不错，大有前途，谢谢帮忙"之类的客套话。但赵明媚后来却发现高秘书对她的帮助似乎并未真正领情，甚至还有疏远提防之意，于是她觉得高秘书为人小气，不够意思，也打心眼儿里反感起高秘书来。

想一想：赵明媚和高秘书的关系为什么会不良发展?

评析：秘书工作常常要求秘书与各种人交往，每一次交往的过程都会直接影响秘书与交往对象之间的人际关系，因而交往中必须慎言慎行，特别需要有意识地去分析交往中的表现可能导致的人际关系状态。作为职场新人，妥善处理人际关系，营建一个良好的人际氛围意义重大。毕竟在工作中，多一个朋友远比多一个敌人有利。何况对于同部门的同事，不仅"抬头不见低头见"，很多时候还需要相互配合与相互支持。赵明媚所代表的职场新人，尤其应该树立人际关系需要随时维护的意识，还应掌握维护人际关系的策略，学会艺术地处理人际关系。

相关知识

一、人际关系概述

人际关系是指人与人在相互交往过程中所形成的心理关系。

1. 人际关系的类别

人际关系从不同的角度划分可以有不同类别，主要有以下几个方面。

（1）血缘关系。是指通过血缘或姻缘纽带而形成的人际关系。如父母与子女之间的关系、兄弟姐妹间的关系、祖孙关系等。血缘关系是自人出生后就已具有的关系，在人的一生中占有极其重要的地位，又被称为人际第一关系。

（2）地缘关系。是指由于人们共同生活在同一地域而形成的人际关系。如同乡关系、邻里关系、街坊关系等。“远亲不如近邻”“老乡见老乡，两眼泪汪汪”等俗语充分说明了地缘关系所特有的魅力。“同乡会”“社区联盟”一类的活动，就是地缘关系维系的人际交往。

（3）业缘关系。是指由于共同从事某种职业而形成的人际关系。如同学关系、同事关系、师生关系、部属关系等。这是人们在走向社会的过程中，不断建立起来的一种人际关系，也是范围最广、最基本的一类人际关系。

（4）社缘关系。人们在各种社会生活中，由于兴趣、爱好一致，或由于生活习性的类似，或共同处于一定的活动场所和活动过程，从而形成的人际关系就是社缘关系。如棋友、球友、舞伴、旅伴等。随着社会和社区生活的发展，这类志同道合的交往越来越普遍。

2. 人际关系的一般形态

（1）互补形态。这种人际关系的特点是关系双方在交往中相互依存，彼此吸取对方有利于自己的因素，通过思想、情感的交流和物质、能量的转换而使各自的需要得到满足。在这种关系之中，个性的差异不但不会成为交往的障碍，反而成为促进交往的前提。这是以双方接受对方的基本个性特点为前提的。在这种情况下，越是具有个性差异，就越是具有相互之间交往的吸引力。这也是常见的一种良性的人际关系。

（2）稳定形态。这是一种良好的人际关系状态。这种人际关系一般交往频率较高，双方的相互吸引力较大，相互间的自行调适功能较强。这种形态的人际关系是经过长期的共同实践，交往双方比较熟悉对方的情况下形成的。它一般出现在患难与共的夫妻之间，经过长期考验的朋友之间，长期共事配合默契的同事之间，以及坦诚相待的同学之间。

（3）互利形态。是指交往的双方以满足自身的利益为出发点，以互惠互利为交往的原则，在获取利益的动机下确定的人际关系。这种人际关系以获取利益为基础，缺乏情感联结，人际吸引较弱，交往的频率不规则，关系随着共同需要的变化而变化。因此是低层次的、不稳定的、需要提升的人际关系。

（4）强制形态。人们基于一定利害牵扯或外部压力而不得已、非自愿地进行交往所结成的关系。如被迫形成的政治联姻。

（5）危机形态。是人际关系发展过程中出现危机的一种状态。由于在人际交往中，双方的交流受到干扰或阻抗，使得双方的理解和信任被动摇或削弱，产生一定程度的人际关系危机。如果这种交往的障碍及时消解，还可以恢复到原来正常的人际关系，否则就会出现人际关系的冲突或破裂。

(6) 冲突形态。是指人际关系发展到冲突或破裂的状态。交往的双方相互反感、互不相容，关系接近崩溃的边缘。面对不可避免的冲突，有的人坦诚相见，解除前嫌，使人际关系得到恢复甚至更加深化；有的人毫无约束地尽情冲突，人际关系无可挽回地破裂。不同的态度不同的方式会带来不一样的结果。尽力约束冲突的发生，一旦发生冲突竭力化解，是保持和维护正常人际关系的必要环节。从一定的意义上说，趋向冲突的动力中，自觉或不自觉地蕴涵了不甘心最终放弃的因素，因此，这个时刻的正确处理具有重要的意义。

(7) 封闭形态。这是人际关系经过危机和冲突，彻底破裂，导致继续交往或交流出现不可逾越的障碍，交往停止并排斥交往。

二、秘书人际关系概述

秘书的人际关系就是秘书在工作中与人交往而形成的心理关系。

1. 秘书人际关系的特征

(1) 广泛性特征。秘书人际关系是依靠工作业务而形成的，属于业缘性人际关系。业缘性人际关系决定了秘书工作的涉及面有多广，秘书的人际交往面就有多宽，从而客观上勾勒了秘书应有的人际关系网。秘书繁杂的工作内容，宽广的涉及面决定了秘书人际关系的广泛性。

(2) 首属性特征。人与人之间的利益关系不同，需要程度不同，相互间的吸引程度也不同，因而造成人际交往的频率与人际关系的状况也存在差异。交往频率高、关系密切的被称为首属关系；交往频率低、关系较疏淡的称为次属关系。秘书作为辅助领导、服务组织的管理人员，其工作与领导有着千丝万缕的联系，在组织中以频繁交往的方式来完成工作，具有很强的首属性，对于所服务的领导尤其如此。秘书工作所具有的从属性、被动性与辅助性也充分表达了秘书与领导之间公务关系的首属性特征。这要求秘书必须首先处理好同领导的关系，只有这样才能保障工作的进展，成为称职的秘书。

(3) 强制性特征。一方面，业缘性的人际关系意味着只要秘书工作这一业缘存在，秘书就必须行使其应有的职能，除非业缘终止，业缘关系解除。另一方面，秘书与组织尤其是与领导的首属性关系决定了无论秘书与领导的人际关系状态是好是坏，是和谐还是冲突，即使是秘书与对方的关系已出现障碍，秘书仍要与对方进行交往活动，这是不以秘书的个人意志为转移的，除非这种关系解体，例如秘书离职或组织将其辞退。

2. 人际关系在秘书工作中的重要性

人际关系无处不在，对人的整个人生有着十分重要的意义。秘书在组织中起着承上启下、联系左右内外的作用，既是枢纽也是桥梁，工作接触面非常广泛，工作的进展有赖于他人的配合与协作，良好的人际关系有助于提高秘书的工作效率。

秘书在工作中拥有和谐的人际关系，能很好地推动日常大量的信息收集与沟通协调工作；有利于秘书与他人的高效协作；能够帮助秘书建立起有效的社会支持系统，在面对工作难题或生活困扰时能得到他人的帮助与扶持；能够远离敌对、紧张、焦虑等不良状态，令人心情愉悦、身心舒适从而产生归属感和安全感，保证秘书的工作状态。

三、秘书处理人际关系的方法

1. 心理吸引法

心理吸引法是通过提升自身的交往气度、交际魅力和人格魅力，以形成强有力的"磁场"，自然地打动和吸引交往对象的方法。秘书位于单位的枢纽位置，常常需要与各种人打交道，若能成为富有"磁场"的人，就能吸引众人，成为人际交往活动的中心，从而有效地发挥人际支持的作用，极大地促进工作。要具备这种人际磁力，秘书就要做到在交际的起始阶段吸引对方；在交往过程中能触动或打动对方。这依赖于交际魅力和人格魅力的综合作用，因此秘书要不断修养，从各个方面提升自己的魅力指数。

小资料

人际吸引力与个性特征

社会心理学家通过对人际关系的一项跟踪调查得出结论：

1. 缺乏人际吸引力的个性特征

(1) 不尊重别人的人格，对他人缺乏感情，不关心他人的悲欢情绪，甚至把别人作为自己使唤的工具。

(2) 只关心自己的利益和兴趣，忽视他人的处境和利益，只能与人建立一般的人际关系。

(3) 对人不真诚，不顾别人的利益和需要，采取一切手段处处想获得自己的利益和好处，并以此为前提和他人交往。

(4) 过分服从并取悦别人的人，过分惧怕权威而又不关心他的同事或部下的人，过分依赖他人而又丧失自尊心的人。

(5) 过分自卑、缺乏自信心的人，对他人批评过分敏感的人以及完成工作任务后又过分自夸的人等。

(6) 怀有偏见、固执又不愿接受他人规劝的人，过分使用防御机能的人，报复性强的人等。

(7) 好高骛远地提出过高要求、过高目标，苛求他人的人。

2. 富有人际吸引力的个性特征

(1) 具有与他人建立和维持和睦关系的良好愿望，乐于与别人友好相处。

(2) 尊重他人，关心他人，乐于助人，有同情心，感情动机强，一视同仁。

(3) 热情开朗、性格外向，积极参加社会活动。

(4) 持重耐心，忠厚老实，可靠，对集体有强烈责任感。

(5) 聪明能干，善于独立思考，学习和事业有成绩。

(6) 具有自尊心和自爱心，重视自己的独立性和自治性，谦逊，不过分取悦他人。

(7) 兴趣广泛，有多方面爱好。

2. **情感投资法**

情感投资法是指与人交际时有倾注真挚情感的行动，为密切感情舍得在时间、精力、物质方面予以投入，从而获得深刻持久的感情。怎样运用情感投资法处理人际关系呢？由于时间与精力的限制，秘书在人际交往中不可能均等地使力于每一个交往对象（这也是不必要的）。因此，秘书首先要能够区分交往关系的主次，根据关系轻重的不同区别对待交往对象。对合作密切或内心重视的关系，就应注意情感投资，通过真诚地投入时间、精力、物力表达情感，从而强化感情联结。对于次属性的关系，可根据关系的疏淡度、情感的联结度、内心的重视程度的不同，而倾注不同程度的情感投资，抑或不投资。

其次，秘书要善于利用各种时机自然有效地进行情感投资。例如，利用对方乔迁、升职、生日等机会表示祝贺，利用节假日走访、问候以示关心重视，在对方遭遇困难急需帮助时及时地伸出援手，即使无法给予更多实际的帮助，也要给予充分的心理上的支持。总之，贺人之所喜，帮人之所难，急人之所急，慰人于不测。情感投资对于人际关系的深层次发展具有显著效果，秘书一定要学会使用这种方法来深化重要的和重视的人际关系。

3. **求同存异法**

在人际交往的过程中，交往双方因趋同内容多，如具有相似的家庭背景、相似的成长经历特别是相同的认知，交往中彼此就容易产生共鸣，相互理解、支持与合作，形成易于沟通的良好的人际关系。与此相反，趋同性小的双方，因互不理解相容，在处理人际关系时，就容易产生摩擦与冲突。求同存异法，就是在处理人际关系时，对对方的差异给予尊重与包容，特别是能够在差异中寻求相同，从而拉近彼此的心理距离，有效地处理人际关系，完成工作任务。

差异其实是一种资源。只能与趋同者交往的人，其人脉资源其实已被局限了，不但如此，其思维的方式也往往比较单一，求同存异是秘书广扩人脉的重要途径，也是秘书获得资源补充、在差异中成长的重要条件。求同存异的能力反映出秘书的心胸与气度，也是秘书化解人际矛盾、完善沟通效果的重要方法。秘书处于人际活动中心，如果不具备求同存异的能力，就容易纠结于人际矛盾之中；反之，则能够游刃于大量的协调、沟通工作中。

4. **换位思考法**

换位思考法，就是在处理人际关系时，能够站在对方的立场和角度去思考问题，以达到理解对方、全面认识问题的方法。通常人们习惯于从自己的立场和角度来看待问题，然而，单一的角度是不可能得到全面的认识的，所谓“横看成岭侧成峰，远近高低各不同”。片面的认识无益于问题的理解，都站在自身的角度看待问题，只会使矛盾、冲突不断，无益于目标的达成，问题的解决。例如，作为下属时你深恶加班，私下责骂领导；作为领导时，身负工作压力，你又会生气于下属对加班一事的不理解。

秘书无时不在人际之中，无处不于人事之中，尤其需要具备换位思考的意识，掌握换位思考的方法。秘书运用换位思考法，一方面要做到设身处地替对方着想，这样才能了解对方的处境，理解对方的行为和态度，从而能够将心比心，宽以待人；另一方面，秘书应学会“你要别人怎样待你，你就先怎样对待别人”，如，你渴望对方尊重你，那么请先给予对方足够的尊重。实现角色互换，秘书才能表达给对方足够的理解与尊重，想他人之所想，急他人之所急，才能在关系互动中既解决问题，又促进关系。

5. **矛盾规避法**

秘书的人际关系面涉及广泛，位于人际活动的中心。特殊的位置使秘书在不经意间常常被卷入矛盾之中。矛盾规避法是指在人际活动中秘书适时采取措施，自觉地避免矛盾产生、扩大，或避免卷入矛盾的方法。秘书怎样才能适时地规避矛盾呢？

如果作为当事者，第一，秘书要具有规避矛盾的意识。在遇到各种人际是非时，不妨糊涂一点，避开人与人之间的争执，远离是非；在日常活动中，言行举止要慎重，养成对所言所行的后果可能进行预测的习惯，慎言慎行；处理事情时尽可能周全地思考方方面面的关系，避免思考不周，引发人际矛盾。第二，秘书在不违反工作原则、不损害组织利益的前提下，尽可能大事化小，小事化了。第三，有意识地控制矛盾范围，避免矛盾范围扩大化，比方从部门成员间矛盾升级为部门间矛盾，这样十分不利于日后工作的开展。

如果作为非当事者，秘书要注意避免卷入无端的矛盾之中，特别是避免卷入领导的矛盾。若秘书不具备促进关系良性发展的能力就草率介入，要么使问题变得更复杂，要么于事无补、于己有害。另外，秘书在协调部门之间、同事之间的工作关系或矛盾冲突时，一定要在深入了解、全面掌握情况的基础上进行，以大局为重，做到公正合理，如此才能避免将矛盾的矛头转向自己。

小案例

秘书与领导之间

作为局长秘书，安静深得局长的信任，时常出入于各位领导的办公室请示汇报工作。所以领导之间的事她也知之甚多。

近来，她发现两位副局长的矛盾在不断深化。李副局长不时在她面前抱怨张副局长，安静很清楚，李副局长是希望得到局长秘书的支持，毕竟局长快要退休了，谁来接局长的班让副局长们猜测和期待不已。对于李副局长的抱怨安静从不回应，每次都借故回避话题。安静知道在这种时候自己要越发小心才行。

一天，安静去李副局长办公室送文件，发现张副局长也在，而且面色阴沉，好像两人才吵完架。安静见状，立刻说："你们忙，我过一会儿再来。"张副局长这时说："安秘书，你来评评理，看我们俩谁更靠谱。"安静忙说："对不起，张局，局长让我送完文件马上回他办公室，他还有急事要我办。另外，李局，局长说这份文件很重要，请您抓紧时间落实。"说罢走了。

其实，安秘书并无急事，她只是刻意回避。两位副局长论理，一个秘书又能说什么呢？

6. **个体分析法**

每个人的个性都有所不同，善于分析交往对象特点，秘书才能够在工作中有所侧重，与不同的交际对象实现良性的互动与配合。个体分析法就是秘书通过分析交际对象自身特点，采用适宜与之交往的方式来实现良性交往的方法。该方法的施行要求秘书在人际关系处理中要学会分析、了解对方，具体内容包括家庭背景、性格、人品、交往心态等。

小资料

PAC 理论

PAC 理论又称为相互作用分析理论、人格结构分析理论、交互作用分析、人际关系心理分析。该理论认为，人的个性是由三种比重不同的心理状态构成，这就是 Parent（父母）、Adult（成人）、Child（儿童）状态。PAC 理论认为每个人的“自我”中都含有“父母”“成人”“儿童”三种不同的状态，这三种状态在每个人身上都交互存在，只是各自所占的比重不同。三种状态的特征分别如下：

“父母”状态以权威和优越感为标志，所发出的交往信息内容具有合理性，即符合交往的实际情况，但却是命令式的，要求对方无条件地按照自己所发出的指令去做。因而时常表现为统治、训斥、责骂等家长制作风。当一个人的人格结构中 P 成分占优势时，其行为就常常表现为凭主观印象办事，独断专行，滥用权威，常常以诸如“你应该……”“你不能……”“ 你必须……”等方式进行沟通。

“成人”状态以客观和理智为标志，所发出的交往信息内容具有合理性，其情感是协商式的，即带着征求意见的情感发出信息的内容，提出较为民主的要求，要求对方考虑自己所发出的信息内容，希望对方履行。表现为注重事实根据和善于进行客观理智的分析。个体人格结构中 A 成分占优势的人，待人接物冷静，慎思明断，尊重别人。沟通的方式总是：“我个人的想法是……”

“儿童”状态以无知和冲动为标志，所发出的交往信息内容具有任意性，即不是从交往的实际情况出发，而只是凭自己的主观臆测和随意想象，其情感也是任意发泄的。人格结构中 C 成分占优势的人遇事畏缩，感情用事，喜怒无常，不加考虑。喜欢用“我猜想……”“我不知道……”等方式进行。

小案例

恭敬“二把手”

王海工作不过三年已经是一家公司秘书部门的负责人了，很有发展前途。每次公司高层开会的时候，他都会被领导叫去。一屋子的老年人和中年人，更衬托出他的朝气蓬勃。在会上，他总是先听，然后再三言两语地发表自己的意见，既切中要害，又显得谦虚。

因为他的存在，为老总省去了许多不必要的麻烦事，所以他深得老总的赏识。老总也对他的意见和建议十分重视。可是他对这位“一把手”倒不那么恭敬，对“二把手”却出人意料地亲近。人们都感到非常奇怪，“一把手”明明是一个很难得的、有魅力、知人善任的人，而“二把手”明明是一个本事不大、心眼不少的人，他为什么要如此这般呢？

一位和王海关系很好的朋友问到这个问题，他说，“一把手”是个正人君子，用不着顾及和他的关系，只要你好好工作，他对你就满意了。“二把手”则不然，这种人虽然没多少业务方面的本事，但他的心眼都用在为人处事上，他不一定能给你起什么好作用，但如果在背后给你起点消极作用，你也吃不消。俗话说：宁可得罪十个君子，也不可得罪一个小人。之所以“巴结”“二把手”，就是希望他不要从中给自己起反面作用。

王海人际关系处理的高明之处就在于能切实根据不同人的特点采用不同的方法达到人际关系良性发展的目的。王海对待君子与小人的不同交际之道是值得借鉴的。

四、秘书的人际关系处理

1. 秘书与领导的关系处理

秘书与领导的关系，是秘书与领导在频繁的人际交往中形成和发展起来的，是秘书角色交往中的首属关系，直接影响秘书才干的发挥、工作的效率以及自身的发展。秘书要特别注意与领导的关系处理。

（1）以公务交往为主，私人交往为辅的交往方式推进秘书与领导的关系。

公务交往对秘书与领导关系的生成具有重要意义。秘书与领导的公务交往状态决定了秘书与领导之间能否保证信息的畅通、沟通的及时有效以及工作是否正常开展，同时也决定了秘书与领导所形成的关系是团结互助还是矛盾失助，是默契并行还是分离对立。

私人交往能在人性的层面上进一步深化秘书与领导的关系。通过私人交往活动，双方会进一步了解彼此的成长过程、家庭情况、个性品质，秘书还可借此熟悉领导的生活习惯、掌握领导的活动规律，这不但可以进一步密切彼此的关系，而且对于秘书在角色交往中扬长避短、适应领导带有个性特征的工作方式从而形成更加牢固的上下级关系具有重要意义。

（2）秘书与领导班子的关系处理。领导班子就是党政机关或企事业单位里由领导人组成的领导集体。各位领导在单位内部具体分工不同，但在管理活动中相互间时时发生着密切的联系。因此作为秘书，即使是领导的专职秘书，也常常需要在领导间进行协调沟通，了解和熟悉每个领导的性格及其工作特点，熟悉领导班子的工作情况，树立为全局服务的观念就非常有必要。

秘书处理与领导班子的关系时应遵循四个原则。其一，坚持领导班子组织规章：组织规章既然是领导班子划分职权、行使职能的依据，秘书当然也应该依据这些规章处理与领导班子及其成员的关系，以确保组织的秩序井然。其二，遵守单向请示的原则。与单向请示相对的是多头请示，多头请示的结果只会使秘书茫然无措，不知道该按哪位领导的意见办理，不但使工作效率受影响还可能引起领导人之间的矛盾，秘书应杜绝此类现象的发生。如何避免多头请示呢？秘书要依据职权分工接受任务或请求工作。涉及全局的、综合性的事务请全面主持工作的正职裁定，并知照相关部门领导人，若知照后领导人有不同意见，则建议领导人之间直接交换意见。对于领导人业务范围内的专项事务，直接请示分管领导。其三，遵守一视同仁的原则。生活上同等照顾，工作上同等协助，态度上同等尊重。其四，有利于领导之间团结的原则。领导人各有自己的工作特点和个性特征，在工作中因不同意见而导致分歧甚至矛盾也是在所难免的。秘书在工作中常常作为桥梁协调于各领导之间，因此特别要注意工作的方式方法，只能巧妙地推动领导人消除误解和隔阂，切忌火上浇油。

（3）秘书处理与领导关系的方法与技巧。主要包括以下几个方面：

1）建立和谐关系，促进服务。秘书努力使自己与领导保持默契，和领导建立和谐的关系，是促进其服务工作的重要方面。了解领导、理解领导是建立和谐关系的两大基础。

第一，了解领导。了解领导的个性、工作职责、交往范围、工作习惯及工作风格等，可以帮助秘书最大限度地和领导保持默契，从而生成和谐的关系。

第二，理解领导。在工作中，尽可能设身处地地理解领导的立场，因理解而支持；体谅领导的苦衷，因体谅而分担；善待领导的不足，因善待而接纳其不完美。建立在充分理解基础上的关系更容易默契、和谐，促进工作。

2）摆正自身位置，自觉服务。秘书必须找准自己的位置，清晰地认识自身的位置与职责，才能既自觉服务于领导，并恰如其分地履行自己的职责，又不至于越权越位，影响秘书与领导关系的和谐。秘书摆正自身位置，是对领导的一种尊重，应做到如下两点：

第一，自觉维护领导威信。秘书在任何情况都不能破坏领导的威信，不能散布有损领导威信的言论，不能做有损领导威信的事情。即使领导在工作中出现差错或失误，也不能随意发表议论，而应通过正当的方式和正常的渠道来反映问题，以求得妥善合理的解决。

第二，尊重领导职权。这是要求秘书在行为上尊重领导的意见和决策，不越俎代庖，更不能越职代权借领导的名义发号施令。

3）提高自身素养，高效服务。秘书与领导的首属关系毕竟是因工作而产生的角色关系，提高服务质量因而成为秘书处理与领导关系的核心要素。秘书要提高自身修养，正确领会及贯彻领导意图，提高沟通协调及办事能力，同时增强奉献精神，以此高效服务领导。

4）适度联络感情。秘书与领导的关系除了角色关系外，还存在非角色关系。秘书与领导之间的个人感情本身就是秘书与领导关系的重要组成部分，是对角色关系的润滑与调节，有助于密切彼此的关系，也有利于消除彼此的误解与隔阂。因此，秘书在处理与领导的关系时，也应注意适度地联络双方的感情。

5）适当保持距离。秘书应适度联络与领导的个人感情，但这不等于亲密无间。领导与秘书虽工作关系密切，但毕竟身份不同，过密的关系，可能导致秘书过多地涉及与自己无关的事务，而领导的权威也受到挑战。秘书与领导在关系处理时应适当保持距离。

2. 秘书的其他关系处理

秘书与同事的关系、与部门的关系、与外界的关系，也是秘书人际关系的重要内容，直接影响着秘书工作的质量和效率。

（1）秘书与同事的关系处理。秘书与同事的关系作为重要的环境因素决定了秘书工作的心理状态，好则心情愉悦，广获支持；劣则心情阴郁，处处遇挫。秘书必须重视与同事的关系处理，应遵循如下原则：尊重同事，欣赏同事，团结同事，关爱同事，宽待同事，克制自己。

（2）秘书与部门的关系处理。秘书在处理与部门的关系时，首先要做到平易近人，切不可用上级的口吻说话。其次，由于各部门角度不同立场不同，秘书部门与其他部门发生误会或矛盾也是正常的，面对这样的状况，秘书要积极沟通和协调，讲究处理问题的方式，艺术地解决问题，切忌斗气结怨，将人际关系的路子封死。最后，在工作中，秘书要多一些全局意识，支持和帮助其他部门开展工作，解决问题，与各部门间建立团结协作的工作氛围，当秘书部门需要协助时自然也会得到有力的支持与协助。

（3）秘书与外界的关系处理。任何一个组织要存在都必然需要与社会各界产生密切的关系，如与客户、媒体、供应商、社区、政府、竞争对手的关系等。

秘书在处理与外界的关系时要注意以下几个方面。其一，注意身份：秘书要时刻提醒自己，秘书所代表的不只是个人而是组织，双方的关系也不是私人间的关系而是工作关系。其二，注意目的：与外界的交往都具有明确的目的，组织利益是第一位的，考虑和处理问题一定要站在组织或领导的角度。其三，树立形象：在交往中注重塑造和树立组织形象，提高组织的美誉度，为今后的合作打下基础。其四，广结良缘：秘书应具有广结良缘的意识，借与外界交往的过程广交朋友，这样既为秘书自身也为组织积累下“畅通无阻”的人脉资源，对工作效能产生实质影响。

实践指南

调整人际关系的前提

- 没有我就没有关系，调整关系要从我做起；
- 关系越近越紧密，越容易出现问题；
- 没有两个人是一样的，一个人永远也不可能改变另一个人；
- 个体永远只能改变自己；
- 有效果比有道理更重要；
- 与任何人或组织打交道都应坚持“互利共生”的原则。

分析·训练

一、阅读讨论

杨瑞该怎么办

杨瑞是一个典型的北方姑娘，在她身上可以明显感受到北方人的热情和直率，有什么说什么，总是愿意把自己的想法说出来和大家一起讨论，正是因为这个特点她在上学期间很受老师和同学的欢迎。今年，杨瑞从某大学的人力资源管理专业毕业，在权衡了多种因素的情况下，杨瑞最终选定了南方的一家研究生产食品添加剂的公司。她之所以选择这家公司是因为该公司规模适中、发展速度很快，最重要的是该公司的人力资源管理工作还处于尝试阶段，因此她认为自己施展能力的空间很大。

但是到公司实习一个月后，杨瑞就陷入了困境中。

原来该公司是一个典型的小型家族企业，企业中的关键职位基本上都由老板的亲属担任，其中充满了各种裙带关系。尤其是老板给杨瑞安排了他的大儿子做杨瑞的临时上级，而这个人主要负责公司研发工作，根本没有管理理念更不用说人力资源管理理念，在他的眼里，只有技术最重要，公司只要能赚钱其他的一切都无所谓。但是杨瑞认为越是这样就越有自己发挥能力的空间，因此在到公司的第五天杨瑞拿着自己的建议书走向了直接上级的办公室。

“王经理，我到公司已经快一个月了，我有一些想法想和您谈谈，您有时间吗?”杨瑞走到经理办公桌前说。

“来来来，小杨，本来早就应该和你谈谈了，只是最近一直扎在实验室里就把这件事忘了。”

“王经理，对于一个企业尤其是处于上升阶段的企业来说，要持续企业的发展必须在管理上狠下功夫。我来公司已经快一个月了，据我目前对公司的了解，我认为公司主要的问题在于职责界定不清；雇员的自主权力太小致使员工觉得公司对他们缺乏信任；员工薪酬结构和水平的制定随意性较强，缺乏科学合理的基础，因此薪酬的公平性和激励性都较低。”杨瑞按照自己事先所列的提纲开始逐条向王经理叙述。

王经理微微皱了一下眉头说：“你说的这些问题我们公司确实存在，但是你必须承认一个事实——我们公司在赢利，这就说明我们公司目前实行的体制有它的合理性。”

“可是，眼前的发展并不等于将来也可以发展，许多家族企业都是败在管理上。”

“好了，那你有具体方案吗?”

“目前还没有，这些还只是我的一点想法而已，但是如果得到了您的支持，我想方案只是时间问题。”

“那你先回去做方案，把你的材料放这儿，我先看看然后给你答复。”说完王经理的注意力又回到了研究报告上。

杨瑞此时真切地感受到了不被认可的失落，她似乎已经预测到了自己第一次提建议的结局。

果然，杨瑞的建议书石沉大海，王经理好像完全不记得建议书的事。杨瑞陷入了困惑之中，她不知道自己是应该继续和上级沟通还是干脆放弃这份工作，另找一个发展空间。

小组讨论，并请小组代表作答：

1. 王经理对待下属的态度合理吗？他应该怎样对待小杨的建议？

2. 小杨以怎样的方式向王经理提出建议比较好呢？

二、技能训练：具体情境下的人际关系处理

刘秘书因工作出色，深得领导赞赏，屡次被委以重任，招致了老秘书张丽的忌妒。张丽虽进单位多年，却未得到领导的重用，于是到处乱说刘秘书轻狂，目中无人，甚至领导也不放在眼里。

活动要求：1. 针对上述情境，任务组至少框定三个角色，即刘秘书、领导、张丽，进行脚本设计，完成演练。

2. 任务组对本组的情节设计进行分析说明：为什么这样安排、有助于人际关系管理的策略运用。

课后阅读

【阅读资料一】

成就好的人际关系的小窍门

尽管毕业半年多了，苏西还是为工作的事情一直烦恼，确切来说是职场上的人际关系让他感到不适。按说像他这样名牌大学出来的学生，素质和能力都不错，是应该很受欢迎的。可是不知为什么，他总感到同事和上司都和他缺乏默契。

在公司里苏西做的是销售工作，他付出了比同事更多的热情和笑容，可糟糕的是，同事的业绩都比他好。这使他更加沮丧，也想不明白。在一个休息天，他来到一位读心理学的朋友家中，向朋友大吐苦水。

他的这位朋友，是同校不同系的师兄，对苏西的痛苦，师兄始终认真地倾听着，并且时不时插上一两句话。

“我相信自己是很尽力了，就先说职场人际关系吧，自从进入公司，我就努力地让同事和上司喜欢我。在公司例会上，无论领导的发言是多么枯燥、多么乏味，我都是唯一认真听下去，并且保持微笑听下去的人。”

师兄托着脸的手从腮边移开，突然打断了苏西的话，说：“你是不是听得很辛苦，脸上的肌肉都快僵硬了，可还是努力凝视着领导，努力把伪装的热情聚焦在双眼？”

苏西连忙点了点头：“我这样做，只是想领导注意我，从而赏识我。可是领导从来不派我做公司重要的任务，反而是一个在会上老和领导顶嘴的同事，最近升了职。”

“与同事之间吧，我也是努力地表现随和与热情的一面，努力想讨好他们，结果呢……”说到这里，苏西的眼眶有点儿红了，他说，“我希望与这个团体融合在一起，可是，同事的聚餐、出游，或是喜宴，他们都很少叫上我。”

师兄听到这里，不等苏西细诉，就明白了他为什么比同事付出更多热情，业绩却更差的原因所在了。他给苏西倒了一杯热茶，让他缓缓劲，然后，在热气的氤氲中，师兄慢慢给他讲了一个关于“克林顿魔力”的故事。

一、和人打招呼时不要立刻微笑。慢慢地、轻轻地微笑，让对方感到这是他们独享的待遇，不要让别人认为你在遇见每个人时都会自动微笑。

二、让别人有机会表达自己。专心聆听有趣的谈话并努力理解这些谈话。如果你没有认真倾听别人的答案，就不要问那么多问题，或者随便苟同别人所说的任何话。否则会显得你极不真诚。

三、谈话的语速和内容的多少要与他人保持一致。尽量使用他人的语言会使沟通变得更加热烈。避免使用不自然的话语或手势。学会适应不同的环境和不同的人，但不要压抑真正的自我。

四、观察一些社交性线索。职业心理学高级讲师桑迪·曼恩博士如是说：人们是否在避免跟你进行眼神交流，或者看起来非常无聊？如果的确如此，请检查一下，你是否在向人们传递积极的回应？说话不要太快，不要只谈论你自己，或者用一些无聊的琐事轰炸你的听众。

五、你的身体就像一块磁铁：对于你所喜欢的人，你会把身体挪向他，而对于不喜欢的人，你会挪开身体。你可以将身体稍微斜向对方，但不必靠得太近。如果他人将身体靠近你，你也不要明显往后退。如果他们缓慢移开，那你就不要随之移动跟进。

【阅读资料二】

新人要坚持三“不”原则

面对公司内的派系斗争，一个人很难保持中立。想做到两边不得罪，最后往往两边都得罪了。其实，问题在于怎么看“得罪”二字。如果你所做的对得起职位、对得起自己，而对方又恰恰不能捅破窗户纸、拿你开刀，那来个“难得糊涂”又有何妨？面对公司内的派系斗争，新人要坚持三“不”原则——不介意、不参与、对事不对人。

其中，“对事不对人”是指保持平常心，一切从工作出发，从组织利益出发，按公司的规则和程序来判断、处理工作中的是是非非。

一般来讲，对待领导，下属要服从，而非盲从；要忠诚，而非愚忠。很多时候，领导之间的意见差异只是方法、手段的差异，并非目的不一致。即便目的、手段有分歧，那也应按公司规定的程序，让高层自己去解决。

新人有问题，不必憋在肚子里，最好问问自己的直属上司。如果直属上司的话也令人发晕，那就直接向发令者询问：“老总，您的意见好像跟副总的不大一样，您看我怎么跟他解释呢？要不然您跟他沟通一下行吗？”

如果公司内的派系斗争确实令人身心疲惫、不开心，那就不要留恋“不错的待遇”，早点另谋高就吧。

项目六

秘书的心理健康管理

项目框架

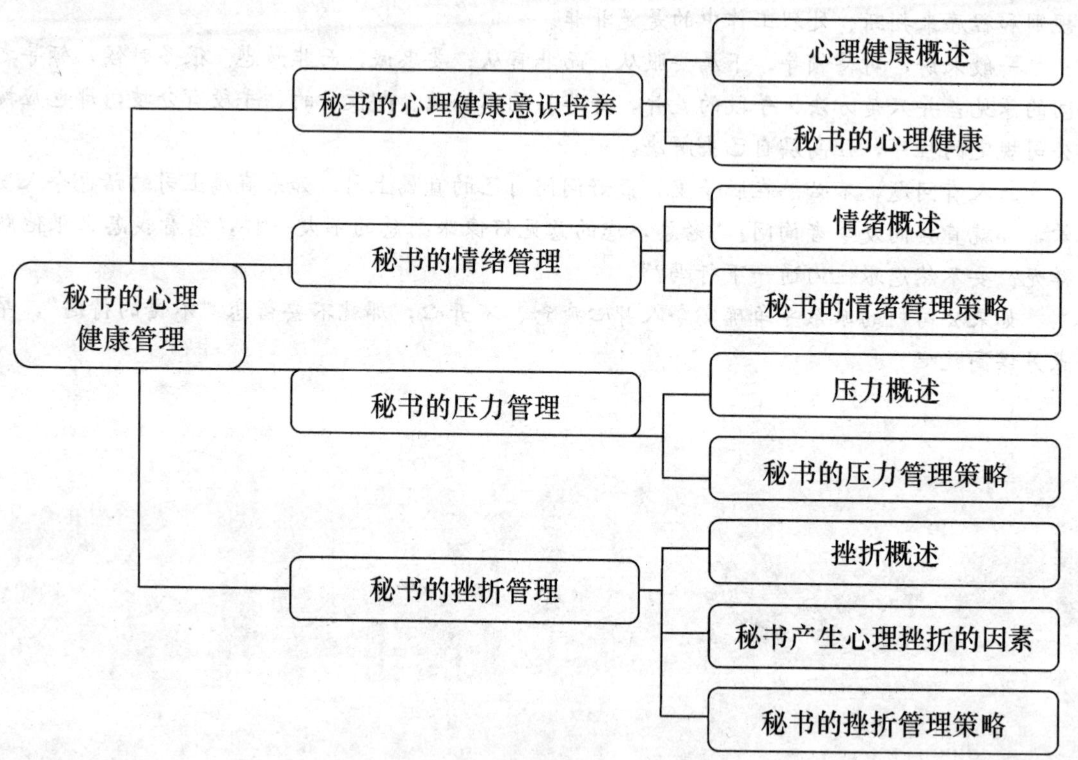

项目导言

健康是任何个体生存和发展的基础条件。烦琐的工作、快节奏的生活、自身发展的要求、理想与现实的冲突、复杂的人际环境、生活的压力等却无时无刻地影响着秘书的身心健康。职场中人若不能有意识地对自身情绪及面对的压力与挫折进行管理，注意调整身心状态，就容易导致身心失调继而引发心理疾病。秘书应树立心理保健意识，主动科学地管理自己的身心健康。

课题一　秘书的心理健康意识培养

学习目标

- ◆ 了解心理健康的定义及影响因素
- ◆ 掌握心理健康的标准
- ◆ 认识秘书常见的心理问题
- ◆ 掌握秘书人员保持心理健康的方法

案例导入

小宋毕业时正值一家大型国有企业招聘总经理秘书，小宋通过层层考核竞聘成功。脱颖而出的胜利激励着小宋，她决心在秘书的岗位上做出一番成绩。然而，小宋初入职场缺乏经验，在上传下达时，不懂得悉心体察部门情况，一旦遇到其他部门的人有疑义或责问就态度生硬俨然领导，极不讲究方法。大家对她的反应也就相当冷淡。总经理询问部门反馈意见时，她常常对那些部门的人一番微词，总经理颇为不悦。小宋看在眼里，心里觉得很难受。更让小宋郁闷的是，工作一段时间后，小宋主动制定了《公文运作流程》及《文书档案管理办法》，交予总经理过目，然而半个多月过去了却不见总经理有什么回馈。小宋觉得都怪自己太过积极，工作的热情也渐渐褪去，工作渐渐消沉起来，对人对事一副懒洋洋的模样。有一天，老同学邀约聚会，小宋没心情不想去，但拗不过大家终于还是去了。见了面大家都感觉她不如以前活泼开朗，添了沉闷和玩世不恭，问及怎么了，小宋懒懒地答：没什么呀。整个聚会表现得沉默又抑郁。

想一想：小宋的心理出问题了吗？小宋该怎样调节自己的心理状态？

评析：初入职场，因缺乏工作经验与不谙工作技巧，小宋在工作交往中不为同事欢迎，自己主动开展的工作也没有得到总经理的重视，小宋的心理因此极不愉快，工作逐渐消沉。小宋不知道工作上的消极心理会直接影响人的心理状态并反映到生活层面。对任何不良心理不要指望通过消极、回避的方法来解决，只有正确地直面、有意识地调整，才能真正化解问题、维护心理健康。

相关知识

一、心理健康概述

1948 年，世界卫生组织在其《世界卫生组织宪章》中指出："健康不仅是没有疾病和虚弱，而是个体在身体、心理和社会适应上的和谐状态。"由此揭示出健康的三大要素：躯体健康、心理正常和社会适应良好。然而，长期以来，人们对健康的认识存在一个误区，即认为没有疾病就是健康，而对心理健康以及受心理健康影响极大的社会适应状态重视不足。其实，心理健康对个体的躯体状态、社会适应状态都具有直接作用，是不容忽视的。

1. 心理健康的定义

心理健康是指各类心理活动正常、关系协调、内容与现实一致和人格处于相对稳定的状态。健康心理是一种心理状态，在某一阶段内，实现着个体的正常功能。从发展的角度看，健康心理是在常规条件下，个体在应对千变万化的内、外环境，围绕其心理健康常模，在一定范围内上下不断波动的相对平衡的过程。然而，无论个体、其自身的状态、环境都不可能是静止的，当主体自身或内、外环境发生了剧烈的变化，这种动态平衡过程就可能被打破，心理活动就可能偏离个体心理的健康常模，心理活动就可能处于相对失衡的状态和过程。因而没有绝对的或永远的心理健康，人之一生就是在运动变化着的内外环境的作用下，在健康心理与不健康心理的动态交织中不断交替着心理的失衡与平衡。

2. 心理健康水平的标准

心理健康水平的标准可从以下七个方面衡量。

（1）智力水平正常。智力是人的注意力、观察力、记忆力、想象力、思维力和实践活动能力的综合，是大脑整体功能的表现。智力正常是个体学习、生活、工作的基本心理条件，对个体正常的心理活动具有现实决定意义。

（2）情感和情绪稳定。情感和情绪稳定性能体现在以下几个方面。其一，具有与情境相符合的情感和情绪的反应，当悲时则悲，当喜时则喜，能正常地恰如其分地宣泄情绪。其二，情绪调控能力强，善于调适自己的情绪。既不过分压抑，又能疏导情绪，趋向平稳。其三，从长远来看，因表现出较强的情感与情绪的调适能力，在情绪体验上，积极多于消极，平稳多于起伏，平静多于波动。

（3）意志健全，行为协调。意志是人在达成目标时内在进行指挥、决定和执行的心理过程。意志与行为难以分割，行为受意志支配，没有行为，就无法展现个体意志活动的实质。个体意志品质的强弱、健全与否，取决于四种心理品质：自觉性、果断性、自控性和坚韧性。心理健康者都有自觉的目的性，能适时做出决定并运用切实有效的方法解决问题，在困难和挫折面前能够采取合理的反应，能在行动中控制自己的情绪和言行。心理不健康者则常常表现出行动盲目、优柔寡断、害怕困难、意志薄弱、顽固执拗、言行冲动等意志问题。

（4）社会关系协调。人类的各类活动得以产生和维持，都依赖于人与人之间充分的社会交往。社会交往的中断必然会导致人出现种种异常心理。当个体与亲友或社会中其他有关联的成员变得十分冷漠或断绝来往，其表现实质上就是一种有问题的“接触不良”。人因心情抑郁，使社会交往受阻的情况较为常见；反之以近乎躁狂的状态过分地社会交往或不论何时与素不相识的人“一见如故”同样是有失协调的社会关系状态。

（5）适应能力强。心理其实是适应环境的工具，为了个体保存和种族延续，为了自我发展和完善，人类就必须适应环境。人从生到死，始终不能脱离的就是生存环境，环境条件在不断变动之中，这就要求个体具备较强的适应能力，采取主动或被动性的措施，使自身与环境达到新的平衡。无论是主动适应，即积极地去改变环境，还是被动适应，躲避环境的冲击，都具有积极的意义。当环境突变时，个体能否很快地采取措施加以适应，保持心理平衡，解读着个体的心理健康水平。

（6）健全的人格。人格是个体在社会生活的适应过程中对自己、他人及事物于身心行为上所显示出的独特个性，是个体稳定的心理特征的总和。健全的人格是指构成人格的诸要素，如气质、能力、性格、信念、理想、人生观等各方面能平衡、健全地发展。

小资料

健全和成熟的人格指标

著名的心理学家阿尔波特从人本主义自我实现的需求出发，提出健全和成熟的人格指标为：

◆ 有自我扩展的能力。健康的成人能够积极广泛地参与社会活动，有适当的兴趣爱好。

◆ 有与他人热情交往的能力。能与他人保持亲密关系，无占有欲和嫉妒心；有同情心，能容忍与自己在价值观念和信仰上有差别的人。

◆ 在情绪上有安全感和认同感。能忍受生活中无法避免的冲突和挫折，能经得起突然袭来的打击。

◆ 具有现实性。健康成人看待事物根据事物的实际情况而非自己所希望，是能看清情境并顺应情境的“明白人”。

◆ 有清醒的自我意识。对自己所有的或所缺的都知晓清楚、准确。理解真实的自我与理想的自我之间的差别，也知道自己与他人对于自己认识的差别。

◆ 有一致的人生哲学。有符合社会规范的、科学的人生观，为一定的目的而生活。在意识形态、信念和生活方面能够对他人产生创造性的推动力。

（7）心理行为符合年龄特征的程度。人的一生要经历 8 个心理时期，即胎儿期、乳儿期、幼儿期、学龄期、青少年期、青年期、中年期、老年期。各个时期都有不同的心理特点，如幼儿期天真活泼；青少年期自我意识增强，身心飞跃突变，心理活动进入剧烈动荡阶段；老年期，心理活动趋向成熟稳定、老成持重，随着社会功能的变弱，身心功能弹性降低、情绪容易倾向忧郁、猜疑。心理行为符合年龄特征就是个体在不同的心理发展阶段应具有与其年龄和角色相符合的心理行为特征。

3. 影响心理健康的因素

（1）社会因素。生活环境是影响人心理健康的一个社会因素。工作环境不佳、劳动时间过长、工作单调或居住条件、经济收入差等，都会使人产生焦虑、烦躁、愤怒、失望等紧张心理状态，从而影响人的心理健康。

此外，重大生活事件或重大突变是影响个体心理健康的另一个社会因素。生活中遇到的各种各样的变化尤其是一些突然变化的事件，常常是导致心理失常或精神疾病的原因，例如亲人离世、天灾人祸、离异、患病等。个体每经历一次生活事件，都要付出心力去调整、适应，因此，如果在一段时间内发生的不幸事件太多或事件较严重，个体的身心健康就很容易受到破坏。

最后，文化教育也是对个体心理健康产生影响的重要社会因素。教育因素包含家庭教育和学校教育。对个人心理发展而言，早期教育和家庭环境是影响心理健康的重要因素之一。研究表明，不同的早期环境下个体身心发展的结果不同。个体早期的教育文化环境如果单调、贫乏，其智力的开发、心理活动的强度等就会被抑制，其心理发展就会受到阻碍；而受到良好照顾，接受丰富刺激，心理机制得到榜样式引导的个体成年后更可能成为佼佼者。另外，儿童与父母的关系，父母的教养态度、方式，家庭的类型等也会对个体以后的心理健康产生影响。与父母建立和保持良好关系，得到父母恰当的关爱、支持与鼓励的儿童，更容易获得安全感和信任感，对其成长过程中的人格发展、人际交往、社会适应等方面有着积极的促进作用。

（2）心理因素。心理因素是指个体自身的人格特征、心理素质、认知与行为模式等，对个体的心理健康具有主导作用。人格特征与心理健康密切相关，同样一种生活挫折，对不同个性的人，其影响程度完全不同。有的人可能无法承受，或消极应付，自暴自弃；有的人则可能正视挫折，视挫折情境为学习成长的最好课堂。因此，培养健全人格是保持身心健康的关键因素之一。

心理素质的强弱对个体的心理健康也有显著的影响。如果自我控制力弱，意识水平低，认知方面存在自我认同危机或归因方式存在问题，那么出现心理问题的可能性则大。

总之，心理因素是决定个体心理健康的主导因素，不同心理因素的人其心理活动强度、意识水平、心理自控力、环境适应能力、心理康复能力等也不同，因而其心理健康水平也不同。

（3）生理因素。影响个体心理健康的生理因素主要是遗传和疾病。生理是心理的基础，如果没有充分的生理条件，人的心理活动就要受到影响。心理学家们曾用家谱分析的方法针对学生群体研究遗传因素对个体心理健康的影响，结果发现，存在心理健康问题的学生中，家族中有癔病、活动过度、注意力不集中病史的中学生所占的比例明显大于家族无病史的学生。虽然遗传因素在一定程度上对个体的心理健康有影响，但其作用也不是绝对的。遗传只是提供了一种可能性，个体是否表现出心理障碍或心理异常，关键还看后天环境作用。在遗传与环境的相互作用中，遗传因素所决定的不良发展倾向可以得到防止和纠正。

除遗传因素之外，病菌、病毒干扰，大脑外伤，化学中毒，严重躯体疾病等都可能会导致心理障碍甚至精神失常。例如，脑梅毒、流行性脑炎等中枢神经系统传染病，会导致器质性心理障碍；脑震荡、脑挫伤等可能引起意识障碍、遗忘症、言语障碍和人格改变等；甲状腺功能亢进可出现敏感、易怒、暴躁、情绪不稳和自制力减弱等心理异常表现，甲状腺机能不足则可引起整个心理活动的迟钝。

总之，社会、心理、生理等各种因素是相互影响、相互制约的，共同对个体的身心健康发生综合作用。

小资料

杰哈塔的“心理健康”定义

在目前的心理学理论中，特别是在人格心理学和临床心理学中，美国心理学家杰哈塔对“心理健康”的定义较为著名，他提倡一种“积极的精神健康”，认为心理健康主要包括六个方面。

（1）自我认知的态度。心理健康的人，能对自我做出客观的分析，对自己的体验、感情、能力和欲求等做出正确的判断和认知。

（2）自我成长、发展和自我实现的能力。心理健康的人的心态绝对不会是消极的、厌世的或万念俱灰的，他会努力去实现自己内在的潜能，自强不息，即使遇到挫折，也会成长起来，去追求人生真正的价值。

（3）统一、安定的人格。心理健康的人能有效地处理内心的各种能量，使之不产生矛盾和对立，保持均衡心态。他对于人生有一种统一的认知态度，当产生心理压力和欲求不满时，有较高的抗压力及坚韧的忍耐力。

（4）自我调控能力。对于环境的压力和刺激，能保持自我相对的稳定，并具有自我判断和决定的能力。不依附或盲从于他人，善于调节自我的情绪和能力，果断地决定自己的发展方向。

（5）对现实的感知能力。心理健康的人，在现实生活中不会迷失方向，他能正确地认知现实世界，判断现实。

（6）积极地改善环境的能力。心理健康的人，不会受环境的支配、控制，而是顺应环境，适应环境，并积极地发问、变革环境，使之更适应人的生存。在这样的环境中，他热爱人类，适当地工作和游戏，保持良好的人际关系，并有效率地处理、解决问题。

4. 心理不健康状态

临床心理学把人的全部心理活动，分为“健康的心理”“不健康的心理”“异常的心理”三种，并将心理健康、心理不健康界定为心理正常范畴，而那些变态人格、确诊了的神经症及其他各类精神障碍被界定为心理不正常范畴。其中作为正常心理范畴的心理不健康状态具体包括三种类型。

（1）一般心理问题。由现实因素激发，持续时间较短，情绪反应能在理智控制之下，自我调整效果较好，对社会功能影响不大，情绪反应尚未泛化的心理不健康状态。

（2）严重心理问题。由相对强烈的现实因素激发，初始情绪反应剧烈，持续时间较长（一年以内），内容充分泛化导致个体在社会功能方面出现缺损的心理不健康状态。需求助专业人员的帮助方能改善。

（3）神经症性的心理问题（疑似神经症）。个体本身就是神经衰弱或神经症的早期阶段，具有明显的躯体不适感，是大脑功能失调的外在表现。需心理医生治疗。

二、秘书的心理健康

1. 影响秘书心理健康的因素

在生理因素一定的条件下，对秘书心理健康影响显著的是社会因素、工作因素与秘书自身的心理因素。主要表现如下。

（1）社会因素。秘书工作其实只是若干职业中的一种，然而，社会对秘书角色的认识有时存在一定的偏见，这种世俗偏见常常变身为强大的舆论力量，给秘书的生活和心理带来极大的刺激与影响，成为影响秘书心理健康的重要因素。

（2）工作因素。秘书工作的特点决定了秘书为高压人群。秘书工作事无巨细，较为烦琐，因此秘书常常陷于工作的包围之中，处于紧张的状态，工作压力较大。另外，秘书在工作中时时处处需要与人打交道，在频繁的人际交往中难免出现人际接触不良、人际关系恶化等情况，给秘书的心理健康带来潜在的威胁。秘书若长期周旋于冷漠、敌视、钩心斗角等情形的人际关系中，心理健康必然受到破坏。要建立和维护良好的人际关系，秘书需要树立意识、强化能力，这在对秘书提出素养要求的同时，又为秘书不轻的工作负荷中增添了新的要求。因此，无论就人还是就事，秘书工作的特点都决定了秘书作为高压人群身心负荷之重。

（3）自身因素。秘书自身的认知水平、能力强弱、个性特征、心理素质好坏等直接决定着秘书认识和看待事物的方式，不同的认知带来不同的情绪体验以及不同的行为模式，如因认同而愉悦而全力以赴而高效而心境极佳；因不认同而无奈而反感而抵触而表现不力而心境不良。自身因素对秘书的心理健康也有重要的影响。

2. 秘书常见心理问题及解决方法

（1）职业自卑感。世俗观念客观上对秘书职业存有一定的偏见，秘书工作本身又具有极强的从属性与服务性，因此，秘书若不能端正认识，科学合理地自我定位，形成自己的职业信念。那么，当面对繁杂的工作、复杂的人际交往时，秘书就可能因不胜任而质疑自己，产生强烈的职业自卑感。

调整职业自卑感，需要秘书端正职业认识，形成职业信念：首先，要相信秘书的职业价值不可替代，相信世俗对秘书职业所存的观念会不断发展变化，相信职业环境会不断优化；其次，要加强对秘书工作的认识，培养服务意识和辅助意识，对秘书角色形成准确的定位；最后，要不断提高自身的工作素养与适应能力。当秘书对秘书工作形成科学的认识、积极的信念，全面地接纳秘书工作，并相信自身的能力时，职业自卑感也就不复存在了。

（2）年龄恐慌症。深受世俗观念及职业环境的影响，秘书之中不乏认为秘书是吃青春饭的人员，一旦产生这种思想或者遭遇这样的现实处境，随着年龄的增长，秘书的危机感就会加剧，从而产生心理恐慌。

恐慌是因为不确定。在年龄渐长的过程中，秘书对未来职业的走向与发展可能渐趋迷茫而产生不确定性，导致秘书的职业安全感降低。因此，要从根本上解决秘书的年龄恐慌症就需要提早对自身的职业或人生发展进行规划，针对不同年龄阶段的工作与人生目标及内容做到心中有数，有备无患。如此，年龄加剧的就不会是恐慌，而是阅历、财富与稳重。

（3）心理疲劳。心理疲劳，是个体长期从事单调、机械的工作，伴随着肌体生化方面的变化，中枢局部神经细胞由于持续紧张而出现抑制，致使对工作对生活的热情和兴趣明显降低，产生厌倦情绪的一种现象。精神紧张、工作过量容易诱发心理疲劳。较长时期的秘书生涯致使秘书对工作的新鲜感逐渐消失，产生心理疲劳，同时秘书工作的紧张繁重，也会使秘书心理疲劳程度加剧，产生厌烦心理和失落感。同时，繁杂的信息、嘈杂的生活环境或工作条件、家庭不和、人际关系紧张、事业遭挫等，也都是诱发心理疲劳的重要因素。

秘书要根据致使心理疲劳的原因来寻求消除心理疲劳的方法。若心理疲劳是因工作单调、枯燥所致，那么秘书应设法改变工作性质或内容，必要时可考虑另谋职业。若是因工作过于紧张繁重而产生心理疲劳，秘书则应借助各种富于情绪体验的活动来充实自己的业余生活，如散步、看电影、听音乐、读书、登山、聊天等，以此来改变从事工作过于繁重而产生的消极心境。

实践指南

消除心理疲劳的窍门

◆ 开怀大笑是消除疲劳的最佳办法，也是一种愉快的发泄方式。

◆ 高谈阔论会使血压升高，而沉默则有助于降压，在没必要说话时最好沉默，听别人说话也可以是一种享受。

◆ 放慢节奏，把无所事事的时间也安排在日程表中。

◆ 沉着冷静地处理各种复杂问题，有助于舒缓压力。

◆ 做错事不要总是自悔自责，只需要带上教训前行，而不是背负沉重的心情。学会放下，向前看。

◆ 坦然于自己的局限，学会在适当的时候说“不”。

◆ 学会调整呼吸，夜晚安然入睡。

（4）心理失衡。心理失衡是个体在愿望、需求得不到满足或遭受挫折、经历失败时，产生的一种心理上的不平衡或心理紊乱的状态。秘书工作幕后性强，工作量大，但在组织中的地位和收入却不见得很高；同时，秘书工作接触面广，在广泛的人际交往中自会见识形形色色的人，其中不乏高地位与高收入人群，对自身工作回报的不满与外界的鲜明刺激是秘书容易心理失衡的重要原因。此外，辅助、从属的地位会让秘书产生屈从感，生活的挫折会使秘书常规生活失衡，这些都是引起秘书心理失衡的因素。

改变秘书心理失衡的关键是建立起对事物合理的认知，正确认识自己与他人、社会的关系，摆正个人与领导、组织的位置，正确对待个人得失。秘书要培养积极乐观、豁达的人生态度，通过加强自身修养，强化宽怀大气、宠辱不惊的品质。秘书还可通过合理安排生活，用丰富的生活内容来调节某一方面的匮乏，不让局部的失衡破坏总体的平衡。适当变换环境也是解决心理失衡的一个有效方法。新的环境可激发人的活力，变换环境从而变换心境，使秘书保持健康向上的心理。

3. 秘书保持心理健康的方法

（1）强化心理健康意识。人们很关注身体的健康，却容易忽略心理的不健康。其实，任何人都不可避免地会遭遇心理问题，秘书当然也不例外。强化心理健康意识是秘书在面对心理问题时能做出有效反应的前提条件。心理健康意识强意味着秘书要懂得识别心理问题，并且在识别心理问题后知道如何行动以解决问题，这一点对于工作紧张繁忙的秘书而言是十分重要的。遇到心理问题时，秘书人员若不能识别问题，不知道是心理健康出了状况，或者因为工作繁忙一再回避，就会使心理问题加剧，甚至导致心理崩溃。因为带着问题投入到工作和生活中，必然会导致工作和生活出现新的问题，而新问题对秘书的心理又再产生影响，如此循环反复，后果不堪设想。所以秘书一定要学会识别心理问题，当发现问题时不要讳疾忌医，要积极寻求有效的解决办法，以更好地面对工作和生活。

(2) 树立正确的世界观、人生观、价值观。树立正确的世界观、人生观、价值观是培养和保持健康心理的根本，因为人的心理素质是受世界观、人生观、价值观所制约的。正确的世界观、人生观、价值观有助于秘书形成科学的认知，从而科学地认识自我、社会与事物，这是化解迷茫、误区，解决心理矛盾最有力的工具之一。

小王刚成为行政部的一名秘书，就被经理叮嘱要侍弄好公司所有的花草树木，小王认为主任分明是欺侮新来的自己，但却敢怒不敢言，心里十分讨厌经理。不久，小王看到自己的岗位说明书上分明写有“负责管理公司的花草树木”这一项，才发现原来自己错怪了经理，心理的不痛快瞬息消失。小王心理矛盾的化解其实只是基于对事物真相认识的还原。这个例子向我们展示了认知对于心理健康的重要意义，而正确的世界观、人生观、价值观正是直接作用于我们认知的根源。

(3) 不断自我修炼。乐观或悲观，积极或消极，情绪稳定或情绪波动，心胸开阔或心胸狭窄，擅沟通或不擅沟通，广受欢迎或不受欢迎等等，不同的人所形成的工作状况、关系氛围、自身感受等也绝不相同，与这些深刻相关的心理健康状况自然也大不一样。秘书通过修炼，心理素质得到不断提升，个性日趋完善，能力逐步提高，抵御心理问题的能量自然也极大增强。

(4) 学会调控情绪。紧张的工作和生活之中，秘书难免因为不良刺激产生负面情绪体验，如烦恼、愤怒、悲伤、焦虑、忧郁等。秘书如不懂得合理地宣泄情绪，科学地调控情绪，就可能使情绪问题如洪水之灾危及于人、淹没于己。秘书学会调控情绪，包括两方面的内容：其一，当冲动发生时用理智告诫和提醒自己克制情绪以免发生过激言行，这要求秘书善于制怒并懂得适当的忍让、回避；其二，情绪出现问题时，学会用合理、科学的方式调节疏导情绪。总之，在情绪问题上，秘书要时刻警醒：莫让情绪主宰自己，要让自己主导情绪。

(5) 合理安排生活。秘书工作紧张繁重也不乏机械重复，调节不当秘书就容易产生过度的压力或心理疲劳。秘书应学会合理安排生活，无论如何给自己留出闲暇，积极参加各种有益的活动如书法、摄影、音乐会等；或投身各种积极情绪体验的活动之中，如看电影、读书、聊天等；或积极投入健身活动，如登山、游泳等，如此不仅可以陶冶情操，丰富内心情感，还能使身心得以放松，激发身体活力，促进心理健康。

(6) 建立并擅用社会支持系统。很多现实问题包括心理问题可借助强有力的社会支持系统得到解决。例如，秘书在工作压力异常繁重时，对家庭的照顾肯定就有所不足，此时家庭成员若能给予理解与切实的支持，对于秘书的心理无疑是极大的安慰。反之，若家庭成员既不理解也不支持，甚至怒言相向，那么秘书的心理状况就无异于雪上加霜。秘书要有意识地建立并擅用社会支持系统，当求助时则求助，在需要帮助的时候有人援助这本身也是一种幸运和幸福。

（7）寻求专业人士的帮助。深受传统观念的错误影响，很多人认为寻求心理咨询师的帮助是难堪的或见不得人的。因为看心理医生就意味着自己有病、不正常，因此很多人都讳疾忌医。其实心理问题是每个人都必然遭遇的，秘书在必要之时寻求专业人士的帮助，不失为及时解决心理问题的一个好办法。

分析・训练

一、阅读讨论

杯弓蛇影的故事

一年夏天，县令应郴设宴招待主簿杜宣。杜宣正欲开饮忽然发现酒杯中有一小蛇在蠕动，顿时冷汗涔涔。但县令是他的上司，又是特地请他来饮酒的，他不敢不饮，所以硬着头皮喝了下去。仆人再斟时，他借故推却，起身告辞了。

回到家里，杜宣就感到难受异常，甚至感觉随酒入口的蛇在肚中蠕动，觉得胸腹部疼痛异常，难以忍受，吃饭、喝水都非常困难。

家里人赶紧请大夫来诊治。但他服了很多药，病情还是不见好转。

过了几天，应郴有事到杜宣家中，问他怎么会闹病的，杜宣便讲了那天在饮酒时酒杯中有蛇的事。应郴安慰了他几句就回家了。他坐在厅堂里反复回忆和思考，也弄不明白杜宣酒杯里怎么会有蛇。

突然，北墙上的那张红色的弓引起了他的注意。他立即坐在那天杜宣的位置上，取来一杯酒，也放在原来的位置上。结果发现，酒杯中有弓的影子，不仔细看，确实像是一条蛇在蠕动。应郴马上命人用马车把杜宣接来，让他坐在原位置上，给他倒上一杯酒，问道：你好好看看酒杯中有蛇吗？

杜宣定睛一看，果然一条小蛇在酒中蠕动。这时应郴命下人将弓箭取下，然后让杜宣再看。杜宣终于明白原来所看到的蛇不过是墙上那张弓的倒影罢了。杜宣弄清事实真相后，疑虑立即消失，病也很快好了。

小组讨论分析以下问题，并指定小组代表作答：

1. 杜宣的身体有病吗？他为什么觉得胸腹部疼痛异常，难以忍受，吃饭、喝水都非常困难？

2. 这个故事说明了什么道理？

二、自我测试

以下 90 个项目分别列出了你当前可能存在的问题，请仔细阅读每一条，然后根据最近一个星期内，你自身的实际感受，在最适合你的方格内画“√”。注意不要漏答。

	无 0	轻度 1	中度 2	偏重 3	严重 4
1. 头痛。	□	□	□	□	□
2. 神经过敏，心中不踏实。	□	□	□	□	□
3. 头脑中有不必要的想法或字句盘旋。	□	□	□	□	□
4. 头晕和昏倒。	□	□	□	□	□
5. 对异性的兴趣减退。	□	□	□	□	□
6. 对旁人责备求全。	□	□	□	□	□
7. 感到别人能控制您的思想。	□	□	□	□	□
8. 责怪别人制造麻烦。	□	□	□	□	□
9. 忘性大。	□	□	□	□	□
10. 担心自己的衣饰整齐及仪态端正。	□	□	□	□	□
11. 容易烦恼和激动。	□	□	□	□	□
12. 胸痛。	□	□	□	□	□
13. 害怕空旷的场所或街道。	□	□	□	□	□
14. 感到自己的精力下降，活动减慢。	□	□	□	□	□
15. 想结束自己的生命。	□	□	□	□	□
16. 听到旁人听不到的声音。	□	□	□	□	□
17. 发抖。	□	□	□	□	□
18. 感到大多数人都不可信任。	□	□	□	□	□
19. 胃口不好。	□	□	□	□	□
20. 容易哭泣。	□	□	□	□	□
21. 同异性相处时感到害羞不自在。	□	□	□	□	□
22. 感到受骗、中圈套或有人想抓您。	□	□	□	□	□
23. 无缘无故地突然感到害怕。	□	□	□	□	□
24. 自己不能控制地发脾气。	□	□	□	□	□
25. 怕单独出门。	□	□	□	□	□
26. 经常责怪自己。	□	□	□	□	□
27. 腰痛。	□	□	□	□	□
28. 感到难以完成任务。	□	□	□	□	□
29. 感到孤独。	□	□	□	□	□
30. 感到苦闷。	□	□	□	□	□
31. 过分担忧。	□	□	□	□	□
32. 对事物不感兴趣。	□	□	□	□	□
33. 感到害怕。	□	□	□	□	□
34. 感情容易受到伤害。	□	□	□	□	□
35. 旁人能知道您的私下想法。	□	□	□	□	□
36. 感到别人不理解您，不同情您。	□	□	□	□	□

37. 感到人们对您不友好，不喜欢您。	□	□	□	□	□
38. 做事必须做得很慢以保证做正确。	□	□	□	□	□
39. 心跳得很厉害。	□	□	□	□	□
40. 恶心或胃部不舒服。	□	□	□	□	□
41. 感到比不上他人。	□	□	□	□	□
42. 肌肉酸痛。	□	□	□	□	□
43. 感到有人在监视您、谈论您。	□	□	□	□	□
44. 难以入睡。	□	□	□	□	□
45. 做事必须反复检查。	□	□	□	□	□
46. 难以做出决定。	□	□	□	□	□
47. 怕乘电车、公交车、地铁或火车。	□	□	□	□	□
48. 呼吸有困难。	□	□	□	□	□
49. 一阵阵发冷或发热。	□	□	□	□	□
50. 因为感到害怕而避开某些东西、场合或活动。	□	□	□	□	□
51. 脑子变空了。	□	□	□	□	□
52. 身体发麻或刺痛。	□	□	□	□	□
53. 喉咙有梗塞感。	□	□	□	□	□
54. 感到没有前途、没有希望。	□	□	□	□	□
55. 不能集中注意力。	□	□	□	□	□
56. 感到身体的某一部分软弱无力。	□	□	□	□	□
57. 感到紧张或容易紧张。	□	□	□	□	□
58. 感到手或脚发重。	□	□	□	□	□
59. 想到死亡的事。	□	□	□	□	□
60. 吃得太多。	□	□	□	□	□
61. 当别人看您或谈论您时，您感到不自在。	□	□	□	□	□
62. 有一些不属于您自己的想法。	□	□	□	□	□
63. 有想打人或伤害他人的冲动。	□	□	□	□	□
64. 醒得太早。	□	□	□	□	□
65. 必须反复洗手、清点数目或触摸某些东西。	□	□	□	□	□
66. 睡得不稳不深。	□	□	□	□	□
67. 有想摔坏或破坏东西的冲动。	□	□	□	□	□
68. 有一些别人没有的想法或念头。	□	□	□	□	□
69. 感到对别人神经过敏。	□	□	□	□	□
70. 在商店或电影院等人多的地方感到不自在。	□	□	□	□	□
71. 感到任何事情都很困难。	□	□	□	□	□
72. 一阵阵恐惧或惊恐。	□	□	□	□	□
73. 感到在公共场合吃东西很不舒服。	□	□	□	□	□
74. 经常与人争论。	□	□	□	□	□

75. 单独一人时神经很紧张。	□	□	□	□	□
76. 感到别人对您的成绩没有做出恰当的评价。	□	□	□	□	□
77. 即使和别人在一起也感到孤单。	□	□	□	□	□
78. 感到坐立不安，心神不定。	□	□	□	□	□
79. 感到自己没有什么价值。	□	□	□	□	□
80. 感到熟悉的东西变得陌生或不像是真的。	□	□	□	□	□
81. 大叫或摔东西。	□	□	□	□	□
82. 害怕会在公共场合昏倒。	□	□	□	□	□
83. 感到别人想占您的便宜。	□	□	□	□	□
84. 为一些有关性的想法而很苦恼。	□	□	□	□	□
85. 认为应该为自己的过错而受惩罚。	□	□	□	□	□
86. 感到要赶快把事情做完。	□	□	□	□	□
87. 感到自己的身体有严重问题。	□	□	□	□	□
88. 从未感到和其他人很亲近。	□	□	□	□	□
89. 感到自己有罪。	□	□	□	□	□
90. 感到自己的脑子有毛病。	□	□	□	□	□

SCL－90 广泛应用于我国的心理咨询中，它是目前我国使用最广的一种检查心理健康的量表。它具有内容多、反映症状丰富、能准确刻画来访者自觉症状等优点。SCL－90 共有 90 个评定项目，每一个项目均采用 5 级评分制。

评定方法：分为五级评分（从 0～4 级），0＝从无，1＝轻度，2＝中度，3＝偏重，4＝严重。

评定时间：可以评定一个特定的时间，通常是评定一周时间。

分析统计指标：

SCL－90 包括 9 个因子，每一个因子反映出病人的某方面症状痛苦情况，通过因子分可了解症状分布特点。

因子分＝组成某一因子的各项目总分/组成某一因子的项目数

9 个因子含义及所包含项目为：

（1）躯体化。包括 1、4、12、27、40、42、48、49、52、53、56、58 共 12 项。该因子主要反映身体不适感，包括心血管、胃肠道、呼吸和其他系统的主诉不适，和头痛、背痛、肌肉酸痛，以及焦虑的其他躯体表现。

（2）强迫症状。包括了 3、9、10、28、38、45、46、51、55、65 共 10 项。主要指那些明知没有必要，但又无法摆脱的无意义的思想、冲动和行为，还有一些比较一般的认知障碍的行为征象也在这一因子中反映。

（3）人际关系敏感。包括 6、21、34、36、37、41、61、69、73 共 9 项。主要指某些个人不自在与自卑感，特别是与其他人相比较时更加突出。在人际交往中的自卑感，心神不安，明显不自在，以及人际交流中的自我意识，消极的期待亦是这方面症状的典型原因。

（4）抑郁。包括 5、14、15、20、22、26、29、30、31、32、54、71、79 共 13 项。苦闷的情感与心境为代表性症状，还以生活兴趣的减退，动力缺乏，活力丧失等为特征。还反映失望、悲观以及与抑郁相联系的认知和躯体方面的感受，另外，还包括有关死亡的思想和自杀观念。

（5）焦虑。包括2、17、23、33、39、57、72、78、80、86共10项。一般指那些烦躁，坐立不安，神经过敏，紧张以及由此产生的躯体征象，如震颤等。测定游离不定的焦虑及惊恐发作是本因子的主要内容，还包括一项解体感受的项目。

（6）敌对。包括11、24、63、67、74、81共6项。主要从三方面来反映敌对的表现：思想、感情及行为。其项目包括厌烦的感觉，摔物，争论直到不可控制的脾气暴发等各方面。

（7）恐怖。包括13、25、47、50、70、75、82共7项。恐惧的对象包括出门旅行，空旷场地，人群或公共场所和交通工具。此外，还有反映社交恐怖的一些项目。

（8）偏执。包括8、18、43、68、76、83共6项。本因子是围绕偏执性思维的基本特征而制订：主要指投射性思维，敌对，猜疑，关系观念，妄想，被动体验和夸大等。

（9）精神病性。包括7、16、35、62、77、84、85、87、88、90共10项。反映各式各样的急性症状和行为，限定不严的精神病性过程的指征。此外，也可以反映精神病性行为的继发征兆和分裂性生活方式的指征。

此外，还有19、44、59、60、64、66、89共7个项目未归入任何因子，主要反映睡眠及饮食情况，分析时将这7项作为附加项目或其他，作为第10个因子来处理，以便使各因子分之和等于总分。

各因子的因子分的计算方法是：各因子所有项目的分数之和除以因子项目数。例如强迫症状因子各项目的分数之和假设为30，共有10个项目，所以因子分为3。下面是正常成人SCL—90的因子分常模，如果因子分超过常模即为异常。

序号	项目	X±SD（平均值±标准差）
1	躯体化	1.37±0.48
2	强迫症状	1.62±0.58
3	人际关系敏感	1.65±0.61
4	抑郁	1.5±0.59
5	焦虑	1.39±0.43
6	敌对	1.46±0.55
7	恐怖	1.23±0.41
8	偏执	1.43±0.57
9	精神病性	1.29±0.42

课后阅读

李中莹谈“什么是健康的心理”

我认为，健康的心理，应该包括以下六大类，共34项能力状态。这些能力状态应该在孩童成长的过程中培养出来，任何一项没有充分地培养出来，在成年后便会引起问题：不是生活工作吃力，就是常有困扰的情绪笼罩着，无法凭努力辛勤而达到人生的成功快乐。这六大类是：思想积极、学习兴趣、自我管理、情绪智能、人际沟通、人格发展。六类 34 项包括：

（1）思想积极。①“三赢”态度（我好，你好，世界好）；②不断想着“如何可以更好”；③总想掌握更多的能力；④在困难时能够刻苦坚持；⑤灵活；⑥有创意和幽默。

（2）学习兴趣。⑦对事物有兴趣；⑧想掌握有关学问知识；⑨多问“为什么”和“如何”；⑩良好的内感官运用（有效学习的能力）；⑪不满足于简单答案而想了解更多；⑫有尝试的勇气及行动。

（3）自我管理。⑬自己可以做的不假手他人；⑭自己想要的自己去争取（创造）；⑮以自己能够照顾自己为荣；⑯有效的时间管理；⑰有效安排自己要做的事。

（4）情绪智能。⑱明白情绪其实是来自本人的信念系统；⑲接受自己的情绪；⑳具有管理自己情绪的能力；㉑关心别人的感受；㉒明白负面情绪的正面意义。

（5）人际沟通。㉓有效表达自己；㉔主动与人接触；㉕接受跟自己不同的人；㉖能妥善处理和别人的不当言行；㉗能够面对群众说话；㉘有效的谈判辩论技巧。

（6）人格发展。㉙认识自己拥有和未有的能力；㉚爱护和尊重自己；㉛了解自己的信念系统和有效思维技巧；㉜肯定自己的资格与别人一样；㉝尊重每一个人的界限；㉞认识和珍惜自己能够做到的对世界的影响。

课题二　秘书的情绪管理

学习目标

- ◆ 认识什么是情绪及其特征与功能
- ◆ 掌握影响情绪变化的因素
- ◆ 了解情绪理论
- ◆ 掌握秘书人员调控情绪的策略

案例导入

某个晚上，一位被派到北京担任大中华区总裁的美籍主管，在晚上回到办公室拿东西，到了门口，才发现自己没带钥匙。当时他的私人秘书已经下班了，他怎么打电话都联络不上。等了几个小时之后，总裁怒火难抑，在凌晨1时多发了一封电子邮件给他的秘书，措辞严厉，内容如下：

"我曾经告诉过你，做任何事不要只顾自己。今晚你就把我锁在门外，而我要拿的东西还在办公室里！问题在于你自以为是地以为我带了钥匙！从今以后，不管是午餐时段还是晚上下班后，你要跟每一位经理都确认没事才能离开办公室，明白吗?"

这封信，同时还转发给公司几位高级主管，让女秘书非常没面子。女秘书也不甘示弱，两天后，她回了一封更呛人的邮件，大意如下："第一，我锁门是从安全角度考虑，因为一旦丢了东西我承担不起。第二，你有钥匙忘了带，还说别人不对，这是你造成的，不要把自己的错误转移到别人身上。第三，你无权干涉控制我的私人时间，我一天工作8小时，中午和下班后都是私人时间。第四，从进公司到现在我工作尽责，加班无怨言，但工作以外的事我可办不到。第五，虽然你是上司，但也请注意你说话的语气，这是最基本的礼貌问题……"

这封邮件，不只回给总裁，还转发到了该公司各分公司全体员工。不久，就广泛转发，为她赢得"史上最牛女秘书"的封号。

虽然有很多外资企业的上班族支持她，支持率高达80%，说她"骂得好"，不过，那么多人支持她并无益，女秘书还是因此离职了。媒体访问她时，她沮丧地说："这事闹得太大，我已经找不到工作了。"

想一想：1. 面对总裁的责备女秘书坚决地予以回击，你怎样评价女秘书的行为反应?2. 该女秘书为什么找不到工作了?

评析：秘书与领导或同事在频繁的工作碰撞中产生摩擦是在所难免的。面对工作中的摩擦，秘书是任情绪掌控自己，让矛盾激化，事态恶化，还是有效地控制和调节自己的情绪，减少或化解矛盾，使大事化小小事化了，这决定了秘书内、外环境的氛围。宽松、友好、愉悦的氛围有利于秘书的心理健康及工作效率，反之，紧张、敌对、冷漠的氛围不利于秘书的心理健康及工作的推进。秘书必须学会控制和调节自己的情绪，不因情绪问题恶化自己的工作环境和心理氛围。

相关知识

一、情绪概述

1. 情绪的内涵

情绪是人们基于对客观事物的感受在躯体和精神上复杂的变化模式，包括生理唤醒、感觉、认知过程（思想）及行为反应（行动）。

设想你在参加一个气氛融洽怡人的小型聚会，你的生理唤醒状态极可能是平缓的心跳；你所感觉到的是积极愉悦；你的认知过程是那些使你将该场景界定为快乐的记忆和预期，如谈话的内容、默契的互动、得到意外的礼物等；你的行为反应为微笑或大笑的表情，与友人的握手、拥抱等。

因此，作为一个复杂的心理过程，情绪首先是人们对客观现实、客观情境的一种特殊的心理反应；其次，借助感觉与思想，人的主观体验对情绪的产生起着决定性的作用，情绪具有很强的主观性；最后，情绪产生的实质在于客观现实对主体需要的满足程度，当需要被满足，个体产生满意、愉快的积极情绪；反之，就会产生生气、焦虑等消极情绪。由于客观现实与主体需要存在着不同的关系因而导致了不同情绪的产生。

在日常生活中，情绪和情感常常混用。就大脑的活动而言，两者都是主体对客观现实是否符合自己的需要所产生的一种心理反应，但在心理学上，情绪和情感是两个不同的概念。两者的区别在于：其一，情绪是那些与生物需要相联系的主观体验，如喜悦、愉快、厌恶、恐惧等。情感则是由人的社会需要，如劳动、交往、友谊、自尊、求知等是否得到满足而产生的主观体验，是人类所独有的，如荣誉感、美感、道德感等。其二，情绪带有情境性，易受环境的影响，并随情境变化而变化，肤浅且不稳定。情感则较稳定，持续时间较长，甚至影响人的一生，如父子情、慈母爱等。其三，情绪具有更多的冲动性和外显行为，如欣喜若狂、怒不可遏、暴跳如雷等。情绪一旦发作，往往一时难以控制。情感则较为深沉，是蕴藏于人格中而较难形之于外的。情绪与情感既相互交织又相互联系。情感是在情绪的基础上产生的，进而发展为情绪深层核心，通过情绪得以实现。情绪包含着情感，受已形成情感的制约，是情感的外在表现。新的情绪蓄积又促成情感的衍变，二者相互依存、制约和发展。

2. 情绪的特征

（1）情绪的生理特征。情绪发生时，个体会出现一系列明显的生理变化和物理反应。体内自主神经系统支配的内脏器官和内分泌活动都会发生变化。机体的呼吸系统、循环系统、肌肉系统、外分泌腺、内分泌腺以及代谢过程等都有相应的变化。例如，人在发怒或处于应激状态时，就出现心跳加快，血压上升，胃肠道运动抑制，汗腺分泌增多，瞳孔扩大，血糖浓度上升，呼吸加深加快等现象，其总的效果是动员机体内储藏的能量，提高和增加适应能力，以应付环境的急剧变化。

（2）情绪的外显特征。情绪发生时，个体会出现身体的外部变化。这种情绪性的身体外部变化，叫表情，具体包括面部表情、言语表情和体态表情。其中以面部表情为主要形式。

如高兴时眉开眼笑，悲哀时眼部及嘴角下垂，震惊时目瞪口呆、面色苍白等。言语表情是情绪发生时所伴随的语音的高、低、强、弱，语调的轻、重、缓、急等变化。如悲哀时语调低沉，言语缓慢、间断；紧张时语速加快等。研究表明，言语表情所传达的情绪信息比言语本身更多。相同的言语，其语音语调不同时所表达的意思也完全不同。因此，人们可以通过语言的音调去了解对方的心情。体态表情即身体各姿态的变化。如开心时手舞足蹈，失望时垂头丧气，烦闷时坐立不安等。可见，情绪外显为表情，表情在情绪活动中具有独特作用，是情绪本身不可分割的发生机制，也是传递情绪信息的主要渠道。

（3）情绪的两极性。情绪的两极性是指人的情绪在性质、强度、紧张度等方面存在着两极状态。从性质上看，有正向的积极情绪和负向的消极情绪之分。积极情绪即肯定情绪，是有利于身心健康的情绪，如快乐、高兴、满意等。消极情绪即否定情绪，有害于身心健康的情绪，如悲伤、愤怒、烦恼等。人有是非标准，情绪本身没有是非标准，人的是非判断会外化为情绪，对人的身心产生影响，因此，面对消极情绪人的主观控制和调节十分重要。从强度上看，情绪又有强弱之分。如从微弱的不安到强烈的激动；从欣喜到狂喜，从不安、害怕到恐惧；从愠怒到愤怒到大怒到暴怒等。从紧张度上看，情绪有不同程度的紧张和轻松之分。个体的紧张程度取决于情境的紧迫性以及个体的心理准备状态与应变能力。

（4）情绪的波动性。人的情绪会随情境的变化而变化，这就造成了情绪的波动性，也叫情绪的情境性。情绪的波动性特征为人们进行情绪调控，使情绪朝向积极方向转化提供了可能。

3. 情绪的功能

（1）适应功能。情绪是有机体适应生存和发展的一种重要方式。如动物遇到危险时产生害怕，从而发出呼救信号，就是动物求生的一种手段。人类婴儿出生时，还不具备独立的维持生存的能力，这时主要依赖情绪来传递信息，与成人进行交流，得到成人的抚养。成人也正是通过婴儿的情绪反应，及时为婴儿提供各种生活条件。在成人的生活中，情绪直接反映着人们生存的状况，是人们心理活动的晴雨表，如愉快表示处境良好，痛苦表示处境困难。人们还通过情绪进行社会适应，如用微笑表示友好，用移情维护人际关系，通过察言观色了解对方的情绪状况，以便采取相应的措施等。也就是说，人们通过各种情绪了解自身或他人的处境与状况，适应社会的需要，求得更好的生存和发展。

（2）动机功能。情绪是动机的源泉之一，是动机系统的一个基本成分。它能够激励人的活动，提高人的活动效率。适度的情绪兴奋，可以使身心处于活动的最佳状态，进而推动人们有效地完成工作任务。研究表明，适度的紧张和焦虑能促使人积极地思考和解决问题。同时，情绪对于生理内驱力也可以起到放大信号的作用，成为驱使人们行动的强大动力。如人在缺氧的情况下会产生补充氧气的生理需要，但这种生理驱力本身可能没有足够的力量去激励行为，而此时所产生的恐慌感和急迫感会产生强烈的驱动力。

（3）组织功能。情绪是一个独立的心理过程，有自己的发生机制，并对其他心理活动具有组织作用。这种作用集中表现为积极情绪的协调作用和消极情绪的破坏、瓦解作用。一般而言，中等强度的愉快情绪有利于提高认知活动的效果，而消极情绪如恐惧、痛苦等会对作业效果产生负面影响。情绪的组织功能还表现在人的行为上。当人们处在积极、乐观的情绪状态时，更容易注意事物美好的一方面，行为也比较开放，愿意接纳外界的事物；当人们处在消极的情绪状态时，则容易失望、悲观，放弃自己的愿望，甚至产生攻击行为。

（4）信号功能。情绪在人际间具有传递信息、沟通思想的功能。这种功能是通过情绪的外部表现，即表情来实现的。表情是思想的信号，在许多场合，只能通过表情来传递信息，如用微笑表示赞赏，用点头表示默认等。表情也是言语交流的重要补充，如手势、语调等能使言语信息表达得更加明确或确定。从信息交流的发生上看，表情的交流比言语交流要早得多，如在前言语阶段，婴儿与成人相互交流的唯一手段就是表情。情绪的适应功能也正是通过信号交流的作用来实现的。

4. 影响情绪变化的因素

（1）客观因素。情绪是对客观事物的反应，引起情绪的刺激大多来自客观事物。但客观事物不是直接决定一个人的情绪，而是借助一定的中介来影响情绪，中介包括需要和预期。

个体的需要是影响情绪的重要中介，客观事物与需要的关系决定产生什么样的情绪。如，客观事物满足个体需要，产生正情绪；客观事物对个体生存需要构成威胁，会引发个体恐惧等。

预期是客观事物影响情绪的另一个重要中介。预期是个体根据自己的经验、习惯对客观事物所做的事前估计。客观事物与预期的关系决定着情绪发生的强度。客观事物偏离出个体预期越大，其满足个体需要与否而引起的情绪越强烈，反之则越弱。日常生活中，人们往往会因意外的收获而格外高兴，也会因意外的失败而分外懊丧。还会因出乎意料的事情而惊奇等。

（2）主观因素。影响情绪变化的主观因素主要指认知评价。认知评价对情绪的发生起着关键的作用。客观事物与需要、预期的关系本身也是受制于认知评价的。对同一事物，不同的人由于需要不同、观念不同、理解不同，情绪体验相差甚远。同样，由于认知不同，表现在不同人身上的同样的情绪，其产生的原因也可能是千差万别的，正因如此，同一刺激会产生不同的情绪。例如，迎面过来一个熟人，他并未向你打招呼，匆匆而过。如果认为他故意假装没看到你，心情就会很糟；如果认为他很忙，根本没注意到你，也就不会懊恼。可见，对事件的理解，即认知评价，决定了个体的情绪状态。认知评价一方面受自身的知识经验、思维模式和信念、价值观等影响，同时，他人劝说、诱导也会对认知评价产生作用。面对消极情绪，如果改变认知观念，转变理解角度，就可能会产生良好的情绪体验。

（3）先天因素。影响情绪变化的先天因素是指人的遗传因素。遗传因素对情绪的影响主要体现在人的神经类型上。不同神经类型的人在情绪体验上是有较大差别的。前苏联生理学家巴甫洛夫根据高级神经活动类型的三个基本特征，即兴奋与抑制过程的强度、灵活性、平衡性，把人的气质及情绪分为胆汁质、多血质、黏液质、抑郁质等四种基本气质类型。气质对情绪的影响并不是不可改变的。人们可以通过不断塑造自己的个性，充分发挥气质的积极方面，克服自身的弱点，不断完善自己。

小资料

情绪理论

生理或心理学家们试图解释情绪体验的生理和心理方面的关系，而产生了情绪生理学、情绪的认知评价理论及情绪的动机—分化理论等情绪理论。

◆ 情绪生理学：是情绪的早期理论，以詹姆斯—兰格理论为代表。强调情绪的产生是植物性神经活动的产物。即情绪刺激引起身体的生理反应，而生理反应进一步导致情绪体验的产生。后人称它为情绪的外周理论。

◆ 情绪的认知评价理论：以沙赫特的两因素情绪理论、拉扎勒斯的认知—评价理论等为代表。认为情绪是个体对环境知觉有害或有益的反应。情绪状态是由认知过程、生理状态、环境因素在大脑皮层中整合的结果，是人与环境相互作用的产物。

◆ 情绪的动机—分化理论：以汤姆金斯和伊扎德为代表，认为情绪具有重要的动机性和适应性的功能。汤姆金斯甚至认为，情绪就是动机，具有动机的作用。伊扎德的动机理论内涵更丰富，他认为情绪是一种基本的动机系统。他从整个人格系统出发，建立了情绪—动机的体系。提出人格有 6 个子系统：内稳态、内驱力、情绪、知觉、认知、动作。情绪是这个动机系统的核心。伊扎德进一步指出，情绪的主观成分——体验，正是起动机作用的心理机构，各种情绪体验是驱动有机体采取行动的动机力量。情绪的动机—分化理论既说明了情绪产生的根源，又说明了情绪的功能，为情绪在心理现象中确立了相对独立的地位，尤其是对人类婴儿情绪发生和功能的阐释，具有创新性和极大的说服力。

二、秘书的情绪管理策略

1. 培养情绪调节的能力

情绪调节是个体管理和改变自己或他人情绪的过程，它通过一定的策略机制，使情绪在生理活动、主观体验、表情行为等方面发生变化。情绪调节存在着显著的个体差异，这是由于情绪调节水平取决于主体的情绪智力。情绪智力就是主体监控自己及他人的情绪和情感，并识别利用这些信息指导自己思想和行为的能力。因情绪智力的不同，个体在情绪反应过程中思想和行为能力也存在较大差异，表现在三个方面：个体准确地识别、评价和表达自己及他人情绪的能力；个体适应性地调节和控制自己和他人情绪的能力；个体适应性地利用情绪信息，以便有计划地、创造性地激励行为的能力。

培养情绪调节的能力，就是要提高主体的情绪智力。主要通过以下途径来实现：第一，提升情绪察觉能力，学会识别、评价和表达自己及他人的情绪；第二，提升情绪调控能力，学会控制和调节自己及他人的情绪；第三，提升情绪激励能力，利用情绪信息，有计划地、创造性地激励行为。

小案例

面对发怒的老总

一天，老总收到一封交往多年的代理商给他寄来的非常无礼的信，老总怒气冲冲地把于秘书叫到自己的办公室，让她按其口述记录一封回信。信的内容如下：“我没想到你竟然是这样的人，如此狭隘，如此糊涂，对人如此贬损！尽管我们之间有长期的合作，但现在，我不得不中止我们之间的一切业务往来，你好自为之吧。”老总让于秘书即刻把回信发出去。于秘书回到办公室想了想没有马上去发信。快下班时，于秘书正欲前去老总那儿汇报将去寄信一事时，桌上的办公铃急促地响了，于秘书接起电话，正是老总打过来的。“寄出去了吗，那信?”老总着急地问。于秘书会心地笑语：“正打算去寄呢。”电话那头老总长呼一口气说：“太好了，不用寄了。”

秘书在工作中常常与人打交道，工作的顺利进展不但需要把握好自己的情绪，还需要察觉他人的情绪，利用情绪信息，适时适当地行为。于秘书就敏锐地察觉出老总在回信时的情绪过于激动。大家都知道，商场上只有永远的利益没有永远的敌人，老总断交之说显然是不理智的。于秘书机智地将老总让她即刻发出的信有意拖延在一个适当的范围，给老总纠正情绪性行为留足了时间，也使老总能以合理的行为来处理这件事情。于秘书的优异表现正得益于她良好的情绪智商，敏锐的察觉力，有力的运用力。在案例导入中牛气的女秘书若能像于秘书这样冷静机智地察觉与管理情绪，不以硬碰硬，具有震撼力的“邮件门”事件就不至于发生了。

2. 学会合理宣泄情绪

人生不如意十之八九，生活中，谁都会遇到不如意的事情。合理地宣泄情绪，可以使心情及时舒畅而不至于压抑或郁积。发泄情绪是人的心理需要。人应学会在不伤害他人与自己的情况下，合理地宣泄自己的情绪。如何合理地宣泄自己的情绪，为不良情绪找一个出口呢?

（1）直接发泄法。直接发泄法是当个体的情绪指向具体的目标，尤其充斥着强烈的怨恨、愤怒等情绪不发不平时，选择适当的物品替代目标，通过对目标代替物实施发泄来宣泄情绪的方法。例如将沙袋或充满了气体的气球当作替代目标，通过击打沙袋或踩破气球来释放自己对对方的怨恨或愤怒。现在很多地方都建立了专门的发泄室，为人们直接发泄与释放情绪提供了有利的条件。

（2）情绪转移法。一般情况下，能对自己的情绪产生强烈刺激的都是与切身利益有很大关联的事，要很快将这样的事情遗忘，是很困难的。这种情况下，可以采用转移的方法使自己的思绪投向更有意义的事物上，如会见一个期盼很久的朋友，阅读渴望已久的一本书，狠狠睡一觉，看电影听喜欢的音乐等。当思绪有所寄托，人就不会因心里空空更加胡思乱想。记住：凡是在不愉快的情绪产生时能很快将精力转移到他处的人，不良情绪在他身上停留的时间就不会太长。

（3）让情绪随眼泪流走。在过度痛苦时，不妨大哭一场。哭泣是释放积聚的能量，调整机体平衡的一种方式，能使心中的压抑得到不同程度的发泄，从而减轻精神上的负担。因此，人们常常感觉到，悲痛之极，大哭一场，就会觉得好过一些。事实上，科学证明：哭泣对健康是有一定好处的，在因发泄情绪尤其是悲伤情绪而哭时，随着眼泪会排出一些化学物质，而这些物质恰恰是能引起血压升高、消化不良或心率过快的毒素。

（4）让情绪随汗水流走。运动是最为健康的发泄方式。当情绪压抑的时候，通过散步、跑步、跳舞或是爬山、打球等运动，个体就能把因情绪压抑而激发出来的能量释放出来，随着汗水的流淌，人的心情渐趋平静、安稳。

（5）让情绪随倾诉消散。倾诉能够减轻心理的紧张感和压力感。心理治疗中有一种处理方式叫“表达性艺术治疗”，其中，倾诉是很好的情感表达减压方式。在情绪低落的时候，可以选择向家人或者亲密朋友倾诉，他们并不会取笑，相反，会给你更多鼓励，同时也能增进双方感情，共同解决困难。

但需要注意的是，不是所有的发泄都有足够的正向价值。在宣泄情绪的时候，一定要选择既不伤害他人，也不伤害自己的合理方式。千万不要选择错误的方式，例如暴饮暴食、抽烟喝酒等来放纵自己，这样不但会糟蹋自己的身体，还将产生新的问题。

3. 应用“合理情绪行为疗法”管理情绪

掌握并应用科学的方法调整情绪，是有效管理情绪的必要途径。心理调适中常用的合理情绪行为疗法是既简单又易于操作的方法，秘书可学会使用该法管理情绪。

合理情绪行为疗法是20世纪50年代美国心理学家埃利斯基于其ABC理论所创立的。埃利斯认为，个体的认识系统产生非理性、不现实的信念，是导致其情绪障碍和神经症的根本原因。因此，管理情绪应注意观测自身的信念，防止不合理信念引发不良情绪与不当行为。在ABC理论中，A代表诱发事件（activating events）；B代表个体对这一事件的看法、解释和评价，即信念（beliefs）；C代表继这一事件后，个体的情绪反应和行为结果（emotional and behavioral consequences）。依照ABC理论，引起“C”的不是“A”而是“B”。即，诱发事件A只是引起情绪和行为反应的间接原因，而人们对诱发事件所持有的观念、看法、解释才是引起人的情绪和行为反应的直接原因。

基于ABC理论，埃利斯创立了ABCDE治疗模型，即合理情绪行为疗法。

A（activating events）诱发性事件；

B（beliefs）信念即对事件的评价与解释；

C（emotional and behavioral consequences）情绪和行为的结果；

D（disputing）与不合理信念辩论；

E（new emotive and behavioral effects）新的情绪及行为的治疗效果。

使用ABCDE治疗模型调节不良情绪，关键在于首先澄清自身对诱发性事件（A）的评价与解释（B），并以ABC理论为指导，相信不良情绪与行为（C）是源于自身对事件的评价与解释中所蕴含的不合理信念（B），因此，通过与不合理信念辩论（D），改变旧有的信念形成新的评价与解释，从而获得新的情绪体验与行为反应（E）。

注：不合理信念通常具有以下特征：绝对化，如“我必须获得成功”；过分概括化，如一些人面对一次失败就认为自己“一无是处”或“毫无价值”，糟糕至极。

分析·训练

一、情境演练

庆红从写字楼大厅取回公司的信件，刚进办公室就被主任批评了："王庆红，你去取什么信呀，部门是怎么分工的？真是正做不做，豆腐拌醋。"

庆红立刻觉得脸火烧火燎般发烫，正欲解释，主任又厉声吼，还不快把会议文件给我找出来，会议马上就要开始了！原来，庆红刚下楼去取信件，主任就来找她拿会议文件。庆红赶紧把主任要的文件找出来，待主任一走，眼泪就忍不住在眼睛里打转，委屈极了。原来，部门分工是由小姚下楼取信件。上周，小姚因家人生病请了几天假，主任便安排庆红暂时代小姚取信件，小姚这周上班后，楼下大堂仍以为是庆红负责，便仍然每天打电话给庆红让她去取信件。庆红本想把工作移交给小姚，可又觉得应该听领导安排，而且觉得多做点事也没什么，所以就一直稀里糊涂地做着。可万万没想到好心好意做事，却挨了主任的批。

正难过无比时，桌上的电话铃响了，庆红拿起话筒也不听就直接挂掉了。

活动要求：

1. 各组分析讨论庆红应如何科学管理情绪。
2. 设计情节（包括台词）演练庆红合理管理情绪的过程。
3. 阐述情节安排中对情绪管理理论的运用。

二、情绪调节训练

锁定事件，使用ABCDE治疗模型，调节情绪：

1. 回想并简单描述一件让你耿耿于怀的事（A）：____________________

____

2. 你对该事件的评价与解释：____________________

____

该评价与解释中暗藏的信念（B）：____________________

____

3. 这件事情让你感到（C）：情绪上____________________

行为上____________________

4. 驳斥你原有的信念（D）：____________________

____

____

____

____

____

____

____

5. 通过驳斥，你现有的新的情绪与行为体验（E）：____________________

课后阅读

怎样才算拥有足够的情绪管理能力

有的人认为“有修养”就是具有良好情绪管理能力的同义词，而“有修养”就是不会在人前发脾气，或者哭出来。其实，那只不过是压抑某些情绪而已，价值很低。我认为当一个人拥有以下四种能力，才算有足够的情绪管理能力。

1. 自觉力。随时随地都清楚知道自己处于怎样的情绪状态，这也就是总是与自己的感觉在一起。

2. 理解力。明白情绪的来源不是外界的人事物，而是自己内心的信念系统。这就是说，清楚了解自己的信念、价值观里什么地方受到冒犯，因而产生情绪。这点也就决定了一个人是否被环境所控制（因而充满无力感），或者把自己的人生放在自己的手里。因为信念系统是自己可以改变的东西，而外面的人事物则是一个人无法控制的。

3. 运用力。认识负面情绪的正面价值和意义，因而可以在三赢（我好、你好、世界好）的基础上运用它，去达到更高的成功快乐，从而使负面情绪总具备正面情绪的性质。

4. 摆脱力。当某种负面情绪不能帮助自己达到更高的成功快乐时，能够使自己从这种情绪摆脱出来，进入另外一种更有帮助的情绪状态中。

课题三　秘书的压力管理

学习目标

- 掌握压力的含义及对人的影响
- 了解压力源
- 掌握个体的压力反应及压力疾病模式
- 掌握秘书管理压力的策略

案例导入

小林是某大型企业的总经理秘书，为了更好地适应工作的需要并为未来的发展作铺垫，小林利用周末攻读 MBA 的在职研究生。然而巨大的压力接踵而至。没读研究生前，小林觉得时间还算够用，遇到加班加点的也会觉得疲乏，但睡一觉起来又精神百倍。可是读研究生后，工作之外需要抽出大量的时间学习，特别是需要完成各科老师布置的作业、调研任务以及课程论文等。很快小林便感觉力不从心，常常是学习的时候惦记着老总的会议报告还没完成，出境证还没办理；工作的时候又常常盘算着学校那边交作业的期限。可是越急越乱，小林的工作与学习效率急剧下降，对着论文或会议报告小林感觉脑子像糨糊一样搅作一团，思维难以启动。小林的脾气也变得急躁易怒，在验收各部门回馈的信息表时，发现销售部未按要求填写，存在较多遗漏，忍不住抓起电话厉声责问销售部经理，销售部经理说立即按要求重填一份交过来，小林仍不甘休，说："有多少时间给你们浪费，拜托以后别再犯这样的低级错误。"说完"叭"的一声挂了电话。小林感觉所有的事都包抄过来，工作、学习、人际处理等，自己压力巨大，晚上睡觉也变得困难起来，好不容易睡着了，稍有风吹草动又醒了。望着镜中自己大大的黑眼圈，憔悴的模样，小林更加沮丧，不禁暗自发问，这是怎么了？

想一想：小林为什么会出现这种状况？小林该怎样调适自己的心理状态？

评析：作为总经理秘书，小林的工作本来就不轻松。基于发展的需要也是发展的压力，小林开始攻读 MBA 的在职研究生。原本就不充裕的时间，变得紧迫起来。小林一下子落入工作头绪多、学习负担重、时间期限紧、承受压力大、体力透支重的境况。过度的压力会使人精神紧张，心理疲劳，情绪低落，还会让人感到生活枯燥，缺乏情趣和快乐等，甚至对未来迷茫和灰心，十分不益于健康。面对不断加剧的竞争、不断增强的工作节奏，认识压力，并学会调节与管理压力，是当今职场人士追求健康生活所必需的。

相关知识

一、压力概述

1. 压力的含义

压力也叫应激，这一概念于1936年由加拿大著名的心理学家汉斯提出。他认为压力是表现出某种特殊症状的一种状态，这种状态是由生理系统中因对刺激的反应所引发的非特定性变化所组成的。对于压力的产生，他认为所有生物有机体都有一个先天的驱动力，以保持体内的平衡状态，这一过程就是稳态。因为稳态的存在，维持体内平衡就成为个体毕生的任务。平衡一旦打破就会产生压力。

压力无论源何产生，最终都将作用于人的身体与心理，对身心带来影响。而且这种影响因个体的差异而不同。因此，可将压力定义为：伴随内外环境的交互作用，个体所产生的不同强度、不同极向的身心反应。该定义含义有三：其一，压力源自一定的外部刺激，即压力源客观存在。其二，压力是个体基于压力源自身特定的反应。这意味着，不同的人具有不同的反应。个体是压力反应的介质。其三，压力反应的强度与极向存在不同。包括适度的积极的对生活带来促动的压力，也包括过度的消极的对生活带来不良影响的压力。

2. 压力的影响

（1）对个体的影响。适度的压力会带给人动力，使人精力充沛地投入到工作和生活中，充满斗志。因而，人是需要适当的压力的。然而过度的压力如若不能及时调节缓解，长此以往就会对个体的身心健康带来严重影响。研究发现，长期过度的工作压力会作用于人的心血管系统、呼吸系统、内分泌系统、肠胃系统、生殖系统、免疫系统、神经系统等方面，并使之致病。

此外，过度的压力极易破坏人的情绪，使人心情压抑、急躁、易怒、焦虑、抑郁等，导致低激励动机、低自尊、低自信、心理疲劳、职业枯竭等，使工作效率大大降低。

（2）对组织的影响。工作压力对组织的影响也十分显著，与组织的工作效率、缺勤率、工作满意度、事故率、品质残损率、离职率、士气等有着直接关联。据官方统计数字，压力导致的疾病估计每年使英国经济损失约8 000万个工作日，每年的代价高达70亿英镑；压力和精神问题导致的旷工代价每年超过50亿英镑。

关于工作压力对组织工作效率的影响，目前，存在着三种不同的理论。激励理论认为，工作压力对工作效率有积极的影响，是激励个体取得好的绩效的推动力。适度的工作压力可使人注意力集中，机会活力增强，耐受力提高，减少出错。冲突理论认为，工作压力对工作绩效有阻碍和消极的作用，会导致产品质量下降、员工士气不高、事故增多、频繁跳槽、生产率低等问题。互动理论认为，适度的、低水平的压力可促进绩效提升，而高于或低于最佳的压力水平则会使工作效率恶化。道格逊·耶克斯兰研究发现，压力与绩效之间的关系呈倒U形，过大或过小的压力都会使工作效率降低，如图6—3—1所示。

3. 压力源

一般将具有负面性质与影响并引发压力的环境、事件或认知等称为压力源。

按事件的内容与形式，压力源可分为四种。其一，预期性的压力源，是指令人不快的期

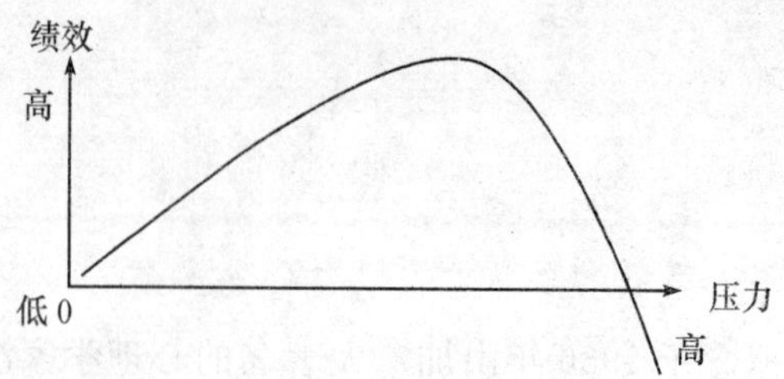

图 6—3—1　压力与绩效之间的倒 U 关系

望或对事件的预感、恐惧以及对不确定性的担忧等一系列会使人产生压力的未知与期望因素。如公司即将启动新一轮的竞聘，作为参与者，会因为结果的不确定性而产生压力，也会因预感到会落聘而产生压力。其二，遭遇性的压力源，是在人际交往中产生的角色冲突（角色不相容）、问题冲突（意见不一）、交往冲突（对抗与敌意）等一系列容易带来压力的人际因素。研究显示：遭遇性压力源是组织成员“心力交瘁”最主要的原因，应引起足够的重视。其三，时间性的压力源，是指工作负荷过大，时间匮乏，个体无法掌控时间带来压力的时间因素。其四，情境性的压力源，是指产生于工作和生活的环境、令人不适的工作条件和工作环境、快速的变化或变革等引发压力的情境性因素。

4. 压力反应

当人们面临压力时会产生一系列身体上和心理上的反应。这些反应其实是机体主动适应环境变化的需要，唤起和发挥机体潜能，增强抵御和抗病能力的表现。但是如果反应过于强烈或持久，就可能导致生理、心理功能的紊乱。个体就会表现出如前所述那般生理、心理和行为方面的反应。

加拿大心理学家薛利在 20 世纪 50 年代以白鼠为研究对象从事多项压力的实验研究，发现身体在压力状态下的反应分成三个阶段。

（1）警觉阶段。这一阶段中，由刺激的突然出现而产生情绪的紧张和注意力提高，身体自动激活生理资源，进入应激状态，抵御知觉到的紧张性刺激。出现肌肉紧张、血压升高、心跳和呼吸加快、手心出汗、嘴唇干渴、胃肠不舒服等生理现象。伴随警觉水平的提高，心理体验到焦虑、恐惧、难过、抑郁等。

（2）抵抗阶段。在该阶段，机体企图以其反应来保护身体，因而进一步动用全身的能量来对付感受到的压力，尝试增加和加强运用应付机制的程度。然而往往伴随更多的身体症状，如溃疡、头痛、血压升高等。

（3）衰竭阶段。如果压力持续时间太长，个体长期处于不能进行各种正常活动以及出现各种身体症状的状态，而不能停止或转变成动力，身体继续产生过量的激素试图终止压力，就会带来疾病，严重的甚至可能导致器官的衰竭。当身体的防御能力耗尽，即使对于微小的压力，个体也会变得极为脆弱。心理上可能出现夸大的保护行为取向，思维的混乱以及人格的变化、抑郁等。

总的来说，警觉阶段，个体发现压力事件并引起警觉，同时准备作战。抵抗阶段，个体全力投入对事件的应对，或消除压力，或适应压力，抑或退却。衰竭阶段个体消耗大量生理和心理资源，最后“筋疲力尽”。

5. **压力疾病模式**

压力会引发疾病。当压力情境或压力事件被个体察觉并响应，当身体与心理对压力的响应强度大，时间长，远远超过个体的适应能力，个体的健康状态就会被破坏，从而引发疾病，如图 6—3—2 所示。

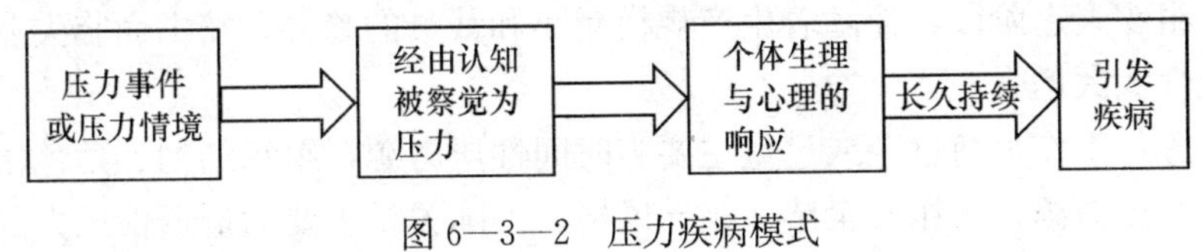

图 6—3—2　压力疾病模式

二、秘书的压力管理策略

适度的压力有利于对秘书形成激励带来动力，过度的压力则会破坏秘书的身心健康，影响工作效率。管理压力就是要通过一定的策略，使秘书压力保持在一个适度水平，毫无压力的引入适当的压力，压力过大的将其降低到合理的承受范围。

1. **识别压力源**

识别压力源，判断其性质，是有针对性地解决压力问题的前提条件，也是形成压力源管理策略的第一步。基于秘书工作事无巨细、轻重不一、人际交往活跃、密切参与事务管理等特点，秘书通常存在如下具体的压力源。

（1）工作来源。秘书的压力源自于工作的情况包括以下几个方面。

1）工作负荷过轻或过重。由于不同组织对秘书工作的具体要求不同，一些秘书因为工作量过大，难以在正常的工作时间内完成任务，不得不加班而透支体力，身心俱疲。一些秘书却可能因为工作单调、重复、无挑战性，工作负荷过轻，使人因自我价值难以实现而倍感压力。

2）工作安全感。既包括工作本身客观的安全性，也包括个体主观的安全感。秘书在工作中可能因为经济收入不高、职业欠稳定与发展、工作环境存在性骚扰等因素而缺乏安全感，承受极大的心理压力。

3）角色模糊或角色冲突。秘书因自身对自己扮演的角色把握不准或缺乏真正理解而产生无所适从的困惑和犹疑；或者因相关的他人对自身的角色或工作提出了完全不同的期望和要求，而造成内心的矛盾与冲突，这些都是角色模糊及角色冲突的具体表现，会使秘书在角色扮演的过程中感受到压力。

4）组织结构。组织结构是指组织层次分化的水平、规章制度的效力、决策机制等。如果组织领导与规章制度众多，制度执行不力，机构臃肿，秘书的工作就会因此受到影响，上述因素则可能成为压力源。

5）领导风格。秘书服务于领导。不同的领导有不同的个性、不同的工作习惯和工作风格，秘书如果不了解或难以适应领导的风格必然给工作带来极大的阻力，并使之成为压力源。

6）人际关系。秘书人际交往频繁，人际关系成为其重要的压力源。不良的人际关系会导致防御性质的工作氛围，人际联结冷漠，从而心力交瘁。

7）组织生命周期。组织通常都要经历初创、成长、成熟、衰退四个发展阶段，从而形成组织的生命周期。在组织初创和衰退阶段秘书工作的压力一般较大。在组织初创阶段百事待兴，需要作为的事情较集中，而且由于组织发展不成熟，工作机制往往不够健全，工作缺乏规范性、标准性，秘书工作起来不但任务繁重而且在对事物的摸索上、角色的界定上需要消耗心力。在组织衰退阶段，伴随着生产规模减小和裁员的趋势，秘书面临失业危机，自身发展的不确定性大大增强。

以上压力源，工作负荷过轻或过重主要为时间性压力源；组织结构、角色模糊或角色冲突主要为预期性压力源；工作安全感、领导风格、人际关系主要为遭遇性压力源。秘书应识别压力源、判断其性质，然后进一步制定消除压力源的管理策略，力争从根本上解决问题。

（2）主体来源。包括生理、个性和认知等因素。

1）生理因素。生病对工作会造成一定影响，疾病则容易使人意志消沉、情绪低落，甚至让人失去生活信心。另外，长相、体重、身高等也是使人产生压力的生理因素。

2）个性因素。工作中的压力可能源于拖沓、孤僻、敏感、恃强、忧虑、完美倾向等个性因素。个性导致压力产生也是不争的事实。心理学以人日常的行为方式作为标准，将人的性格分为两种类型：即A型性格与B型性格。B型性格的人，个性温和，生活悠闲，随遇而安。而A型性格的人具有动作敏捷、性格急躁、雄心勃勃、追求成就、竞争性强、不甘居后等特点。据研究，A型性格的人容易承受过度压力，由于长期处于紧张和压力状态，身体易受损害。研究表明，A型性格者在高血压与心脏病的患病率上，远超过B型性格者。

3）认知因素。压力是个体对外部刺激的一种反应，不同的人有不同的认知因而对事件的反应也不同。例如，对于“鸡蛋里都能挑出骨头”的领导，有的人认为领导就是和自己过不去，倍感压力，甚至怨恨领导。有的人却深感幸运，认为“太好了，我会真正变得优秀”。压力要被感知才存在，压力的感知却源于对压力事件的认知。

（3）社会来源。主要包括家庭因素和社会环境两个方面。

1）家庭因素。老人、孩子、家庭收入、夫妻关系等家庭因素对于造成人们心理压力的力度不亚于工作方面，并且对工作也会产生影响。压力适度或充满支持力量的家庭对于消解外部压力是十分有力且必要的。当秘书的家里出现状况，例如孩子生病，工作恰恰又繁重异常难以丢下，这时若有老人或伴侣的支持，将孩子照顾好，秘书就不会有后顾之忧。反之，如果秘书得不到家里的理解与支持，伴侣与老人都抱怨甚至责骂，那么其所承受的压力状况就无异于雪上加霜了。

2）社会环境。秘书作为领导的助手，和领导接触密切，就大环境而言，社会上对秘书工作存有偏见，流言相加的现象仍有存在，这种错误的以偏概全的观念往往使秘书从业者背负上不小的压力。对其自身和家庭生活也带来实质影响。此外，就专业而言，要求秘书朝向“通才”发展，素质要求高，工作任务重，然而就大环境而言，秘书作为幕后工作者，工作成绩非显性，成就感不高，对秘书从业者而言也是切实的压力。

2. 管理压力反应

在现实生活中，面对相同的压力源，不同的人有着不同的反应。管理压力反应就是秘书在面对压力时对自身的情绪、行为及生理等方面的状况要有意识地进行调解和疏导。使压力反应趋向积极和健康。

（1）态度上拥抱而不是逃避压力。我们首先应清楚地认识到，人在一生中承受过度的压力是完全正常的。个体在不同的人生阶段面对全新的角色与人生时，难免会承受全然不同甚至过度的压力。例如，从总经理秘书升迁为部门经理，全新的角色带来全新的工作要求，工作使命、下属角色、领导角色、人际沟通等都可能成为压力源，伴随着角色的改变，压力状态定然会发生质的改变。因此在丰富的人生际遇里出现压力过度的情况其实是一件极其正常的事。

面对压力如果反应为惧怕、逃避，那么事态只会随不良反应朝不良方向发展。拥抱压力意味着在理智认识压力的正常性条件下，能够以淡定的态度拥抱压力，着眼于如何缓解压力而不是一味惧怕、逃避，良好的心态为压力的管理提供了必要的心理环境。如此一来，压力反而成为提高个体心理耐受力，增强个体心理弹性的动力。面对压力，我们其实需要一颗平常心。

实践指南

如何拥抱压力

◆ 无论出现何种压力状态，本质上都是正常的，没有什么大不了。

◆ 我们是在面对压力的过程中学会管理压力，管理压力是需要学习的，学习是需要情境的。

◆ 即使是过度的压力状态，也没关系，这意味着提升管理压力能力的机会来了。

◆ 有效地管理压力并不都是要消除压力，做到淡定地面对压力，对压力泰然处之对个体具有重要且深远的意义。

（2）情绪上积极反应而不是消极应对。面对压力，人们容易被紧张、焦虑、急躁的情绪所左右，导致工作效率降低，压力事件解决困难。案例导入中的小林，面对繁重的工作与学业，倍感时间窘迫，然而好不容易有时间学习或工作时却难以进入工作状态，就是这样的例证。因此，当情绪变得焦虑、急躁、易怒时，理性的做法不应是整个人任情绪牵制，消极应对压力事件，而应主动梳理情绪，将情绪产生的源头追溯到压力事件，针对压力事件寻找切实的突破口，这才是在根本上调解压力或消除压力，使问题得到真正解决的科学方法。

压力缺失时，秘书又会被无聊、空虚、失落的情绪所左右，这种情况下针对压力缺失的问题设定目标，规划工作，给自己适当增加压力是最好的解决办法。

（3）行为上要果断行动以调节压力而不是被动承受压力负荷。要解决压力只有行动起来。如分析自己对问题的掌控力，能力范围之内的即刻着手，能力范围之外的权衡“做”还是“放弃”，在放弃部分能够更好地平衡全局时，放弃也不失为一个好的方法，压力会随之消解。如果“做”的话那么制定“做”的计划，高效行动。

实践指南

面对压力如何高效行动

第一，认清压力事件的性质。

第二，理性思考及分析问题事件的来龙去脉，确定关键点。

第三，确认个人对问题的处理能力。

第四，收集能帮助解决问题的资讯，包括如何动用家庭及社会支持系统。

第五，运用问题解决技巧，拟定解决方案。

第六，积极出击，处理问题。

第七，若问题短时间难以克服，则说明问题本身处理的难度甚高，做好长期奋战准备。利用放松技巧帮助自己减压，必要时寻求心理咨询专业人员的帮助。

3. 增强自身弹性

抗压能力强的人通常自身弹性较大。这种弹性体现在个体的身体、心理和社会支持面三个方面，并综合地对人产生作用，成为应对压力的缓冲垫。增强自身弹性是提高抗压能力的重要措施。

（1）提高生理弹性。高强度的压力会导致人机体活力丧失，身心疲惫。养成运动的习惯不仅可以有效缓解机体疲劳，对人的生命质量也起着决定性的作用。秘书应养成健康的生活方式，提高生理弹性。第一，安排好工作节奏，切忌长时间埋头工作。无论多么匆忙都给自己留出余暇，充分利用短暂的间隙放松。事实证明，许多解决问题的突破性思维都是在与工作无关的活动过程中激发出来的。放松的状态下人更容易思考并获得灵感。第二，有规律的锻炼。身与心总是相互影响，通过有规律的运动不但可以美化秘书的体形，增强自尊，更能促进新陈代谢，使人血液循环加快，精力充沛。研究证明，运动还可以释放不良情绪与压力于无形之中。第三，合理饮食。多吃可以缓解压力的食物，同时切忌用大吃大嚼来缓解压力，这样只会伤害身体并且可能诱发新的压力。

（2）提高心理弹性。心理弹性强的人，于自身具有较强的内控力，于外具有较强的包容力，于环境具有较强的适应力。

较强的内控力让他们切实感到自己对目标与事物具有掌控的力量，因而，他们往往具有积极的认知与科学的思维，认为压力是个人选择的结果而不是不可控制、反复无常的。相应在行为上更多地表现出积极应对与有效调节。

比较强的包容力，事实上可以有效地控制压力感知。具有包容力的人看待事物比较理性、全面，因而能更深刻地理解问题而不会狭隘地看待问题。只有被感知的压力才可能唤起压力，当个体具有广博的包容性时，面对外部刺激往往能够视其为平常，表现出平静，而不会警觉为压力，继而使身心进入到抵抗阶段。例如，对于被领导批评一事，包容力差的人可能会敏感地放大这一事件，悲观地琢磨领导会不会就此不满意自己了，会不会找茬儿开除自己，或者这件事会不会使自己声名狼藉，自己在公司的发展是不是到头了等事情。伴随着这些念头使自己背负上负面压力。虽然被批评谈不上是好事，但包容力强的人会认为被领导批评终究是平常的事，他不会在“被批评”这个点上纠缠不清，而倾向于全面认识问题，积极思索原因，总结教训，致力于未来的影响。

当然，自控力强、包容性广的人对问题便有了天生的化解能力，使大事化小，小事化了，对于环境自然也就具备极强的适应性。

我们可以通过修养自身来提高心理弹性，从而增强压力免疫力或提升抗压能力。但是无论怎样，压力产生终究是难以避免的，无论是重复过量地劳作致使身心疲惫，还是持久地处于具有挑战性任务的完成过程中使活力尽失，在压力承受中，心理弹性难免受损。对此，可以通过学习和掌握一些深度放松技巧来帮助心理弹性进行恢复。

实践指南

深度放松技巧

1. 冥想或静修

压力在生理与情绪的交互作用下产生，并始终伴随着思绪。冥想正是通过对呼吸或物象的专注，驱除思绪，达到忘我无我的境地，让身心得到彻底放松与休息。清除思绪是该法的基础，也是难点，可通过观呼吸、专注于物象等方法达到思绪清除。

观呼吸是把专注力放在平稳且深长的呼吸上，且慢慢地缩小注意力的范围到鼻尖或是鼻尖外那一小块吸、吐气息的空间上。仔细感觉每次吸吐之间的变化，其他什么都不想，以此清除思绪。平时可通过专注于物象来训练，步骤如下：

(1) 找一个安静舒适的环境，尽可能避开噪声及干扰。

(2) 以最舒服的方式轻松地坐下或躺下来，松开任何紧绷的衣物，脱掉鞋子。

(3) 闭上眼睛，慢慢深呼吸。心中专注于一个平静的字眼、想法或画面，如“安静”，伴随着绵长的呼吸。尽量持续5～10分钟。

(4) 刚开始时，容易有其他思绪进入您的脑中，这时不要紧张或灰心，继续放松深呼吸，然后慢慢再试一次。

(5) 做完以上练习之后，伸展一下身体，用力呼气。

2. 肌肉放松

有些人不容易达到放松的效果，可采用渐进式肌肉放松法。首先，使劲儿握紧拳头，体会肌肉紧绷的感觉，然后突然松手，并注意此刻肌肉放松的感觉，如此比较很快就能感觉到两者的不同。然后就可以正式开始肌肉放松训练了。在安静、放松的环境氛围下，坐着或躺着都行，每次练习15分钟，步骤如下：

(1) 以松弛的方式坐下。

(2) 先将两手臂平行抬高至胸前，握紧拳头，绷紧手部的肌肉，直到不能再用力为止。注意这时的感觉：肌肉会紧绷，你的手部甚至可能会轻微地颤抖。你会感受到手部、腕部及下臂的张力。

(3) 维持这种紧绷的状况几秒钟。

(4) 突然松开你紧握的拳头，抛开紧绷的感觉。你会感觉到你的手突然变松软了，这时请仔细感受腕部及前臂压力疏解的感觉。

(5) 用此法依次体会身体其他部位肌肉的放松。可以从头部开始练习，紧绷脸部的肌肉，再放松，然后依次到肩膀、双臂、双手、胸部、背部、双腿及双脚至脚趾。注意你的手在紧绷时及压力放松时的感觉有什么不同。

3. 自我暗示

(1) 以最舒服的方式轻松地坐下或躺下，松开任何紧绷的衣物，闭上眼睛，正如前面介绍的“清除思绪”训练法，尝试清除你的思绪，让自己达到放松的状态，脑中不再有其他杂乱思绪。

(2) 集中注意力于你的左臂，在心中反复告诉自己：“我的左臂感到温暖且沉重”，尝试去体会这个感觉。这时，你的左手臂会慢慢感到越来越温暖，越来越沉重。

(3) 再把注意力依次集中在你的右臂、左腿、右腿，用同样的方式做自我暗示，注意节奏不要太快。

(4) 如此将身体各部位放松一遍后，会感到四肢完全放松。

(5) 练习完毕，深呼吸，舒展一下身体。睁开眼睛，缓慢地呼气。

自我松弛是一种需要常常练习的技巧，熟练以后可以让自己随时平静松弛下来。只要持续地练习，逐渐就能随心所欲地达到放松效果。

(3) 提高社会支持面弹性。支持性的社会关系，使个体之间可以交流挫折、不满以及经验、方法，得到建议、鼓励和帮助，并因体验到情感上的联结，充满力量。支持性的交往能提供应付压力事件所需的实质性支持和心理上的共鸣。提高社会支持面弹性就是能够建立、维持和扩展切实有效的社会支持网络，作为有力的外援力量，应时应事应人所需而产生实实在在的形式各异的支持。对于秘书而言，提高社会支持面弹性，一方面应懂得充分利用自己的社会支持网络，从中获益，得到鼓励、建议或实质性的帮助。其社会支持网络可以是亲人、友人，也可以是领导、同事、同学等。另一方面应有意识地为自己找一位导师，让自己在成长路上总有智慧、通达和较高修为的导师指引为伴。这样既利于压力的缓解，也利于自身心智的成长。

分析·训练

一、阅读讨论

传说美洲虎是一种濒临灭绝的动物，世界上仅存十几只，其中秘鲁动物园里有一只。秘鲁人为了保护这只美洲虎，专门为它建造了虎园，里面有山有水，还有成群结队的牛羊兔子供它享用。奇怪的是，它只吃管理员送来的肉食，常常躺在虎房里，吃了睡，睡了吃。

有人说：“失去爱情的老虎，怎么能有精神？”为此，动物园又定期从国外租来雌虎陪伴它。可是美洲虎最多陪“女友”出去走走，不久又回到虎房，还是打不起精神。

一位动物学家建议说：“虎是林中之王，园里只放一群吃草的小动物，怎么能引起它的兴趣。”动物园里的管理人员采纳了专家的意见，放进了三只豺狗，从这以后美洲虎不再睡懒觉了。它时而站在山顶引颈长啸；时而冲下山来，雄赳赳地满园巡逻；时而追逐豺狗挑衅。

小组讨论后，指定小组代表作答：

1. 这则故事说明了什么？

2. 关于压力管理，这则故事带给你怎样的启示？

二、技能训练

1. 列出你当前感觉压力最大的事件（2～3 项）：________________

____

____

____

2. 针对各项压力事件写下你认为可行的减压办法：________________

____

____

3. 小组分享平台，组员给予你的减压建议：________________

____

____

4. 你形成的减压策略与行动计划：________________

____

____

____

____

三、自我测试

以下有一份小小的压力指数测验，可帮助你更加了解自己目前的身心状况。请勾选你目前所感受到的情况：

1. 退缩，心不在焉。
2. 犹豫不决。
3. 易累，常打瞌睡。
4. 手脚不灵活，常打翻东西。
5. 过于好动，静不下来。
6. 不易入睡，辗转难眠。
7. 不想和家人说话。
8. 容易生气，闹情绪。
9. 容易感冒。
10. 磨牙。
11. 咬指甲。
12. 常觉得身体不舒服，却找不出原因。
13. 经常需要找人陪伴与说话。

14. 不喜欢被人拥抱或碰到。

15. 喜欢和别人唱反调，为反对而反对。

16. 经常发呆，懒懒的不想动。

17. 摆着防卫姿势。

18. 经常抱怨。

19. 固执自己的想法，听不进别人的意见。

20. 喜欢花钱买东西。

21. 不能集中注意力。

22. 不能定量，吃得过多或过少。

23. 任性做自己想做的事，不肯妥协。

24. 独来独往，不易结交朋友。

25. 经常回答“我不知道”。

压力指数解析

1. 选择 7 个以内者：压力较轻。目前为止你所感受到的压力程度并未影响你的生活。但需注意你也许会略微缺乏动力。

2. 选择 7～14 个：压力适中。适度的压力更易转化为充分的动力。

3. 选择 15～20 个：较大的压力。注意有效地放松自己，适当休息，劳逸结合。

4. 选择超过 20 个以上：过度的压力。身心可能遭到损伤，需及时调整，必要的话找专业人士进行咨询。

课后阅读

职业枯竭的六个评判维度

1. 生理耗竭。是职业枯竭的临床维度，主要表现特点是感到持续性的精力不充沛，极度疲劳和虚弱，对疾病的抵抗力也在下降，然后出现一些身心症状，如头疼、腰酸背疼、肠胃不适、失眠、饮食习惯的改变等，严重的会导致精神疾患。

2. 才智枯竭。属于职业枯竭的一个认知维度，它主要表现在，感觉到一种空虚感，有一种被掏空的感觉，你会觉得自己的知识已经没有办法去满足工作的需要了，思维效率下降，注意力不集中，不能够很好地去适应当代的知识更新。

3. 情绪衰竭。这是枯竭的一个压力维度，也是职业枯竭非常显著的一个特征，主要表现在工作热情消失了，尔后表现出许多情绪上的特点，例如说烦躁、易发脾气、易迁怒于人、对人冷漠无情、麻木不仁、没有爱心，甚至沮丧、抑郁、无助、无望，直至消沉。

4. 价值衰落。它属于枯竭的一个评价性维度。主要表现是，个人的成就感下降，同时自我效能感、自我评价也在降低，觉得自己没有能力去做好工作。对自己所从事工作的意义和评价也在下降，觉得工作没有意思，工作变得非常机械化，然后出现一系列工作的问题。这样一种挫败感会使职业人减少心理上的投入，不再去付出努力了，会出现消极怠工，甚至出现离职或者转行的倾向。

5. 去人性化。它属于职业枯竭的一个人际维度，会直接影响到人际交往质量，其特征就是很消极的、否定的一种态度，即以冷漠的态度去对待自己周围的人，甚至是对待自己非常亲近的人，包括家人或者一些好朋友。这些人表现出多疑、猜忌，同时对别人充满了一种批判性。

6. 攻击行为。攻击行为一般来说有两个方向。一是对别人的攻击行为会增多，例如说人际摩擦增多，在极端的情况下会出现打骂无辜人的情况。另外一种，他的攻击并不是指向外人的，而是指向自身，出现自残行为，甚至在极端的枯竭情况下出现自杀。

课题四 秘书的挫折管理

学习目标

- 了解挫折的内涵
- 掌握导致秘书产生心理挫折的因素
- 掌握秘书管理挫折的策略

案例导入

陈凯在一家大型国有企业的综合办公室工作，他总是一副精力充沛的样子，而且待人和蔼，能力出众，在单位人缘很好。可最近，陈凯的情绪非常低落，时常向家人和朋友发脾气，工作起来也没有了往日的劲头和周到。原来在最近的一次企业干部考核中，大家都很看好陈凯，陈凯对自己的期望也较高。然而最终的结果陈凯并没有得到高分，当然也没有得到提升。对这个结果陈凯十分不满，感觉到愤怒和不屑，又觉得自己在职场中很失败，甚至考虑过离开这家企业，但想了想还是放弃了这个念头。

想一想：面对落选陈凯作何反应？他的行为说明了什么？

评析：“人生逆境十之八九”，无论是在生活中还是在工作中，很多人都会遭遇挫折，秘书当然也不例外。陈凯因为升职的挫败而消沉，甚至萌生了离意，这样的挫折反应有益吗？面对挫折秘书该如何反应又该如何管理挫折才算科学合理，有利于自身的发展呢？

相关知识

一、挫折概述

1. 挫折的内涵

挫折，就是通常所说的“失败”“遭打击”。从心理学的角度来讲，心理挫折就是个体在从事有目的的活动过程中遇到障碍或干扰，致使个人行为动机不能实现，个人需要不能满足时的情绪状态。这一概念包括四方面的内涵：第一，挫折情境，即动机无法实现，需要不能获得满足的内外障碍或干扰等情境因素。如，陈凯未获得想要的晋升。第二，挫折认知，即对挫折情境的知觉、认识和评价。对同一件事，不同的人有不同的评价。对于干部考核结果远低于预期一事，并不是所有的人都会认为这是人生的失败，但陈凯就是这样认知的。第三，挫折体验，即伴随着挫折认知，个体对挫折情境所产生的轻视、否定、排斥、厌恶等消极情绪、情感体验。第四，挫折反应，即对自己的需要不能满足时产生的情绪和行为的反应。常见的有焦虑、紧张、愤怒、攻击或躲避等。陈凯对于考核结果感到不满、愤怒，萌生离意等都是其挫折反应。

2. 挫折心理的行为反应及影响

个体一旦产生挫折心理就会借助行为加以反应，这就是挫折心理的行为反应。这些反应有的冲动原始，有的自我防御；有的积极，有的消极。了解受挫后的反应，掌握这些反应的实质，有利于对挫折进行有效管理。

(1) 挫折心理的原始反应。个体受到挫折时，常常会激发起“难以遏制”的情绪，并受情绪的支配引发原始的行为反应。

1）焦虑。焦虑是遭遇挫折时常见的一种心理反应。适度焦虑，可唤醒大脑皮质的觉醒状态，如考试前适度紧张，可增强注意力，提高记忆水平，对提高学习效率、发挥潜能等有一定的积极作用。过度焦虑则会使注意力难以集中，记忆力下降，思维紊乱或空白等，影响正常的思维与工作。

2）攻击。个体遭受挫折时，常常引起愤怒的情绪和敌视心理，并可能采用过激的行为发泄不良情绪，而表现为攻击性行动。包含直接攻击与转向攻击。直接攻击是受挫者将愤怒的情绪直接发泄到对自己构成挫折的人或物上，多以动作、表情、言语、文字等方式表现出来。如采取打斗、辱骂、讽刺、漫画等形式，以侮辱对方人格，发泄自己内心的不满。转向攻击是不直接攻击造成挫折的一方，而是将其他人或物作为发泄的对象。通过变相攻击的方式回避直接攻击可能造成的后果。

小资料

职场中的“踢猫效应”

某公司经理出门上班时和太太争吵了几句，到了办公室仍在气头上。这时办公室主任来请示工作，他满面怒容地将办公室主任斥责了一通。办公室主任莫名其妙地被经理斥责了一顿，心里窝火无处发泄，这时，秘书正好来汇报工作，办公室主任就怒气冲冲地将秘书训了一顿。秘书无缘无故被主任训了，心中愤愤不平，走到门口，遇到男朋友给她送书来，便劈头盖脸就将男朋友骂了一通。男朋友高兴而来，扫兴而去，怒火难耐，在外面恰好遇到一只猫，就一脚踢过去。

3）退化。退化又叫倒退或回归。指个体遭遇挫折时表现出与自己的年龄、身份极不相称的幼稚行为。退化是一种由成熟向幼稚倒退的反常现象，而其本人对此并不能清醒地意识到。如有的人遇到挫折或一些不顺心的事情后，或蒙头大睡、装病不起，或幼稚得像小孩儿一样哭闹。退化的另一种表现是受暗示性增高，受挫折后降低了明辨是非的能力，盲目地相信别人和顺从别人以致盲目地执行别人的暗示。

4）幻想。幻想又称白日梦。指个体企图以自己想象的虚幻情境来应对挫折，借以摆脱现实的痛苦，并在此虚幻情境中寻求满足。幻想可以使人暂时脱离现实，有缓冲紧张情绪、缓解挫折感的作用，有助于对挫折的容忍。偶尔为之，是为正常。但幻想对解决实际问题毫无益处，一旦形成以幻想来应对现实困难，从幻想中获取现实中得不到的满足的习惯，则十分危险，并可能形成病态的行为反应。

(2) 挫折心理的自我防御反应。个体处在挫折与冲突的情境中时，经常会自觉不自觉地运用一些方法，来减轻内心的不安，以恢复情绪的平衡与稳定。这些方法统称为心理防御机制。它是指个体在潜意识中为减弱、回避或克服现实冲突带来的挫折、焦虑、紧张等而采取的一种防御手段，借此保护自己。有消极的自我防御反应，也有积极的自我防御反应。

1）消极的自我防御反应。消极的自我防御包括逃避、压抑、冷漠、反向作用、合理化作用等。

①逃避。逃避是指遭受挫折后，个体不敢或没有能力应对挫折情境而逃离现场或现实的行为反应。主要包括两种情况。一是个体不敢面对自己预感到来的挫折情境，避开到自认为安全或幻想的世界中去。如有的人很想参加单位组织的干部竞聘，但因为害怕面对可能的失败而放弃竞聘。二是从受挫情境中退出，压抑受挫情绪。如第一次参加竞聘没有成功，从此再也不参加竞聘。其显著特点是“一朝被蛇咬，十年怕井绳”。有时还表现为逃向生理疾病，即个体为了避免困难而出现生理障碍。这种疾病的发生是无意识的，与装病不同。逃避虽然能使心理紧张得到一时的缓解，但却磨灭了个体面对问题的勇气，使个体失去在解决问题过程中提升能力的机会。长此以往会使人害怕困难和挫折，不求进取，导致适应不良。

②压抑。压抑是指个人将不为社会所接受的本能冲动、欲望、情感、过失、痛苦经验等不愉快的经历和体验从意识中予以排除，或抑制到潜意识中，使自我免除痛苦。在压抑作用下，痛苦似乎被遗忘，人在意识上感受不到焦虑和恐惧。

压抑反应很常见，然而，其危害性很大。在这种选择性遗忘中，被压抑的东西并没有真正消失，一旦有相应的情境出现，被压抑的东西就会跑出来对个体造成威胁和伤害。压抑原本是抑制并遗忘，结果却因潜意识的活动而引起更多相关的刺激。虽能暂时减轻焦虑获得安全感，长久以往却可能使人的性情发生变化，甚至形成心理疾病。

③冷漠。冷漠是指个体遭受挫折时所表现出的对挫折情境漠不关心与无动于衷的情绪反应。冷漠行为的发生同个体过去的经验密切相关。如果个体每遇挫折后采用攻击方式就能够克服困境，那他以后就会继续采用攻击的方式；反之若因采用攻击而招致更大的挫折，那他就会采用相反的方式，即逃避或以冷漠的态度来对待挫折。冷漠并非不包含愤怒的情绪成分，只是个体的愤怒被暂时压抑，以间接的方式表现出来而已。这种现象表面显得冷淡退让，内心深处则往往隐藏着很深的痛苦，是一种受压抑的情绪反应。心理学家吉布莱发现，冷漠反应多在长期遭受挫折、情况表明已无希望、情境中包含着心理上的恐惧与生理上的痛苦、个体心理上产生了攻击与压抑之间的冲突等情况下出现。

④反向作用。又称为矫枉过正。指将自己不符合社会规范，不被允许的一些欲望、行为，以一种截然相反的态度或行为表现出来，以此掩盖自己，减轻心理刺激。如明明很自卑，觉得事事不如别人，但却表现出事事炫耀，自高自大；喜欢某异性，却怕被拒绝，而处处显出对该异性不屑一顾的样子。反向作用，可一定程度上掩饰个体真实动机，减轻因动机冲突而产生的痛苦，并维护自尊，但长此以往会从根本上扭曲自我意识，使动机与行为脱节，造成心理失常。

⑤合理化作用。是指当个体无法达到其追求的目标或其行为方式不符合社会的价值标准时，为了维护自尊，避免精神上的焦虑、痛苦与不安，便援引一定的理由和事实，对自己的行为给予“合理化”的解释。这种解释并不是自己真正的行为动机，有时甚至是歪曲事实，掩饰过错，因此也称为文饰作用。

其类型较多：一是“酸葡萄”效应，是指个体在追求某一个目标失败时，通过夸大目标的缺点，否定达到目标的优点以维护心理平衡的一种防卫手段。如未能竞聘上办公室主任一职，就说当办公室主任有诸多不好，没意思。二是“甜柠檬”效应，是指个体借夸大既得利益的好处，否定其欠缺，以减轻内心的失望与痛苦，从而达到心理平衡的一种防卫手段。如害怕竞聘失败，不参与竞聘就说作普通职员好处多多。三是推诿，将自己的不当失误或内心存在的某种不被社会所接受的思想观念、欲望冲动，转移到别人身上，以此消除内心的不安。如自己有外遇，就说老公性格不好，不关心自己；好赌就说“人生就是一场赌博”；自私就说“谁不为自己着想”等。四是援引成例，当个人行为不合理时，就援引其他例子证明自己的合理性，为自己开脱，以解脱面临的困境，减轻自己因过失而产生的负疚感。如提前下班，领导责问为什么工作早退，就说“我走时其他人都走了”，而不管早退行为本身的不合理性。

2）积极的自我防御反应。积极的自我防御反应包括表同作用、幽默作用、替代作用等。

①表同作用。表同作用是指个体在遭遇挫折时效仿他人获得成功的经验和方法，使自己的思想、信仰、目标和言行更适应环境的要求，从而在主观上增强自己获得成功的信心。表同作用实质是把别人具有的使自己感到羡慕的品行加在自己身上，或将自己与所崇拜的人视为一体，从而提高自己的地位、声望和信心，以此减轻挫折感。如追星族效仿自己的偶像，其积极意义在于：受挫时，个体因为榜样的激励，在言行上获得力量，奋发进取。但要禁止幻想的过度介入，因为表同作用只有借助榜样的力量对个体的精神与言行切实带来鼓舞与推动才具有积极意义。

②幽默作用。当个体遭遇挫折，处境困难或尴尬时，用幽默方式来对付困难情境，或间接地表示自己的意图，称为幽默作用。一般来说，人格较为成熟的人，常懂得在适当的场合使用恰当的幽默，转变困难的境况，大事化小、小事化了，渡过难关，从而成功地脱离窘境。在某俱乐部举行的一次招待会上，服务员倒酒时，不慎将啤酒倒在一位宾客光亮的秃头上。服务员吓得手足无措，全场人目瞪口呆。这位宾客却微笑着说：“老弟，你以为这种治疗方法会有效吗?”在场的人闻声大笑，尴尬局面即刻被打破。这位宾客借助幽默，既展示了自己的大度胸怀，又维护了自我尊严，消除了耻辱感。

③替代作用。替代作用是当个体的行为不被社会所接纳，从而不能实现个人目标的时候，个体往往会另立目标取代原受阻的目标，以弥补因失败而丧失的自尊和自信，减轻挫折造成的痛苦。

替代作用通常有两种类型：第一，升华作用。个体遭受挫折后，将不为社会所认可的动机和不良情绪转移到有益的活动中去，使其升华到有利于社会的高度。升华是较高的替代，是富有建设性的心理防卫方式。它不但转移或实现了原有的情感，达到心理平衡，而且还同时创造了积极的价值，利人利己利社会。如歌德所爱难成，便将极大的爱情痛苦升华成《少年维特之烦恼》，既消解了自己的痛苦，也成就了文学史上的名作。别林斯基说：“不幸是一所最好的大学”，就反映了升华的作用。第二，补偿作用。个体行为受到挫折或因某方面的缺陷而无法达到目标时，便努力发展其他方面的特点，以其他方面的成功来补偿因失败而丧失的自尊和自信，即所谓的“失之东隅，收之桑榆”。如现实生活中有的人相貌平平，毫不出众，便在学习或工作上刻苦努力，使成绩出众让人另眼相看。补偿有一定的积极作用，但要注意应在符合社会规范和个人发展需要的情况下进行有益的补偿，而要防止不符合社会规范和自身发展的消极补偿行为。如，在爱情中被人游戏了，就去游戏别的人；钱物被人偷了，就去偷别人的钱物。

小资料

《少年维特之烦恼》的创作背景

《少年维特之烦恼》的小说情节在很大程度上是自传性的。

1772年，歌德结识了美丽温柔的夏绿蒂·布夫，并对她一见钟情。但夏绿蒂·布夫已和一位名叫约翰·克里斯蒂安·凯斯特纳的法律工作者订了婚。在夏绿蒂的父亲看来，凯斯特纳显然比年轻、有着艺术方面抱负的歌德更加稳重可靠。歌德深陷于对夏绿蒂的情感之中无法自拔，然而夏绿蒂执意坚守与未婚夫的盟誓，在百般无奈中，歌德只好听从友人的劝慰，压抑内心澎湃的情感，黯然离开威兹拉尔。后来，歌德又认识了一位枢密顾问的女儿马克西米利安娜·冯·拉·罗歇。歌德把两个女子给他留下的印象融合成作品中绿蒂的形象。据歌德本人说，他在四周的时间内完成了这部书信体小说，以抵消爱情的痛苦并最终使自己从自杀的念头中摆脱出来。

心理防御机制具有两面性。积极的心理防御机制有助于适应挫折，化解困境；消极的心理防御机制只能起到暂时平衡心理的作用，不能从根本上解决问题，甚至还会埋下心理失常的种子。心理健康的人能在积极意义上使用心理防御机制，而心理不健康的人总是依赖于心理防御机制，其结果使适应能力日渐削弱，人格和心理发展受到严重影响。因此，要准确地认识和把握心理防御机制，适时适度地运用，以发挥它的积极作用，更有效地应对挫折。

二、秘书产生心理挫折的因素

导致秘书产生心理挫折的原因有很多，一般可以概括为客观因素与主观因素。

1. 客观因素

（1）工作性质。秘书作为组织或领导的辅助人员，要以组织或领导为核心，因此时常需要加班，工作辛苦，地位、待遇却相对不是很高。秘书如果不能正确认识这份工作，感到无望或难以接纳和适应，就会产生挫折感。另外，秘书工作既有服务性，又有管理性，内容繁杂且事无巨细，如不细心或思考不周则容易出错，因错误而受挫。

（2）复杂的人际关系。秘书处于人际交往的枢纽位置，承担着沟通上下、协调内外的任务，与内外部的人员都接触甚密。在频繁的人际交往中一旦出现接触不良、关系僵化等状态，秘书就可能产生不同程度的挫折感。尤其是秘书与领导之间的首属关系，对秘书心理挫折的影响较大。秘书发展的空间，政治、经济待遇及地位的状况都直接受领导的制约。因此，若秘书与领导出现矛盾，就极可能产生严重的挫折感。秘书与其他人的关系状况对其心理挫折也存在一定的影响，这种影响取决于他们相互间的利害关系和制约程度。

(3) 组织氛围。不能融入组织，某种意义上本身就是一种挫折。秘书能否融入组织，与组织氛围密切相关。在团结合作、友爱互助、信息畅通、士气高的组织氛围中，秘书就能更快更好地融入组织，并且会减少挫折的产生。

(4) 传统偏见。大众对秘书角色的认识多源于电视、小说等媒介中所反映的一些现象，因而对秘书工作抱有偏见。秘书的形象未能如实地树立，社会舆论对秘书也未能形成公正的评价，这些都会引发秘书的心理挫折。

2. 主观因素

(1) 生理条件。秘书作为组织的窗口，其外形条件往往被作为基本的要求，并对其职业发展产生一定的影响。这一点虽非绝对，但健康之外，外貌、身高、体形等生理条件对于秘书心理挫折的影响还是不容忽视的。

(2) 个性。不同个性特征的人对生活的态度，对事件的反应及其挫折阈限都存在差异。如乐观积极坚强的人，挫折阈限高，悲观消极脆弱的人挫折阈限低，更容易产生挫折心理。此外敏感的人较之钝感的人也更容易遭受打击而产生挫折心理。乐群性高的秘书性格开朗，更容易获得宜人的人际关系，建立起有力的社会支持系统，比之性格较为孤僻的秘书则更少受挫机会。

小资料

钝感力

钝感，心理学名词，与“敏感”意思相对，词性相同，两者互为反义词。钝感是人的动作活动反应慢度的标尺，是用来描述人活动速率的。钝感系数越高则对外部反应越迟钝，同时其敏感度也会越低，人的思维只有钝感系数与敏感系数相平衡才更容易保持较为理性的思维，否则反之。

“钝感力”一词是日本作家渡边淳一的发明。按照渡边淳一自己的解释，“钝感力”可直译为“迟钝的力量”，即从容面对生活中的挫折和伤痛，坚定地朝着自己的方向前进，它是“赢得美好生活的手段和智慧”。

(3) 认知。秘书对自身角色的认识，如对角色内容、角色规范的把握会直接影响挫折的产生。如角色不清，会直接导致角色失误，失误可能引发心理挫折。此外，任何心理问题都源于认知，挫折心理同样源于秘书对事物的看法、对人的信念、阐释事物的思维模式等。面对角色失误，有的人名之以“失败”，产生强烈的挫折心理；有的人名之以“庆幸”，吃一堑长一智，这次经验向更清晰准确的角色行为又迈进了一步。面对挫折心理表现不同，实因认知不同。

(4) 专业素养和能力。秘书的专业素养和能力客观上存在着水平的差异。过硬的专业素养和能力是顺利完成任务的保证。如果不具备专业素养和能力，在完成工作任务的过程中就容易遭遇工作困难，给秘书带来压力与心理挫折。

（5）挫折承受力。挫折承受力是个体受挫时避免行为失常的能力。同等条件下，不同个体挫折反应迥异，这与个体的挫折承受力有关。个体的挫折承受力与诸多因素有关。其一，个性特征：性格开朗、乐观、自信的人，挫折承受力强，反之，性格内向、悲观、自卑的人挫折承受力弱。其二，认知水平：认知水平高的人，对生命、人生、世界有着科学合理的认识，较之认识片面、狭隘者有更强的挫折承受力。其三，挫折频率：接二连三遭遇挫折，频率过高，挫折承受力必然减弱。其四，个体经验：挫折的承受力来自于挫折经验。成长过程中遭受过挫折经历者，面对生活的困境表现出更强的适应性与应变能力。极少受到挫折的人，实质上会因匮乏学习应对挫折、积累经验的机会，一旦面对激烈竞争和复杂多变的社会，难以避免地遭遇挫折时就手足无措，对挫折的承受力也极低。由于挫折经验的重要性，一些发达国家就大兴“挫折教育”，旨在营造挫折情境，让孩子受挫从而提高其对挫折的心理承受力。其五，社会支持：有力的社会支持系统，会让人面对挫折时感受到温暖、援助和力量，应对挫折的信心因而大增，挫折承受力增强。

（6）积极的人生观和世界观。积极的人生观和世界观，使人站得高、看得远、想得全面，客观理性地看待事物，豁达冷静地处理事情。而人生观、世界观扭曲的人更容易产生挫折感。例如，金钱至上者，就可能为追逐金钱不择手段，不但使人生陷于扭曲与狭隘，难获幸福，而且一旦追求落空便容易产生失去一切的错误信念，招致毁灭性的打击。同时，其不择手段追逐金钱的行为，容易使人凌驾于法规之上，一旦被绳之以法，毁灭的甚至是整个人生。

三、秘书的挫折管理策略

挫折可以预防吗？面对挫折我们该怎样反应、怎样认识、怎样调节受挫的心理，使我们在挫折中奋起，使挫折转变为成长的动力，成为成功的垫脚石呢？

1. 主动规避，减少受挫可能

小案例

小王和小李

小王和小李是某校文秘专业的同班同学，毕业后两人分配到不同的单位工作。一段时间后，两个好朋友见面，说起工作小李劲头十足，小王却是一副沮丧模样。

原来，在工作中，秘书小王一切均按指令行事，领导要求她做什么她就做什么，没事儿时她就上网聊天或者看杂志。小李却不同，她深知只有尽快了解工作、熟悉工作标准才可能减少工作的失误，结合岗位说明书以及综合历年的部门工作计划和工作总结，她对自己的常规工作有了进一步的认识。结果，虽然小王在完成工作任务的过程中也认真尽责，但仍然错误频出；而小李不但出错率极低，工作质量也非常高，深得经理的赞赏，小李因此工作热情和积极性越加高涨。

从上面这个案例就可知，正如有些错误是可以避免的，有些挫折也是可以规避的。秘书可能因角色认知不清、经验不足、能力欠缺等导致角色扮演失当而遭遇挫折。但秘书若能像小李这样有意识地主动认识、把握事物，使自己能够扬长避短，那么有些挫折就可以被规避。秘书要想主动规避挫折，首先要具有规避挫折的意识，其次秘书必须行动：分析并掌握在自身所处的环境之下，可能使秘书产生心理挫折的因素，并采取具有针对性的行动。

2. 合理认知并拥抱挫折

（1）挫折具有普遍性。你见过婴幼儿初学走路吗？他们晃晃悠悠地扶着沙发或是墙壁，一步一摇一步一摇地往前走，忽然一个趔趄摔倒在地，有的孩子索性就趴在地上大哭起来。值得注意的是，不管宝宝哭得有多么伤心，大人是绝不会跟着哭泣甚至连难过也不会的。为什么？这是学步所不可避免的，也是学会走路所不可或缺的。有意思的是，当人们初恋失败、婚姻遭遇困难、工作遇到难题时，却很难有面对幼儿学步遇挫时的那般坦然豁达。人们往往会忽略即使是长大甚至成人后生命仍需发展，个体仍在成长，人生之中仍然不断延续着不同的起步阶段：初恋、初婚、初入社会、初为人母、初次竞聘诸如此类。即使同是竞聘，面对不同的单位、不同的层次、不同的主考官，应聘者被要求的东西也同样会有所不同。这说明挫折是生活的重要组成部分，具有普遍性，是发展和成长中在所难免又不可或缺的。

（2）挫折具有双重性。挫折既有消极的一面，给人以打击，甚至带来毁灭；也有积极的一面，使人奋起，带来动力与新生。面对挫折，个体通过总结经验教训，寻找自身的不足，不但可以更好地促进个人的发展，还能够磨炼性格和意志，增强创造力和智慧，增长知识和才干。反之，如若不懂得充分发挥挫折的价值，不懂得在教训中成长而一味地深陷痛苦和打击，那么最终承担的就只能是失败。因此，当个体受到挫折后，要冷静客观地分析自己的目标、方法、阻力和助力，找出造成挫折的真实原因，对挫折做出符合实际的准确归因。让失败与挫折成为成功和成长的垫脚石。

小案例

挫折故事对比

故事一：草地上有一个蛹，被一个小孩发现并带回了家。过了几天，蛹上出现了一道小裂缝，里面的蝴蝶挣扎了好长时间，身子似乎被卡住了，一直出不来。天真的孩子看到蛹中的蝴蝶痛苦挣扎的样子十分不忍。于是，他便拿起剪刀把蛹壳剪开，帮助蝴蝶脱蛹出来。然而，由于这只蝴蝶没有经过破蛹前必须经过的痛苦挣扎，以致出壳后身躯臃肿，翅膀干瘪，根本飞不起来，不久就死了。

故事二：科学家爱迪生，为了找到可以做电灯灯丝的材料，试验了 1 600 多种矿物和 6 000 多种植物，历时 13 个月，受尽冷嘲热讽，最后终于使电灯发出耀眼的光华。如果将爱迪生每次失败的试验都看作是挫折的话，不计爱迪生一生中约两千项创造发明历经了多少次失败，单发明电灯爱迪生就遭遇了六千多次挫折，这是一个多么惊人的数目！试想有多少人能像爱迪生这样，在成千上万次的失败后仍然坚毅地进行研究。爱迪生就充分认识到失败是成功的马达，他坦然地说："失败带给我的经验与收获，在于向我证明这样做不会成功，下一次我可以避免同样的错误了。"

挫折的双重性，决定了挫折在不同的人身上具有不同的结果，也揭示了面对挫折人们常有的态度：要么让挫折打败你，要么你打败挫折。

3. 学习运用心理防御方式，减轻心理压力

挫折会使个体受到威胁和伤害，并引起焦虑、自卑、痛苦等，使人的心理平衡遭到破坏。此时，学习运用心理防御方式可以使个体的内在心理具有一种摆脱痛苦、减轻不安、恢复情绪稳定、达到心理平衡的适应性倾向。然而，各种心理防御方式的作用有限，并不能绝对改变现实，真正解决问题。在运用心理防御方式使自己的心理恢复平衡后，还必须进一步分析原因，为成长寻求突破口，为成功寻找方法。

4. 调节抱负水平

每个人都有一定的追求目标，秘书追求目标的高低和其所确定的标准是否合适是影响秘书产生心理挫折的一个关键。抱负水平过低，秘书的身心潜能会处于被冰封的状态，而产生由空虚、苦闷、不满足所造成的挫折感；抱负水平过高，个体力不从心，达不到自己希望的目标，则会产生挫败感，打击秘书的自尊心和自信心。因此，确定适度的抱负水平是避免挫折，获得自信，使自己得以顺利发展的一个重要条件。

5. 改善挫折情境

挫折情境是产生挫折和挫折感的主要原因，如果挫折情境得以消除或改善，挫折感自然会随之发生变化。对挫折情境的改善需要注意以下问题：尽可能采取及时有效的防范措施，预防挫折的产生；当挫折发生之后，认真分析原因，不断努力改变那些可以改变的挫折情境；努力减轻挫折引起的不良影响，尽快从挫折中脱身。

6. 加强意志力的锻炼，不断进行自我激励

在感到自己将要产生或已经产生挫败感时，通过自我激励的方式进行调节，把挫折对自己的打击当成自我磨炼的机会，从而减轻内心的不平衡感，解除由挫折而产生的不良情绪的困扰，恢复乐观、积极的态度，唤起自信心。同时在生活中不断培养自己面对困难的心理承受力和坚持性，以提高对挫折的应对能力。

7. 积极求助心理咨询机构

当工作或生活遭遇重大打击，或内心产生强烈的心理挫败感时，积极寻求心理咨询机构的帮助是较为有效的方法。高效地解决心理挫折问题，有利于秘书更快地恢复状态，投入到新的生活和工作之中。

分析·训练

一、阅读讨论

各组阅读以下资料，并请结合本课题所学内容，分析讨论每一则资料的深意，澄清挫折的价值，最后由小组代表总结发言。

1. 有人在一个玻璃杯里放进一只跳蚤，发现跳蚤立即轻易地跳了出来。重复几遍，结果还是一样。根据测试，跳蚤跳的高度一般可达它身体的400倍左右，所以跳蚤称得上是动物界的跳高冠军。

接下来，实验者再次把这只跳蚤放进杯子里，不过这次是立即同时在杯上加一个玻璃盖，“嘣”的一声，跳蚤重重地撞在玻璃盖上。跳蚤十分困惑，但是它不会停下来，因为跳蚤的生活方式就是“跳”。一次次被撞，跳蚤开始变得聪明起来了，它开始根据盖子的高度来调整自己所跳的高度。再一阵子以后呢，发现这只跳蚤再也没有撞击到这个盖子，而是在盖子下面自由地跳动。一天后，实验者把盖子轻轻拿掉，跳蚤不知道盖子已经去掉了，它还是在原来的那个高度继续地跳。

三天以后，他发现那只跳蚤还在那里跳。一周以后发现，这只可怜的跳蚤还在这个玻璃杯里不停地跳着——其实它已经无法跳出这个玻璃杯了。从一个跳蚤变成了一个可悲的爬蚤！

2. 球王贝利成名后，有个记者采访他时问道：“你的儿子以后是否也会同你一样，成为一代球王呢？”贝利回答：“不会。因为他与我的生活环境不同。我童年时的生活环境十分差，但正是这种恶劣的环境磨炼了我坚强的斗志，使我成长为球王。而我儿子生活安逸，没有经受困难的磨炼，他不可能成为球王。”贝利的话有何深意，请谈谈你的理解。

3. 一位美国儿童心理卫生专家说：“有十分幸福童年的人常有不幸的成年。”

二、活动体验：岛主争霸

活动情境：有一个美丽富饶的无居民海岛正在招聘岛主，跃跃欲试者无数，根据报名者的资料，最终确定了六个人参与角逐。考试很特别，没有具体的时间和标准的考题，只有一个规则：谁率先令国王说好，谁就胜出。但国王最大的特点就是挑剔不足。岛主争霸赛就在这样的背景下如期开始了……

活动说明：

1. 全班分成六个小组，每个小组代表一名争锋者。每名组员也都可出队代表小组参与面试，但每组每轮只能出一名组员。

2. 国王是个惜字如金的人，通常只会摇头说“不行”。

3. 怎样才能让国王把“不行”说成“好”呢，就要看各个小组的团队策略了。除此之外，速度也很重要，谁能最快让国王说“好”呢？

4. 活动结束后，各组分享活动感受与收获。

5. 最后老师总评。

三、自我测试

请认真思考并回答以下一些题目，了解自己的受挫能力。

1. 碰到令人担心的事（　　）。
   A. 无法着手工作　　B. 照干不误　　C. 两者之间

2. 碰到讨厌的对手时（　　）。
   A. 感情用事，无法应付　　B. 能控制感情，应付自如　　C. 两者之间

3. 失败时（　　）。
   A. 不想再干了　　B. 努力寻找成功的机会　　C. 两者之间

4. 工作进展不快时（　　）。
   A. 焦躁万分，无法思考　　B. 可以冷静地想办法　　C. 两者之间

5. 工作中感到疲劳时（　　）。

A. 脑子不好使了　　B. 耐住疲劳继续工作　　C. 两者之间

6. 工作条件恶劣时（　　）。

A. 无法干好工作　　B. 克服困难创造条件　　C. 两者之间

7. 在绝望的情况下（　　）。

A. 听任命运摆布　　B. 力挽狂澜　　C. 两者之间

8. 碰到困难时（　　）。

A. 失去信心　　B. 开动脑筋　　C. 两者之间

9. 接到很难完成的任务或很难完成的工作时（　　）。

A. 顶回去　　B. 千方百计干好它　　C. 两者之间

10. 困难落到自己头上时（　　）。

A. 厌恶之极　　B. 欣然努力克服　　C. 两者之间

评分标准：A计0分；B计2分；C计1分

总分在17分以上说明受挫能力很强；在10～16分之间，说明受挫能力中等，对某些特定挫折的承受力比较弱；在9分以下，说明承受能力比较弱。

课后阅读

【阅读资料一】

有一种智慧叫钝感

快乐的生活，往往是钝感的，也就是难得糊涂。钝感，是一种技巧，更是一种智慧。

一次，上司让我做份创意文案，我一连熬了几个通宵，终于把文案搞定，自我感觉还挺好，结果送到经理那儿后，经理还没翻两页，就把文件夹狠狠往桌子上一摔，板着脸说："这就是你的水平？你做市场调查没有？什么狗屁东西！重做！"

当时我真的很想发火，但被好友小江劝住。我们经理其实根本没有什么水平，是靠和董事长一点沾亲带故的关系爬上去的，他这样侮辱我，我自然不服气了。

晚上小江拉我到酒吧给我解闷。我们在靠近一个书架的地方坐下，在等待服务生的时候，无意中发现书架有本书——《钝感力》？原来是渡边淳一的作品。本来这个时候我是没有心思看什么书的，但渡边淳一是我一直比较喜欢的作家，于是就随便翻了翻，没想到一下子就被吸引了。

这部书提出了一个"钝感力"的概念。"钝感"就是"敏感"的反面，说的是人生需要一种坚韧的力量，凡事不必看得过重，也不该过分敏感。他在书的开头用两个人对蚊子叮咬的反应来说明这种"钝感"，说某甲被蚊子叮咬后很敏感，无法忍受，反复抓挠，最后造成皮肤溃烂。而某乙就没有那么敏感，觉得不痒，泰然处之，反而很快就好了。这个某乙就有某种"钝感力"。

渡边淳一从人生的各个方面，论证了这种"钝感"对于人生的价值和意义。他点明："在人际关系方面，最为重要的就是钝感力，当受到领导批评，或者朋友之间意见不合，还有恋人或夫妻之间产生矛盾时，不要因为一些琐碎小事郁郁寡欢，而应该以积极开朗、从容淡定的态度对待生活。"它的主旨就是强调人仅仅聪明不足以保证成功，还要有一种不畏困难、坚持到底、开朗平和的精神状态。这个说法看起来新颖，其实也就是我们通常说的要坚强，能够承受生活的考验。说得更通俗些，就是在人生的考验面前能否“熬”住的问题。

这样看来，一个人快乐的生活是需要钝感力了！渡边淳一启示人们：每个人在社会生存之中，免不了被冤枉，被伤害，而你如果真的就被他人的攻击一触即发的话的，不免落入别人的圈套，因为当他人企图伤害你的时候，当他出击的时候，他最得意的就是看见你的愤怒，看见你的伤心！

当我从酒吧出来，心中的乌云早已烟消云散。后来我努力工作，因成绩突出，最后成了他的上司。

【阅读资料二】

他们这样面对挫折

孙膑：被庞涓谋害挖去双膝，在断腿之痛中崛起而不是沮丧，最终成为著名军事家。

司马迁：经受宫刑和牢狱之灾的磨难，却没有自暴自弃，写出了名垂千古的历史巨著《史记》。

林肯：终其一生林肯都在面对挫败，八次竞选八次落败，两次经商失败，甚至还精神崩溃过一次。但林肯从不放弃，在历经重重艰难之后，终于成为美国历史上最为伟大的总统之一。

林肯进驻白宫前的简历：

1816 年，家人被赶出了居住的地方，他必须工作以抚养他们。

1818 年，母亲去世。

1831 年，经商失败。

1832 年，竞选州议员但落选了。

1832 年，工作也丢了，想就读法学院，但进不去。

1833 年，向朋友借钱经商，但年底就破产了，接下来他花了十六年，才把债还清。

1834 年，再次竞选州议员，赢了。

1835 年，订婚后即将结婚时，未婚妻却死了，因此他的心也碎了。

1836 年，精神完全崩溃，卧病在床六个月。

1838 年，争取成为州议员的发言人，没有成功。

1840 年，争取成为选举人了，失败了。

1843 年，参加国会大选，落选了。

1846 年，再次参加国会大选，这次当选了。前往华盛顿特区，表现可圈可点。

1848 年，寻求国会议员连任失败了。

1849 年，想在自己的州内担任土地局长的工作，被拒绝了。

1854 年，竞选美国参议员，落选了。

1856 年，在共和党的全国代表大会上争取副总统的提名，得票不到一百张。

1858 年，再度竞选美国参议员，再度落败。

1860 年，当选美国总统。

此路艰辛而泥泞。我一只脚滑了一下，另一只脚也因而站不稳；但我缓口气，告诉自己，“这不过是滑一跤，并不是死去而爬不起来。”——林肯在竞选参议员落败后如是说。

张海迪：还在五岁，这个只能用画笔来描绘一串串梦想的时候，厄运就无情地降临在张海迪身上，残酷地剥夺了她的自由。因患脊髓血管瘤，张海迪高位截瘫，从此变成了一个残疾儿童。在残酷的命运面前，张海迪没有沮丧和沉沦，而是以顽强的毅力和恒心与疾病做斗争，经受了严峻的考验，成就了许多正常人也难以成就的人生价值！